ADMINISTRAÇÃO
E
APRENDIZAGEM NA PRÁTICA

ADMINISTRAÇÃO
E
APRENDIZAGEM NA PRÁTICA

Silvia Gherardi • Antonio Strati

2014

ELSEVIER

CAMPUS

Copidesque: Perfekta Soluções
Revisão: Hugo de Lima Corrêa
Editoração Eletrônica: Thomson Digital

Elsevier Editora Ltda.
Conhecimento sem Fronteiras
Rua Sete de Setembro, 111 – 16° andar
20050-006 – Centro – Rio de Janeiro – RJ – Brasil

Rua Quintana, 753 – 8° andar
04569-011 – Brooklin – São Paulo – SP – Brasil

Serviço de Atendimento ao Cliente
0800-0265340
atendimento1@elsevier.com

ISBN 978-85-352-7928-3
ISBN (versão eletrônica): 978-85-352-7929-0

CIP-BRASIL. CATALOGAÇÃO NA PUBLICAÇÃO
SINDICATO NACIONAL DOS EDITORES DE LIVROS, RJ

G342a

Gherardi, Silvia
Administração e aprendizagem na prática / Silvia Gherardi, Antônio Strati ; organização Silvia Gherardi , Antônio Strati. - 1. ed. - Rio de Janeiro : Elsevier, 2014.
240 p. : il. ; 23 cm.

Inclui bibliografia
ISBN 978-85-352-7928-3

1. Educação - Estudo e ensino (Superior). 2. Universitários - Formação I. Strati, Antônio. II. Gherardi, Silvia. III. Strati, Antônio. IV. Título.

14-13074 CDD: 370
CDU: 35

DEDICATÓRIA

Este livro começou com uma proposta de Eduardo Davel, que nele continuou trabalhando até sua realização. Gostaríamos de expressar nossa profunda gratidão a Eduardo.

SOBRE OS ORGANIZADORES

Silvia Gherardi é professora de Sociologia das Organizações na Universidade de Trento, Itália. É membro fundadora e diretora da Research Unit on Communication, Organizational Learning and Aesthetics (RUCOLA).

Antonio Strati é professor de Sociologia das Organizações na Universidade de Trento, Itália. É membro fundador da Standing Conference on Organizational Symbolism (SCOS) e da Research Unit on Communication, Organizational Learning and Aesthetics (RUCOLA).

SOBRE OS COAUTORES

Attila Bruni é professor de Sociologia das Organizações na Universidade de Trento, Itália.

Eduardo Davel é professor na École des sciences de l'administration (ESA) da TELUQ (Universidade du Québec) e na Escola de Administração da Universidade Federal da Bahia, onde atua sobretudo no âmbito do CIAGS – Centro Interdisciplinar de Desenvolvimento e Gestão Social. É editor da RIGS – Revista Interdisciplinar de Gestão Social.

Davide Nicolini é professor de Management e Estudos Organizacionais das organizações na Universidade de Warwick, U.K.

Laura Lucia Parolin é professora adjunta de Sociologia das Organizações na Universidade de Milão, Itália.

TRADUÇÃO PARA O PORTUGUÊS: DEBORA AZEVEDO.

O livro compõe-se de textos publicados em inglês; agora traduzidos para a língua portuguesa. Alguns textos foram adaptados para compor capítulo de livro e outras partes são originais:

- Gherardi S. Situated knowledge and situated action: what do practice-based studies promise?. In: Barry, D. and Hansen, H. (eds.), The SAGE Handbook of New Approaches in Management and Organization. London: Sage; 2008. p. 516-527.
- Strati A. Knowing in practice: aesthetic understanding and tacit knowledge. In: D. Nicolini, S. Gherardi e D.Yanow (eds.), Knowing in Organizations: A Practice-Based Approach. Armock: M.E. Sharpe; 2003. p. 53-75.
- Gherardi S. The Critical Power of the Practice Lens. Management Learning, 2009; 40(2): 115-128.
- Strati A. Sensible knowledge and practice-based learning. Management Learning. 2007; 38(1): 61-77.
- Gherardi S, Nicolini D. Learning in a constellation of interconnected practices: canon or dissonance? Journal of Management Studies. 2002; 39(4): 419-436.
- Strati, A., Aesthetics in the study of organizational life. In: D. Barry and H. Hansen (eds.), The SAGE Handbook of New Approaches in Management and Organization. London: Sage; 2008. p. 229-238.
- Bruni A, Gherardi S, Parolin L. Knowing in a system of fragmented knowledge. Mind, Culture and Activity. 2006; 14(1-2): 83-102.
- Gherardi S. When will he say: "today the plates are soft"?: Management of ambiguity and situated decision-making. Studies in Cultures, Organizations and Societies. 1995; 1(1): 9-27.
- Strati A. "Do you do beautiful things?": Aesthetics and Art in qualitative methods of organization studies. In: D. Buchanan and A. Bryman (eds.), The SAGE Handbook of Organizational Research Methods. London: Sage. 2009; P. 230-245.

INTRODUÇÃO

Primeiro momento: Sobre a prática em contexto brasileiro

Eduardo Davel

O campo de estudos sobre administração e aprendizagem é vasto e estratégico para se pensar a riqueza humana das organizações contemporâneas. Desde sua fundação, o caráter interdisciplinar impregna o desenvolvimento deste campo que conjuga tradições da psicologia, da sociologia, da antropologia, da ciência política, da história, da economia, da educação, dentre outras. No confronto interdisciplinar, muitas tensões e avanços são produzidos, abrindo o debate para diversas questões e caminhos possíveis. Um dos caminhos fecundos que ganha vigor nos últimos tempos é o da epistemologia da prática. Ou seja, um olhar para a aprendizagem e para a administração por meio de um entendimento não dicotômico e não positivista desses fenômenos, que os torna, dessa forma, práticos.

Este livro se inscreve neste panorama epistemológico, podendo ser jocosamente contemplado como um belo mosaico sobre a prática em seu ato dinâmico, aquele que se confunde com o de administrar e o de aprender. Essa nebulosidade entre as ações de praticar, administrar e aprender algo encontra-se no âmago da reflexão contemporânea da análise organizacional, pois permite pensar a administração de forma mais habilidosa, complexa e sutil, possibilitando, por conseguinte, uma melhor qualificação da ação gerencial. Se o gestor enfrenta cedo ou tarde transformações em sua identidade de "ser gestor", conduzindo-o a se repensar continuamente, a aprendizagem é um eixo incontornável nesse processo reflexivo (Davel e Melo, 2005). A ação gerencial reflexiva é aperfeiçoada na medida em que o gestor é capaz de aprender e de refletir sobre sua prática situada social e esteticamente. Ora, o enfoque epistemológico voltado para a prática ajuda a melhor pensar a prática, se aderimos à ideia segundo a qual a complexidade não é um traço de algo existente fora de nós, mas a capacidade de organizarmos nosso pensamento sobre algo (Tsoukas e Hatch, 2001).

Dentro do campo de pesquisas sobre aprendizagem organizacional, o enfoque nas abordagens baseadas em prática também permite avanços na medida em que ajuda a dissolver as separações entre diferentes níveis de aprendizagem (por exemplo, individual, grupal, organizacional) e a superar dualidades conceituais (por exemplo, estrutura e agência, estabilidade e mudança, *exploration* e *exploitation*). Ajuda também a extrapolar a imagem hiper-racionalizada da agência, decentralizando o foco sobre o mental, ao valorizar os aspectos tácitos, sensíveis e estéticos da aprendizagem. Por conseguinte, a abordagem baseada em prática contribui na resolução dos conflitos habitualmente presentes nos modelos conceituais de aprendizagem organizacional que contrapõem o tático ao explícito, a aprendizagem normativa à exemplar, dentre outros aspectos.

Dentro deste projeto amplo de pensar a administração e a aprendizagem como práticas, este livro está enraizado em uma trajetória acadêmica densa, variada e vigorosa dos seus autores, os professores e pesquisadores Silvia Gherardi e Antonio Strati. O conjunto de capítulos aqui reunidos decorre de uma escolha de textos publicados em renomados meios acadêmicos ao longo dessa trajetória. Além disso, podemos pressupor que os textos também decorrem de um espaço coletivo de aprendizagem, já que os autores são membros e líderes da unidade de pesquisa sobre comunicação, aprendizagem organizacional e estética (Research Unit on Communication, Organizational Learning and Asthetics – RUCOLA) da Universidade de Trento, na Itália. Ao consultar pela internet a RUCOLA, constata-se a quantidade de pesquisas e pesquisadores que colaboram e publicam sobre a temática. Constata-se também a inscrição do centro em uma perspectiva temporal que atravessa mais de uma década de tradição de pesquisa. A prática da aprendizagem sobre a aprendizagem revela-se, então, uma prática inscrita no tempo-espaço, nas redes de interação e nas produções cronologicamente materializadas.

Seja pela relevância da temática, seja pela originalidade dos autores, este livro nos brinda com um conjunto de textos sobre teorias, conceitos e métodos de pesquisa que nos permite organizar e aprofundar nosso entendimento sobre os estudos baseados em prática. Com este conjunto instigante de ideias sobre a administração e a aprendizagem na prática, este livro chega em um momento propício. Ele ajuda a consolidar o que de alguma forma funcionou inicialmente como instigador, antes mesmo de ser materializado em língua portuguesa. Ou seja, a produção de conhecimentos sobre as abordagens da aprendizagem baseada em prática no Brasil é estimulada pela produção sobre as comunidades de prática, e em particular se apoia na produção de Silvia Gherardi e seus colaboradores. É um vaivém linguístico, que, ao se traduzir e se concatenar textos temporalmente distintos, se enriquece a sistematização que se faz de um objeto. Enriquece-se, portanto, o entendimento deste objeto. Assim sendo, o livro permite organizar textos publicados ao longo de um tempo sobre o assunto, mas permite também ampliar o acesso ao público brasileiro do conjunto de pesquisas sobre aprendizagem organizacional com base na abordagem baseada em prática.

Dentro da produção acadêmica brasileira sobre aprendizagem organizacional, já é possível destacar um conjunto de pesquisas voltadas para a epistemologia da prática (por exemplo: Antonello e Azevedo, 2011; Bispo, 2011; Didier e Lucena, 2008; Ipiranga, Faria e Amorim, 2008; Schommer, 2005; Schommer e Souza-Silva, 2008; Souza-Silva e Schommer, 2008, 2006; Souza-Silva e Davel, 2005; Souza-Silva, 2009). Por exemplo, Antonello e Godoy (2011c, 2011b, 2011a) destacam a fecundidade da perspectiva da aprendizagem baseada em prática para o avanço dos estudos sobre aprendizagem organizacional no Brasil. Esta perspectiva permite aprofundar e multiplicar as possibilidades de pesquisa, tanto no plano teórico quanto no epistemológico e no metodológico. Também fortalece um enquadramento teórico para se repensar epistemologicamente outras modalidades que se assentam sobre a prática situada, como a mentoria e o *coaching* (Davel e Tremblay, 2011).

O livro é promissor para o desenvolvimento de estudos sobre aprendizagem baseada em prática, mas também para aprofundar o conhecimento sobre seu vínculo interdisciplinar com as abordagens estéticas da administração. Como conhecimento tático e saberes estéticos são conceitos intimamente ligados, a aprendizagem baseada em prática é também aprendizagem estética, sensível. A pesquisa sobre estética no Brasil que começa a suscitar interesse dos pesquisadores (por exemplo: Leal, 2007, Wood e Csillag, 2001; Csillag, 2003; Narducci, 2012) ganha, com este livro, maior estímulo para proliferar e desabrochar em contexto brasileiro. Não somente estes, mas, de forma ampla, os pesquisadores em estudos organizacionais ganham muito com esse conjunto de textos, pois consolidam e enriquecem a nova rota de pesquisas em aprendizagem organizacional com base em abordagens baseadas em prática, conseguindo até ir além disso. Por um lado, oferecem belos horizontes para os pesquisadores que se engajam na promissora "virada prática" em pesquisa organizacional. Por outro, têm o potencial de colocar os praticantes (por exemplo, administradores atuais ou futuros) face a face com a microdinâmica complexa e sutil que torna sua prática cotidiana mais inteligível e sofisticada. É uma tomada de consciência profissional que poderíamos julgar mais realista, eficaz e prática. Em todo caso, bem mais do que muitas receitas instrumentais que costumam infestar e degradar a prática da administração.

Segundo momento: Sobre a prática na pesquisa organizacional

Silvia Gherardi, Antonio Strati

O conceito de "prática" foi redescoberto dentro dos estudos organizacionais sobretudo na década passada (Gherardi e Strati, 2012). Os ensaios reunidos neste livro contribuíram parcialmente para esta redescoberta. Os ensaios, publicados em revistas internacionais ou volumes coletivos desde 2000, ilustram, temática e metodologicamente, a reflexão teórica e a pesquisa empírica que foram conduzidas por um grupo de pesquisa[1] da Universidade de Trento, buscando promover a "virada prática" na análise organizacional contemporânea.

Propomos estes trabalhos novamente neste livro porque, juntos, fornecem um panorama sobre a fertilidade do conceito de prática no campo da aprendizagem e conhecimento organizacional, mas também sobre como deu origem a uma corrente específica dos estudos organizacionais intitulada "estudos baseados em prática". O livro consiste em uma seleção de textos utilizados – além de outras ocasiões – em várias oficinas de doutorado organizadas pelo Research Unit on Communication, Organizational Learning and Aesthetics – RUCOLA sobre o assunto dos estudos baseados em prática. Os ensaios foram propostos e discutidos durante essas oficinas de doutorado[2] porque representam ajudas pedagógicas válidas e flexíveis.

[1] Referimo-nos ao Research Unit on Communication, Organizational Learning and Aesthetics – RUCOLA da Universidade de Trento (disponível em: www.unitn.it/rucola), que começou a pesquisar sobre o assunto em 1993. A escolha dos ensaios não representa o trabalho de todos os pesquisadores que colaboraram com a unidade de pesquisa. Além disso, enquanto alguns membros ainda estão na Universidade de Trento, outros se encontram em outras universidades, como Davide Nicolini na Universidade de Warwick na Inglaterra e Laura Lucia Parolin na Universidade de Milão na Itália.

[2] Gostaríamos de agradecer aos estudantes de doutorado que participaram das oficinas, estimulando e melhorando nossas análises teóricas e pesquisas empíricas. Desde 2006, organizamos as seguintes oficinas de doutorado em Trento: "Knowing-in-practice: how to study it?" (abril de 2006), "Objects and knowing-in-practice" (dezembro de 2007), "Methodologies in practice-based studies" (novembro de 2008), "Does body matter in organizational life?" (novembro de 2009), "Practising technologies" (maio de 2011), "Transitions in professional responsibilities: ensuring quality and effective organisational and management practices" (maio de 2012). Algumas dessas oficinas foram realizadas com outras universidades e grupos de pesquisa: Ecole Normale Superieure di Cachan, PREG-CRG da Ecole Polytechnique, the ESSEC of Paris (France), the Department of Education, Aarhus University (Denmark), the University of Stockholm, the Linnaeus Centre for Research on Learning, Interaction and Mediated Communication in Contemporary Society at the University of Gothenburg (Sweden), the Stirling Institute of Education (UK).

O livro está estruturado em três partes com o propósito de fornecer proeminência tanto para conceitos quanto para métodos relativos aos estudos baseados em prática. A primeira parte consiste em três capítulos que ilustram o que se entende por teoria baseada em prática. A segunda parte, que consiste em quatro capítulos, destaca os conceitos-chaves para descrever e interpretar práticas situadas. A terceira parte do livro inclui dois capítulos sobre reflexões metodológicas a respeito de como conduzir pesquisa empírica no local de trabalho utilizando uma abordagem baseada em prática. Passamos agora à descrição geral de cada uma dessas partes para sumarizar os assuntos e os problemas que podem apresentar ao leitor.

A primeira parte posiciona a teoria baseada em prática com relação à questão de que tipo de conhecimento produzir, dada a insatisfação com o positivismo como modelo que gera conhecimento universal, objetivo, descontextualizado e desencarnado. O primeiro capítulo responde a esta questão. A virada da prática fica situada como uma alternativa ao cognitivismo e à mercantilização do conhecimento. Assim, conhecimento não reside na cabeça das pessoas nem em uma mercadoria, mas em uma atividade situada em práticas sociais, laborais e organizacionais. Logo, é realizada na mudança de conhecimento (objeto) para conhecer (atividade) algo que as pessoas "fazem" juntas, coletiva e socialmente.

A concepção cultural da aprendizagem, a teoria da aprendizagem situada, a teoria da atividade e as teorias do ator-rede demonstraram a similaridade de questões relativas à produção de conhecimento nas organizações, mas fora do modelo positivista. Essas tradições de pesquisa foram motivadoras de estudos baseados em práticas e outros se juntaram a eles na sequência (Azevedo, 2013; Bispo, 2013; Corradi, Gherardi e Verzelloni, 2010).

A redescoberta dos estudos organizacionais durante a década de 2000 do conceito de prática, que teve uma longa tradição na sociologia e na filosofia (como em outras disciplinas das Ciências Sociais), se deve a vários fatores. A prática, de fato, articula tanto espacialidade quanto fabricação do conhecimento. Espacialidade denota a localização do conhecer em prática e a continuação da corrente da teoria da aprendizagem situada, orientando a atenção do pesquisador para a natureza plural e controversa do conhecimento. Fabricação denota a materialidade do conhecimento e o fato de que o conhecimento prático é o produto do fazer conhecível no que é "fabricado" por meio das relações situadas de poder/conhecimento.

A teorização baseada em prática decorre de uma definição de prática como um "fazer coletivo conhecível" e de uma atividade de teorização como uma prática situada dentro de uma coletividade que a sustenta socialmente.

O segundo capítulo introduz o tema do conhecimento estético, deixando para trás a sua contrapartida cognitiva. O conhecimento não é confinado às mãos das pessoas, nem tampouco o mundo é conhecido pela cabeça, mas pelo corpo inteiro e em particular pelos sentidos. A compreensão estética das práticas laborais ilumina os aspectos sensoriais do conhecimento e destaca o conhecimento escondido e tácito na medida em que praticantes de algo são pessoas que "mergulham" em uma prática. Ao se tornar um praticante, o conhecimento é constituído de organização, assim como organização é constituída de aprendizagem. A teorização baseada em prática começa com pressupostos segundo os quais praticantes e pesquisadores conhecem mais que pensam que conhecem, que suas práticas são opacas para eles mesmos na medida em que são os que os observam de fora e que seu conhecimento é encarnado em seus corpos e incrustado na materialidade dos artefatos da prática.

A compreensão estética de práticas constitui a principal diferença de suas interpretações do conjunto de atividades porque acrescenta um entendimento mais sutil do que distingue cada fazer e do estilo inerente a cada fazer. Esse conjunto de pressupostos nos conduz ao terceiro capítulo que discute como os estudos baseados em prática podem contribuir para a análise organizacional. Quando a aprendizagem organizacional é considerada uma metáfora raiz, tornando possível estabelecer analogias entre organização e aprendizagem, o trabalhar, organizar e inovar podem ser entendidos como práticas sociais, já que essas atividades acontecem simultânea e inseparavelmente. Por meio da participação como um praticante, a atividade de conhecer é situada na ação e pela ação.

O terceiro capítulo do livro reflete sobre o poder crítico das lentes da prática. Neste ensaio, os autores formulam preocupações dentro da comunidade de prática de pesquisadores sobre o sucesso da abordagem (e a proliferação de publicações) da "virada prática" que atenuam a tensão crítica característica do início da década de 2000 e que o estudo de práticas como "objetos" levou pesquisadores a perder de vista a prática como epistemologia.

A segunda parte do livro ilustra conceitos-chaves da abordagem baseada em prática e consiste em quatro ensaios que fornecem exemplos de pesquisas empíricas em vários contextos organizacionais.

A compreensão estética é o conceito ilustrado no primeiro capítulo, pois o propósito é mostrar como é capaz de fazer emergir o "não sei o quê" característico de grande parte de experiências práticas da vida organizacional. O segundo conceito é o de "conhecer em prática", que ilustra que conhecer é uma atividade situada que consiste em um alinhamento de pessoas, símbolos e tecnologias ocorrendo juntos em um sistema de conhecimentos fragmentados. Por meio deste conceito, é possível interpretar a materialidade das práticas e as práticas discursivas que permitem, por exemplo, o trabalho a distância.

O tópico das práticas discursivas – presente no livro desde o primeiro capítulo – é enfocado no próximo conceito-chave: a constante comparação entre perspectivas de mundo adotadas pelos participantes na produção de uma prática. Este conceito dá continuidade ao processo de troca da noção de comunidade de prática pelo de práticas de uma comunidade (Easterby-Smith et al., 1998; Gherardi, 2009a) com o intuito de mostrar que dissidências entre praticantes e a negociação de significados são dinâmicas importantes para sustentar a prática e sua inovação. Trata-se de um mínimo de consenso para sustar a prática e não uma adesão total dos praticantes. Este conceito permite observar, de fato, que o alinhamento mencionado anteriormente é provisório e instável, que a comparação entre as perspectivas de mundo dos praticantes produz tensões, descontinuidades e incoerências, ao mesmo tempo que produz ordem e sentidos negociados (Strati, 2014). De fato, tanto cacofonia quanto consonância são produzidas simultaneamente e ambas sustentam o entendimento de uma prática do ponto de vista daqueles que nela mergulham.

Os três conceitos ilustrados – compreensão estética, conhecer em prática e comparação constante – são retomados dentro de um quadro interpretativo mais amplo no próximo capítulo que especifica como a dimensão estética produz uma forma de se estudar organizações, mas também permite interpretar processos de negociação que dão forma à estética e suas relações com as questões clássicas de *ethos* e verdade. O capítulo problematiza como a prática pode ir além de um conjunto de atividade e como pode ser analisada para mostrar que é socialmente sustentada dentro de um sistema de conhecimento fragmentado pela comunidade de praticantes e pela sociedade na qual tais praticantes vivem.

A terceira parte do livro propõe questões metodológicas de como estudar e entender a vida organizacional quando se adota a abordagem baseada em prática. O primeiro capítulo enfoca como acessar o conhecimento escondido que caracteriza o conhecimento prático, permeando a consciência dos praticantes e a investigação direta realizada pelos pesquisadores. Propõe uma técnica projetiva de pesquisa intitulada "a entrevista com o dublê" e ilustra uma aplicação dela. Assim, o capítulo especifica esta nova consciência metodológica da análise crítica das práticas de trabalho e de gestão por meio de quatro abordagens analíticas em estética organizacional – arqueológica, lógica-empática, estética e artística – que estabelecem diferentes questões de pesquisa para o trabalho de campo (Strati, 2010). Mesmo podendo ser diferentes, David Buchanan e Alan Bryman estabelecem na introdução do *Handbook of Organizational Research Methods* (2009, p. XXIX), livro de onde este capítulo foi extraído, que estas abordagens "dizem respeito à emancipação e ao exercício do julgamento estético" e opõem-se "aos processos alienantes e manipuladores" na vida cotidiana de trabalho nas organizações.

Em suma, prática como epistemologia articula conhecimento dentro e sobre organização como uma realização prática, e não como um relato transcendental de uma realidade descontextualizada feita por pesquisadores desencarnados e descolados da questão de gênero. O poder crítico das lentes da prática referente ao trabalho e às organizações explora como:

- participantes e pesquisadores atuam tanto cognitiva quanto esteticamente, como fazem o que fazem por meio de suas inteligências sensíveis e seu entendimento racional, e as repercussões do que fazem;
- as práticas de trabalhar e organizar se tornam institucionalizadas porque são sustentadas por um consenso de trabalho (trabalho institucional) e uma ordem moral e estética; e
- a prática é sustentada na interação por um entendimento pré-verbal, uma orientação mútua e a produção de artefatos mutuamente inteligíveis.

As teorias da prática fornecem os fundamentos teórico-metodológicos para a construção das teorias organizacionais que deslocam a visão da organização como planejar e desenhar (racionalidade de fora) para a visão da organização como uma realização instável emergente que envolve os sentidos, os julgamentos estéticos, baseados em uma inteligibilidade social ampla em razão das racionalidades plurais e contingentes.

SUMÁRIO

PARTE Um

Teorias sobre a prática

CAPÍTULO 1

Conhecimento situado e ação situada: o que os estudos baseados em prática prometem?[1]

Silvia Gherardi

"Conhecimento não é algo que as pessoas possuem em sua cabeça, mas, em vez disso, é algo que as pessoas fazem juntas."

(Gergen, 1985, p. 270)

Desde a década de 1980, aprendizagem e conhecimento nas organizações têm sido objeto de um debate aceso, e às vezes acalorado, no campo dos estudos organizacionais. Mais recentemente, há uma forma de nova convergência em torno dos chamados *Practice Based Studies*[2] (PBS) da aprendizagem e do conhecimento nas organizações (Gherardi, 2012a; Nicolini, 2013). É natural indagar quanto às razões para este grande interesse, e explorar como o foco no conhecimento na prática podem contribuir para um reenquadramento do campo (Bispo e Mello, 2012; Rodrigues e Azevedo, 2013).

O sucesso do tema PBS nas organizações reside, creio eu, dentro do complexo e variado movimento intelectual que nas ciências sociais mostrou as limitações do racionalismo, e que nos estudos organizacionais tem desmantelado o paradigma funcionalista a partir do qual a disciplina nasceu. Considere-se, de fato, como a teoria organizacional costumava basear-se em uma imagem da organização racional a qual privilegiava os processos de decisão – primeiro com base na racionalidade paradigmática e, em seguida, na racionalidade limitada – e o planejamento estratégico, baseado em uma racionalidade *a priori*. As deficiências do paradigma tornaram-se evidentes

[1] Publicado originalmente: Gherardi S. Situated knowledge and situated action: what do practice-based studies promise?. In: Barry, D. and Hansen, H. (ed.), The SAGE Handbook of New Approaches in Management and Organization. London: Sage; 2008. p. 516-527.

[2] Tradução: Estudos baseados em prática.

quando tanto os pesquisadores quanto os profissionais em organizações perceberam cada vez mais que a teoria era incapaz de explicar as contingências e as racionalidades situacionais.

A imagem de uma organização orientada pelo princípio da otimização foi gradualmente substituída por uma imagem de organização que procede por tentativa e erro, que se baseia na sua própria experiência e na dos outros, que extrai o máximo valor do conhecimento que possui, que se esforça em busca de melhoria constante, e que cria redes com outras organizações e instituições a fim de desenvolver coletivamente o conhecimento que é incapaz de produzir por si mesma. Esta é uma imagem, portanto, que retrata uma racionalidade mais modesta do tipo incremental e distribuída. Ela interpreta o espírito de uma época que considera o conhecimento como um fator produtivo e a sociedade do conhecimento como a manifestação de mudanças de época.

Não quero argumentar que o estudo da aprendizagem organizacional e do conhecimento nas organizações tem procedido de forma homogênea em um esforço antirracionalista; pelo contrário, contradições entre a racionalidade *a priori* e a racionalidade incremental, e entre a pesquisa positivista e a pesquisa interpretativista pós-moderna têm atravessado o debate. A fé cega na racionalidade tornou-a um dos mitos mais profundamente enraizados na consciência coletiva do Ocidente, e a consequência foi que à mente dá-se primazia sobre o corpo como a sede quase exclusiva do processo de construção de conhecimento. Associada a uma imagem mentalista do conhecimento, portanto, está uma metodologia de pesquisa que vê processos cognitivos individuais ou coletivos como o domínio adequado para investigar os esquemas e os mecanismos mentais pelos quais o conhecimento é produzido e armazenado. Mas quando o conhecimento é concebido como uma atividade mundana, situado nas práticas de trabalho e organização em curso, então precisamos de uma metodologia apropriada para a observação do conhecer na prática.

A intenção deste capítulo é exemplificar a contribuição dos PBS dentro de uma tradição crítica do racionalismo e do cognitivismo, fazendo-o com base em uma imagem complexa da relação entre trabalhar, organizar e conhecer. Conceitua-se conhecimento da mesma maneira que as análises de aprendizagem social e institucional, as quais assumem a constituição recíproca do sujeito conhecedor e do objeto conhecido, do conhecimento e do saber, da prática e do praticar.

O que os estudos com base na prática prometem para os estudos organizacionais é que eles ligarão o estudo das práticas de trabalho ao estudo do organizar, e que eles o farão ao tornar o conhecimento um fenômeno observável.

COMO DEFINIR CONHECIMENTO?

O conhecimento não é algo que as pessoas possuem em sua cabeça, mas, em vez disso, é algo que as pessoas fazem juntas (Gergen, 1991, p. 270). A partir dessa perspectiva, podemos começar a nossa busca por uma metodologia para estudar empiricamente o conhecimento como uma atividade situada.

Tanto na vida cotidiana quanto nas organizações de trabalho, pessoas e grupos criam conhecimento negociando os significados de palavras, ações, situações e artefatos materiais. Todos eles participam e contribuem para um mundo que é social e culturalmente estruturado e constantemente reconstituído pelas atividades de todos aqueles que pertencem a ele. Assim, a atividade cognitiva e prática pode ser procurada apenas dentro deste mundo, e por meio deste entrelaçamento social e cultural. O conhecimento não é o que reside na cabeça de uma pessoa, ou nos livros, ou nos bancos de dados. Conhecer é ser capaz de participar com a necessária competência na complexa teia de relações entre pessoas, artefatos materiais e atividades (Gherardi, 2001). Desta definição segue que conhecer na prática é sempre uma realização prática.

Conhecer é algo que as pessoas fazem em conjunto e que é feito em todas as atividades mundanas, nas empresas quando as pessoas trabalham juntas e nos campos acadêmicos, como estudos organizacionais, mesmo que façamos distinções entre conhecimento leigo, prático e teórico. Mas também as práticas da ciência – como qualquer outro processo social – estão situadas em contextos específicos de poder/conhecimento. Práticas situadas são tanto pré-reflexivas (dependem de pressupostos não declarados e de conhecimento compartilhado para a realização mútua de sentido) quanto reflexivamente constitutivas dos contextos dos membros situados, contextos dos quais elas afloram.

O termo "prática" é um *topos* que conecta "saber" com "fazer". Ele transmite a imagem de materialidade, de fabricação, de trabalho manual, de habilidade de artesão. Conhecimento, portanto, não surge de "descobertas" científicas; em vez disso, ele é fabricado por práticas situadas de produção e de reprodução de conhecimento utilizando as tecnologias de representação e mobilização.

ONDE ESTÁ O CONHECIMENTO?

Podemos dizer que o conceito de prática tem duas implicações importantes:

(i) a ação social e o conhecimento social devem ser considerados atividades inseparavelmente entrelaçadas; e

(ii) conhecer não pode ser visto como uma atividade consciente que envolve atos significativos, pois ela pressupõe apenas referências presumidas ou indiretas a normas, significados e valores que alega aplicar ou seguir.

Assim, uma das direções mais importantes tomadas pelos estudos empíricos que usam uma abordagem baseada em prática é o estudo da organização prática do conhecimento, sob a forma de métodos de ver, raciocinar e agir em associações de elementos humanos e não humanos. De fato, os objetos e seu mundo material podem ser interpretados como conhecimento materializado e matéria que interrogam os seres humanos e interagem com eles.

No entanto, uma inspeção da literatura mostra que uma teoria unificada da prática não existe (Schatzki, 2001), tampouco um campo unificado de estudos da prática. Em vez disso, eu vejo três tipos de relações estabelecidas entre práticas e conhecimento:

- uma relação de *contenção*, no sentido de que o conhecimento é um processo que tem lugar dentro de práticas situadas. Nesta perspectiva, as práticas são constituídas como entidades objetivas (na medida em que tenham sido objetivadas) sobre as quais os praticantes já têm conhecimento (isto é, eles as reconhecem como práticas) e as quais incluem fragmentos e pedaços de conhecimento ancorados no mundo material e nos sistemas normativo e estético que as elaboraram culturalmente.
- uma relação de *constituição mútua*, no sentido de que as atividades de conhecer e praticar não são dois fenômenos distintos e separados; em vez disso, eles interagem e produzem um ao outro.

- uma relação de *equivalência*, no sentido de que praticar é conhecer na prática, esteja o sujeito ciente disso ou não. Agir como um praticante competente é sinônimo de saber como se conectar com sucesso com o domínio das práticas assim ativado. A equivalência entre saber e praticar surge quando a prioridade é negada ao conhecimento que existe antes do momento de sua aplicação, de modo que, quando ele é aplicado, algo já existente não é desempenhado, mas, em vez disso, a ação cria o conhecimento formado na própria ação e por meio dela.

No entanto, essas três relações não se excluem mutuamente, e destacar uma delas não prejudica as outras. Podemos dizer que, a fim de tornar o conhecimento observável no seu fazer e desfazer, devemos olhar para as práticas de trabalho como o *locus* de produção e de reprodução de conhecimento; devemos prestar atenção às dinâmicas entre a prática como conhecimento institucionalizado e o praticar como processo de institucionalização, e devemos assumir que conhecer na prática é sinônimo de praticar (Gherardi e Perrotta, 2011).

CONHECER NA PRÁTICA E CONHECER UMA PRÁTICA

O estudo das práticas por Bourdieu (1972), bem como por Garfinkel (1986) e Giddens (1967), é em razão de Schutz (1962), e a sua definição do mundo social constituído por inúmeras províncias de significado vistas como conjuntos particulares de experiências, cada um deles manifestando um estilo específico e – com respeito a este estilo – não apenas coerente em si mesmo, mas também compatível com os outros. O mundo da vida cotidiana é uma província de significado dominada e estruturada pelo que Schutz chama de "atitude natural", de modo que o mundo é, desde o início, não o mundo do indivíduo privado, mas um universo intersubjetivo, compartilhado por todos nós, e no qual não temos um interesse teórico, mas eminentemente prático. No entanto, os indivíduos geralmente são conscientes de que cada um deles tem uma percepção diferente da realidade. Eles são simultaneamente conscientes de que têm um grau suficiente de acesso à percepção dos outros para serem capazes de realizar suas atividades diárias normais. A partir deste ponto de vista, os significados de nossas experiências do mundo exterior são consideradas para todos os fins práticos como "empiricamente idênticos" e, assim, dão origem aos significados compartilhados indispensáveis para a comunicação e para aquele "sotaque" particular da realidade atribuído ao mundo da vida cotidiana. Por conta disso, trabalhar representa o maior grau de interesse e atenção à vida e, simultaneamente, é o meio pelo qual os indivíduos são capazes de alterar o mundo externo. Resumidamente, a intersubjetividade dá origem não a uma correspondência de significados, mas ao pressuposto de que os significados são compartilhados, ou, como Garfinkel coloca, a um acordo sobre os métodos de compreensão. Assim, a inovação mais significativa da etnometodologia com relação à sociologia tradicional é a substituição de categorias cognitivas por categorias de ação, e a consequente visão da criação e da transmissão de conhecimentos como uma prática socialmente importante. O que significa que também a sociologia assumiu a afirmação de Austin de que "saber é fazer na vida cotidiana, e é fazer sociedade" (Giglioli, 1990, p. 85). Nos estudos etnometodológicos, de fato, a transmissão de conhecimentos como uma prática social tem sido o foco de análise dos estudos sobre o trabalho (Garfinkel, 1986). Mas porque estes estudos não conceituaram abertamente a prática de trabalho como "aprendizagem", eles têm sido largamente ignorados no campo organizacional: só recentemente, de fato, a análise da construção social da tecnologia e das culturas profissionais pelos *Workplace Studies* têm retomado uma série de temas etnometodológicos (Heath e Button, 2002).

Garfinkel (1967, p. 4) escreve que se pode discernir o método etnometodológico para a análise das práticas sociais, bem como das de trabalho:

> *Onde quer que os estudos da ação prática e do raciocínio prático estão envolvidos, eles consistem no seguinte: (1) a distinção programática insatisfatória entre expressões objetivas (livres de contexto) e expressões indexicalizadas, e substituibilidade de umas pelas outras; (2) a reflexividade essencial "desinteressante" dos relatos das ações práticas; e (3) a analisibilidade das ações em contexto como uma realização prática.*

A discussão, até agora, destacou três características essenciais – indexicalidade, reflexividade e relatabilidade – das práticas situadas usadas pelos indivíduos para conferir significado ao mundo social.

O termo "indexical" foi originalmente usado na linguística para designar expressões que só são completamente compreensíveis no contexto concreto onde são produzidas e usadas. Em estudos etnometodológicos, no entanto, o termo adquiriu conotações específicas. A indexicalidade das ações sociais significa que os atores não costumam ter problemas em compreender um ao outro, em grande parte porque a compreensão é uma realização constante e contingente que depende de seu trabalho interpretativo. Compreender práticas situadas, portanto, requer compreender como os indivíduos exitosamente usam comportamentos e expressões indexicais cujos significados são constantemente negociados e renegociados no curso da interação. Um dos significados de "situada" em referência às práticas é que o desempenho de uma prática depende da maneira pela qual a indexicalidade é localmente resolvida. Também as normas sociais são indexicais, com a consequência de que uma regra de comportamento não tem um significado unívoco fora dos contextos concretos onde é aplicada. Esta tese sublinha em especial que a gama de aplicações de uma regra é sempre constituída por um número *a priori* indefinível de situações diferentes, de modo que uma norma é sempre aplicada "uma outra primeira vez" (Garfinkel, 1967, p. 9)[3] e uma prática de trabalho é sempre executada "uma outra primeira vez".

Reflexividade, a segunda característica, está enraizada em todas as atividades sociais de produção de ordem (Garfinkel, 1967, p. 67). Ela consiste nas práticas de relatabilidade, observabilidade e referabilidade da ação social, pelas quais se pretende tornar o mundo compreensível para si mesmo e para os outros membros de uma coletividade. "A reflexividade refere-se à tendência de auto-organização dinâmica da interação social para prover a sua própria constituição, por meio de práticas de relatabilidade e exibição cênica." (Flynn, 1991, p. 28) São, portanto, as próprias ações que "reflexivamente" mostram a sua natureza como significativas para os atores sociais. É esta característica que permite a análise das práticas, na medida em que torna seus significados acessíveis para "forasteiros", bem como, ou melhor, para "observadores externos". Estes observadores, consequentemente, não têm de confiar inteiramente no que as pessoas lhes dizem – um método criticado por Zimmermann e Pollner (1970) porque,

[3] Isso tem duas consequências fundamentais: a primeira é que a aplicabilidade de uma norma necessariamente depende do conteúdo daquela norma; a segunda é que as normas em si não são suficientes para dirigir a ação humana, porque não definem exaustivamente os componentes que constituem o comportamento a que se aplicam, no sentido de que é sempre possível encontrar comportamentos que não são regulados por nenhuma regra específica.

segundo alegam, as ações falam por si mesmas. No entanto, isso não quer dizer que seus significados são abstratos ou descontextualizados; em vez disso, isso depende do fato de que as ações inevitavelmente participam de uma organização de atividade – elas são, por assim dizer, embutidas em uma situação concreta[4].

Finalmente vou tratar da noção de relatabilidade[5]. Com frequência usado para denotar um "motivo", uma "razão" ou uma "explicação", o termo é utilizado por Garfinkel (1967, p. 1) como sinônimo de "observável-reportável, ou seja, disponível para os membros como práticas situadas de olhar e dizer", isto é, uma propriedade pública e constantemente demonstrada das atividades comuns. Em outras palavras, a relatabilidade evidencia o caráter normal, ordinário, compreensível e natural dos acontecimentos. Consequentemente, as ações sociais não precisam ser "batizadas" pela linguagem para que sejam inteligíveis e indexicais aos seus participantes. Isso significa que os relatos contribuem para o contexto do qual fazem parte, e que eles são interpretados e compreendidos processualmente. "Relatos, portanto, não são um termo para a investigação científica do social, eles são, em vez disso, um ponto de partida para ela." (Heritage, 1987, p. 250) A esse respeito, o próprio Garfinkel sustenta que grande parte de nossas ações e interações não são baseadas em acordos comuns, mas em uma textura de pressupostos tácitos, nem explicados nem totalmente explicáveis, que são "dados como certos" (*taken for granted*). Esta é, portanto, mais uma forma de conceituar o conhecimento tácito como "dado por certo", que deriva diretamente de Schulz (1962; 1964).

Finalmente, Garfinkel enfatiza a importância da ação social como um fenômeno moral, em que a "moralidade" está ligada a padrões de ação reconhecidos por toda a comunidade como aqueles mais corretos, legítimos e

[4] No entanto, Garfinkel afirma que em nenhum caso as ações de investigação de ações práticas são realizadas a fim de que as pessoas envolvidas possam ser capazes de reconhecer e descrever o que estão fazendo, em primeiro lugar, e que aqueles que realizam a análise compreendem a maneira pela qual as pessoas estão falando sobre o que estão fazendo. Isso implica que os atores assumem "a reflexividade de produzir, realizar, reconhecer e demonstrar a adequação racional e inteiramente prática de seus procedimentos; eles dependem disso, o exigem, e fazem uso disso".

[5] Nota de tradução: O termo *accountability* pode ser traduzido para o português como responsabilização, ou prestação de contas. Aqui opta-se por traduzir como relatabilidade, pois essa já é a tradução consagrada da acepção dada por Garfinkel.

adequados em um contexto específico[6] distinto de outros. Nesta perspectiva, os membros da sociedade sabem a ordem moral quando nas ações dos outros eles reconhecem aqueles modelos que representam os "fatos naturais da vida", não normas sociais internalizadas, como, em vez disso, argumentou Parsons, quando tratou as normas sociais como inicialmente "externas" e então integradas na personalidade pela socialização para assumir a forma de disposições. Este relato de moralidade também vê as regras como assumidas em uma função constitutiva da inteligibilidade de ações concretas. De fato, é precisamente a autoestruturação do comportamento de acordo com as prescrições de uma norma que permite ao ator reconhecer aquele comportamento como um determinado tipo de ação.

Pessoas engajadas em uma prática de trabalho reconhecem um conjunto de posições sociais que são inter-relacionadas, que fazem sentido e que são desempenhadas. As práticas transmitem identidades que são exibidas em ocasiões apropriadas. As experiências das pessoas em, com e dentro das práticas tornam-se incorporadas em suas identidades, nas posições sociais que ocupam, no *status* que elas exibem enquanto representam o conjunto de práticas, e também quando não as desempenham. As identidades profissionais estão ligadas a um conjunto de práticas institucionais, mas elas também são desempenhadas fora da profissão.

CONHECER NA PRÁTICA COMO UMA ATIVIDADE SITUADA

Por enquanto, podemos adotar uma perspectiva metodológica que, uma vez que a natureza de uma "instituição de práticas" tenha sido estabelecida, veja a análise do "ver, dizer e fazer" situados como um meio operacional para dar uma definição concreta para um campo de análise empírica. Esta abordagem metodológica tem sido usada com bons resultados em estudos do gênero como uma prática socialmente situada (Bruni *et al.*, 2004; Martin, 2003; Poggio, 2006), de aprendizagem de segurança como conhecimento prático

[6] Observe que Garfinkel não vê o contexto como uma entidade que existe antes da ação e a determina por meio de normas; ao contrário, ele se auto-organiza com respeito ao caráter inteligível de suas manifestações. Em outras palavras, ele é constantemente reconstituído pelas ações de modo que se torna simultaneamente o ponto de partida e de chegada das mesmas ações que o constituem

desempenhado em situações apropriadas (Gherardi, 2006), e de criatividade prática (Gherardi e Perrotta, 2013).

No entanto, devemos ter em mente os múltiplos significados do termo "conhecimento situado" e os múltiplos usos dessa expressão. "Situado" tem uma multiplicidade de significados (Gherardi, 2006), todos presentes quando consideramos o processo de saber como imbricado com o desempenho de uma prática de trabalho:

- *Situado no corpo*: A materialidade do sujeito que sabe é essencialmente ancorada no corpo, e um corpo é sexuado (Gärtner 2013; Gherardi *et al.*, 2013). A crítica feminista da ciência e o trabalho feminista na sociologia da ciência e da tecnologia têm ajudado a mostrar que mesmo o conhecimento "universal" é situado, enquanto a objetividade feminista significa simplesmente conhecimento situado no corpo (Fujimura *et al.*, 1987; Harding, 1986). A vantagem de uma "perspectiva parcial" – termo cunhado por Donna Haraway (1991) e retomado por Marilyn Strathern (1991) – é que o conhecimento sempre tem a ver com domínios circunscritos, não com transcendência e com a dicotomia sujeito/objeto. Além disso, o corpo material – o corpo que trabalha – assume forma e localização dentro do conjunto de práticas que constituem o ambiente de trabalho. O conhecimento adquirido por meio dos cinco sentidos é estético, não mental. Ele muitas vezes forma a base para competências específicas. Atividades artesanais requerem corpos treinados – ou seja, aqueles que incorporaram uma especialização. É por meio do corpo que "um bom olho" ("um bom ouvido", "um bom nariz") para algo é adquirido, de modo que o conhecimento estético (Strati, 1999) também inclui a capacidade de desenvolver uma "visão" profissional, no sentido amplo.
- *Situado na dinâmica das interações*: Conhecer na prática articula a natureza emergente – *in situ* – do conhecimento a partir de interações. A situalização de uma ação pode ser definida como o conjunto de recursos disponíveis para transmitir o significado das próprias ações (de si mesmo) e interpretar aquelas dos outros (Suchman, 1987). E Latour (1987) sugere que as pessoas interagem não só umas com as outras, mas também com os não humanos que compõem o restante do mundo natural.

- *Situado na linguagem*: Esta especificação destaca que todas as expressões mudam seus significados de acordo com o sujeito que as enuncia e de acordo com o contexto de uso. A situação, portanto, não apenas define as circunstâncias de uma ação, mas também as produz por meio da linguagem. Eu prefiro falar de "práticas discursivas", em vez de comunicação ou linguagem, a fim de enfatizar que falar é fazer, e para mudar a atenção do sujeito que fala e de sua intenção comunicativa para o fato de que as práticas de falar situadas têm uma forma própria (*enquanto* "práticas") e uma relativa independência dos sujeitos que as desempenham.
- *Situado em um contexto físico*: O espaço não é um recipiente vazio para as situações, nem é um receptáculo passivo para as atividades organizadas dos atores em situação. Pelo contrário, os indivíduos se engajam ativamente com o espaço e estabelecem relações com ele (Kirsh, 1995). Um espaço organizado – um local de trabalho – é um "território situacional" (Goffman, 1971; Suchman, 1996) no qual os objetos lembram os sujeitos do que eles devem fazer, impedem os humanos de fazer coisas que possam prejudicá-los, guiam a ação de acordo com as intenções inscritas no seu design e tornam o trabalho e a vida confortáveis, tanto material quanto socialmente. Porque a materialidade das situações entra nas relações, os objetos podem ser concebidos como materializações do conhecimento, como conhecimento tangível que "guia" e sustenta um conjunto de práticas.

Portanto, é possível discernir várias correntes de investigação interessadas no "saber na prática", tendo em mente que o que elas têm em comum não é a identificação de um determinado tipo de ação, mas sim um esforço para explicar como o conhecimento organiza a ação em situação. Como Béguin e Clôt (2004) observaram, existem diferentes "acentos" disciplinares que articulam três dinâmicas dessa organização da ação em situação: *interacionista*, que deriva principalmente da sociologia e salienta as interações mediadas pela linguagem e se inspira, principalmente, em Lucy Suchman (1987); *ecológica*, que surgiu principalmente na psicologia e se inspira em Gibson (1979) e em seu conceito de *affordance*, que mostra que parte da organização da ação é realizada pelo meio ambiente; e *cultural*, que se refere à antropologia cognitiva e baseia-se nos estudos de Norman (1994) sobre artefatos cognitivos e Hutchins (1995) sobre cognição distribuída. Béguin e Clôt salientam que estas três correntes sobre a ação e a cognição situada procuram estabelecer uma relação (na visão deles, insatisfatória) entre o que é dado na situação e que os atores criam nela.

As raízes das tradições intelectuais dos estudos baseados na prática podem ser representadas como na Tabela 1.1, em que ilustro sua primeira genealogia como delineada por Conein e Jacopin (1994) em referência às correntes sobre ação situada e teoria da atividade e a integro com a extensão ao campo da aprendizagem e do saber como realizações práticas (Gherardi, 2006).

Tabela 1.1 Tradições intelectuais dos estudos baseados na prática

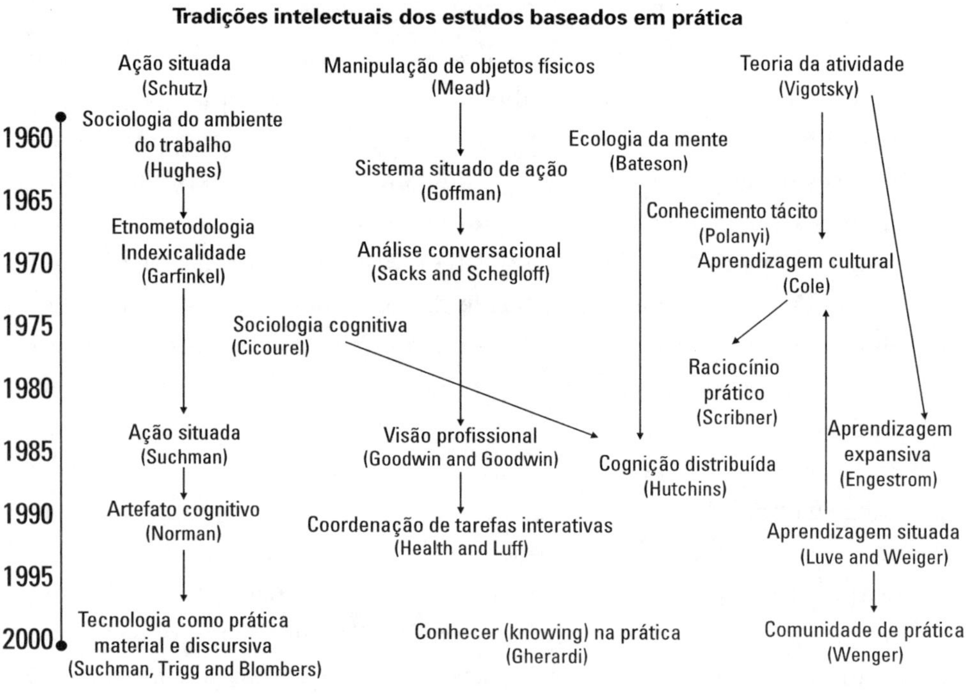

UM QUADRO REFERENCIAL METODOLÓGICO

Uma vez que consideramos a constituição mútua da prática e do praticar, e o caráter situado do conhecer como uma realização prática, tornamo-nos capazes de analisar o conhecimento como um fenômeno observável e de propor um quadro referencial que se concentra no conhecer como uma prática situada.

Imagine um grupo de trabalho envolvido em práticas de trabalho cotidianas que estão ocorrendo facilmente e cuja coordenação é fluida e sem problemas. Nesta situação, observamos que trabalhar não é diferente das atividades de organizar, e que ajustá-las a um contexto que pode mudar como resultado dessas mesmas atividades não é distinto do habitual conhecimento sobre como realizar essas atividades, ou de saber como modificá-las contextualmente. Esta é, portanto, uma situação em que trabalhar, organizar, inovar para se adaptar a um contexto em mudança, aprendizagem situada e aprendizagem anterior são copresentes e coproduzidos em situação. Podemos, portanto, analisar e interpretar o conhecimento na prática como um fenômeno empírico e observável, ao pressupor que, a fim de desempenhar uma prática de trabalho, o contexto, a coletividade, as ferramentas e as tecnologias, e a linguagem são os recursos disponíveis para a ação intencional.

Portanto, não é necessário postular a primazia lógica dos atores, ou do contexto, ou do mundo material, ou da linguagem. As práticas de trabalho enquanto decorrências bem-sucedidas da manifestação do conhecimento prático em situação são *dadas e criadas* pelo entrelaçar de conhecimento ancorado no ambiente com o mundo material e social para criar uma textura de prática.

Dentro deste quadro referencial metodológico, o enfoque será nas conexões em ação estabelecidas na comunidade de praticantes pelas conversações constantes sobre as práticas e sobre os critérios éticos e estéticos que as institucionalizam dentro dessa formação social. Na verdade, este quadro referencial metodológico propõe uma conceituação de atividade prática na qual a prática não coincide nem com rotina como um conjunto de atividades analítico, nem como um fazer em situação mediado por interações, linguagem e tecnologias. A característica distintiva deste ponto de vista das práticas de trabalho como realizações sociais e materiais é o entrelaçamento de recursos dentro de uma concepção normativa, constantemente produzida e reproduzida pelos praticantes, sobre o que constitui uma "boa prática", e sobre o porquê de uma maneira de fazer essa prática é mais "atraente" do que outra. O conceito de "prática" é mais amplo do que aqueles de "atividade", "ação situada" e de "rotina" porque ele enfatiza não o fazer em situação, mas o fazer sociedade em situação.

A dimensão pragmática do fazer é copresente e coproduzida juntamente com a de desempenhar identidades situadas sustentada por uma dimensão normativa e estética. A conversação constante que ocorre entre os praticantes na prática e sobre a prática produz coordenação na prática e entre as práticas de trabalho, bem como assegura que as práticas continuem a ser tais – isto é, praticadas – e reproduzidas de acordo com os critérios sociais que as sustentam.

CONCLUSÕES

Quando damos prioridade às práticas sobre a mente, contribuímos para uma concepção transformada de conhecimento, o qual não é mais uma posse da mente, e é mediado e propagado tanto por interações entre pessoas quanto pelos arranjos materiais no mundo, o qual é discursivamente construído, difuso, fragmentado e distribuído como uma propriedade de grupos de trabalho dentro de um ambiente material situado e dentro de um mundo social situado e discursivamente sustentado.

As práticas, portanto, são modos de ordenar que adquirem estabilidade temporal e espacial a partir de acordos provisórios e instáveis em prática. Podemos dizer que as pessoas compartilham uma prática se suas ações são devidamente consideradas como respostas apropriadas às normas de práticas corretas ou incorretas, aos critérios do gosto estético e aos padrões de justiça. Portanto, quando olhamos para as ações situadas nas práticas em curso – ver, dizer e fazer – estamos fazendo o "conhecimento observável". Como Yanow (2000) observou, ver uma prática – um conjunto de atos e interações que envolvem linguagem e objetos repetidos ao longo do tempo, com padrões e variações – permite ao pesquisador inferir em retorno que uma cultura de prática é desempenhada. E como Goodwin (1994) ilustrou, os praticantes aprendem a ver e a sustentar uma "visão profissional" como uma atividade situada.

O que o conceito de prática promete e por que o faz? Tenho argumentado que a preocupação com o "o que e como" torna o conhecimento um fenômeno empírico e observável, e esbocei um quadro referencial metodológico para esse efeito. Como ponto para concluir, devo abordar a questão "por que" e respondê-la enfatizando a natureza da "prática" como um conceito *in-between*[7].

[7] Nota de tradução: o termo *in-between* pode significar "entre", "no meio", "intermediário" e "meio termo". Optou-se por manter a expressão em inglês por englobar esses diferentes significados.

O conceito de prática pode constituir uma ponte entre conceitos antitéticos, e por esta razão eu o defini em outro lugar como um "conceito *in-between*" (Gherardi, 2012a). Ele se encontra entre hábito e ação, no sentido de que a prática tem características habituais porque se baseia na repetição de atividades, mas também tem o caráter de uma ação intencional. Mas a prática não é um hábito nem uma ação. No mesmo sentido, é um conceito *in-between* entre reprodução e produção, já que na prática a reprodução da sociedade é feita dia a dia, prática após prática, enquanto, ao mesmo tempo, a prática é produtiva de seus resultados e efeitos. A promessa interpretativa de um conceito que fica entre produção e reprodução, hábito e ação reside em seu poder de relatar como a sociedade se mantém (é reproduzida) e muda ao ser reproduzida. Enquanto a produção tem sido um fenômeno muito estudado, a reprodução e a dinâmica endógena de reprodução atraíram menos interesse. O foco é, portanto, nas práticas de trabalho e em como elas são internamente mudadas ao serem praticadas de forma incremental tanto por meio da aplicação da racionalidade situada aos recursos mutáveis da prática em questão como por meio das dinâmicas sociais decorrentes da conversação contínua dos praticantes sobre os padrões normativos da prática. No entanto, as práticas também mudam em razão de fatores exógenos, tais como novas leis, inovações tecnológicas, modas e modismos, perigos, e por muitas outras razões além dessas. Mas este não é o tópico do presente trabalho, já que o ponto que eu quero chamar a atenção é que os estudos baseados em prática fazem uma contribuição específica para a compreensão de como a reprodução social e sua manutenção é realizada por meio de práticas "sapientes" (*knowlegeable*).

CAPÍTULO 2

Saber na prática: compreensão estética e conhecimento tácito[1]

Antonio Strati

Meu principal argumento neste capítulo é que uma abordagem estética para a compreensão da dimensão tácita do conhecimento organizacional pode fornecer ao pesquisador intuições essenciais sobre a natureza interpessoal do *saber prático* na vida organizacional. O estudo da dinâmica da aprendizagem organizacional foca o trabalho e as habilidades organizacionais das pessoas e da construção social das habilidades organizacionais, por meio de processos de interação organizacional que nem sempre são explícitos, formalizáveis ou mesmo aparentes. Nestes casos, fala-se de conhecimento tácito, de competência prática e de aprendizagem situada nas práticas sociais que as pessoas implementam nas organizações ou em nome dessas. Mas deve-se também falar de conhecimento estético, pois esse é um modo de induzir os pesquisadores a romperem com a tradição dominante da teoria cognitiva nos estudos de aprendizagem organizacional nos cursos de gestão. A compreensão estética, de fato, pede considerações que questionam e minam a confiança exclusiva na cognição – no racional e mental – por meio de estudos de fenômenos sociais em contextos organizacionais que levem em conta o saber prático, como experimentado pelos sentidos e baseado neles, e não apenas na maneira que pensamos.

Esta é a tese discutida neste capítulo, que é organizado da seguinte maneira: primeiro, ele descreve o que se entende por estética em teorias organizacionais e, em seguida, mostra o estreito entrelaçamento entre estética e conhecimento tácito. Conclui com a discussão do significado de uma abordagem para o estudo de organizações que se concentre na dimensão estética, e o valor que dela deriva para a análise tradicional de aprendizagem organizacional.

[1] Publicado originalmente: Strati A. Knowing in practice: aesthetic understanding and tacit knowledge. In: D. Nicolini, S. Gherardi e D.Yanow (eds.), Knowing in Organizations: A Practice-Based Approach. Armock: M.E. Sharpe; 2003. p. 53-75.

COMPREENSÃO ESTÉTICA E ESTUDOS ORGANIZACIONAIS

Conhecimento estético é a forma de conhecimento que as pessoas adquirem por meio da ativação de capacidades específicas de suas faculdades perceptivo-sensoriais e julgamento estético no dia a dia da vida das organizações. A estética destaca e legitima o sentimento pessoal como uma forma intersubjetiva de conhecimento, ou seja, um sentimento que é tanto individual como coletivamente construído nos atos interativos por indivíduos que experimentam, compreendem e julgam por meio dos sentidos e dos gostos. A estética tem sido tema de muita controvérsia durante os últimos três séculos, e transformações radicais ocorreram no século passado, especialmente por causa da interação entre as concepções dos artistas e os estudos de cientistas sociais. No entanto, um denominador comum surgiu a partir desses debates, e ele diz respeito ao tema central deste capítulo, ou seja, a relação estreita entre estética e conhecimento.

A discussão contemporânea da estética estabelece uma distinção entre a "filosofia continental" – que enfoca os objetos de estudo culturalmente construídos e suas raízes históricas – e a "filosofia analítica", que salienta a análise rigorosa e estruturada e está fundamentada no positivismo lógico e no empirismo. Ambos os estilos de investigação filosófica enfatizam a contribuição da estética para o conhecimento. De acordo com a filosofia continental – que é a base intelectual para este capítulo –, nas últimas décadas, a experiência estética tem sido redefinida como

> *vital para a compreensão da relação entre a mente e o mundo. A estética, antes exilada da atenção do* mainstream, *assume o centro do palco, como a região a que podemos recorrer para novas possibilidades de conhecimento e para uma sensibilidade que é crítica das divisões exercidas pelo pensamento moderno. (Cazeaux, 2000, p. XIII)*

Os filósofos analíticos dão ênfases diferentes para a contribuição da estética para o conhecimento. Com relação à arte, por exemplo, Eileen John comenta que esta é uma fonte de estimulação cognitiva – pensamentos, sentimentos, desejos – que leva à atividade consciente, cria ou dá forma a categorias de conhecimento, e é um importante recurso "para estudar o papel de fatores como criatividade, surpresa, interesse e escolha no surgimento de novas ideias" (2001, p. 340).

Há cerca de três séculos, a estética filosófica se formou e foi debatida em termos de:

(a) a antítese de explicação racional cartesiana, constituída pela ênfase na poesia mítica, no *mythos*, no imaginário mitológico, no raciocínio por metáforas, ou no pensamento mítico, e na estreita e constante conexão entre o que é pensado e aquilo que é sentido pelas faculdades sensoriais e perceptivas do corpo (Vico, 1725);

(b) o julgamento sensível que permite a avaliação de sentimentos, fantasias, ficções e outras coisas que o julgamento intelectual é incapaz de compreender (Baumgarten, 1735, p. 1750-1758). Está envolvido aqui tudo o que colida com os nossos sentidos e que faça parte da nossa experiência sensorial ou, em outras palavras, o complexo de representações que subsistem abaixo da distinção analítica feita pela ciência entre o conhecimento sensível e a arte do pensar refinado, da qual o objetivo é o aperfeiçoamento do próprio conhecimento sensível;

(c) o julgamento estético aplicado à perfeição ou imperfeição de uma coisa em particular. Este é um julgamento sensível, que não produz juízos, mas avaliações de perfeição ou imperfeição percebidas, as quais têm a mesma natureza do sentimento e do gosto (Addison, 1712; Baumgarten, 1735; Kant, 1790), ou um julgamento em harmonia com sentimentos em vez de com conceitos.

A estética abordada e discutida nas teorias organizacionais é, portanto, *aisthánomai, aisthetes, aisthetikós, aisthánesthai*, isto é, expressões que destacavam – em grego antigo – o ato de perceber, ao qual Baumgarten se referiu ao cunhar o termo moderno "estética". Trata-se de sentir o *pathos* dos artefatos materiais e não materiais de uma organização, percebendo a beleza da organização, apreciando a grandiosidade de certas práticas organizacionais, sentindo repugnância por certos cursos da ação organizacional. Como ato de perceber e julgar sensorialmente, *a estética é a forma de conhecimento organizacional que é pessoal e é, ao mesmo tempo, construída social e coletivamente.* Ter um "olho bom" ou um gosto refinado é uma faculdade sensorial pessoal atuando em – e sendo moldada por – relações interpessoais nos contextos organizacionais e na sociedade. Esta é uma fonte de diferenciação entre os participantes da organização, dado que nem todos veem as mesmas coisas, reagem aos mesmos odores, ou têm o mesmo gosto: há aqueles que "têm um olho bom" para as coisas, enquanto outros não; aqueles que têm um "bom ouvido" ou um "bom nariz", aqueles que "têm jeito com as mãos", que "têm gosto". Este conhecimento pessoal socialmente construído é inextirpável e irredutível: de fato, uma observação do tipo "eu não gosto disso" sobre um evento organizacional pode ser indiscutível, uma vez que uma negociação "baseada na racionalidade" sobre o assunto é impossível. Este é um juízo estético e traz à tona a relação estreita entre a estética e a arte na compreensão organizacional (*Human Relations*, 2002; Guillet de Montoux e Strati, 2008).

A arte tem um valor cognitivo e pode ser uma fonte tanto de conhecimento quanto de prazer, pois ela fornece *insights* sobre nós mesmos e sobre nossos estilos de viver as questões sociais. Além disso, a arte é formatividade pura, escreve Luigi Pareyson (1954), e a ação artística é um processo de inventar e fazer que não se destina a produzir obras teóricas ou práticas, mas, em vez disso, é dirigida à produção da própria forma. A formatividade, no entanto, refere-se a cada ação humana, uma vez que todas as ações humanas são direcionadas a formar algo – a arte de gerenciar belamente, por exemplo – mesmo que apenas na arte *per se* a própria forma é moldada.

Para resumir, o debate sobre arte e estética nas teorias organizacionais tem levado à valorização:

1. da *importância central da pessoa humana* no processo de conhecimento organizacional;
2. da *corporeidade do conhecimento pessoal* na vida organizacional;
3. do *caráter socialmente construído do conhecimento estético* em ambientes organizacionais;
4. da *relação entre pessoas e formas*, já que a vida cotidiana é caracterizada por um processo inesgotável de interpretação, invenção e remodelagem das formas por seus participantes.

Qual influência, por conseguinte, o estudo sobre estética e organização (Gherardi e Strati, 2012) tem sobre a aprendizagem organizacional? Ele mostra que esta não pode ser confinada à esfera da cognição e da tradução de todas as formas de conhecimento em conhecimento cognitivo. Em vez disso, deve-se ter em conta o conhecimento pessoal, baseado na faculdade de julgamento estético e nas capacidades perceptivo-sensoriais. Nisso reside a ruptura radical com a tradição dominante da teoria cognitiva na aprendizagem organizacional que a compreensão estética implica. Nisso é embasado o entrelaçamento entre o conhecimento estético e o conhecimento tácito.

O conhecimento prático adquirido por meio dos cinco sentidos – visão, audição, olfato, paladar e tato – e a faculdade do julgamento estético ligada a eles também foi considerada por Michael Polanyi (1962) quando estabeleceu a distinção entre conhecimento explícito e conhecimento tácito: o primeiro tipo de conhecimento é formalizado em termos científicos, o último é constituído pela *consciência de saber* como fazer algo sem ser capaz de fornecer uma descrição analítica adequada disto e, portanto, sem ser capaz de traduzi-lo em conhecimento formal, universalista e generalizável. É para esta última forma de conhecimento que a compreensão estética é fundamental.

ESTÉTICA E OBSERVAÇÕES DE CAMPO

Na pesquisa e no estudo sobre a aprendizagem nas organizações como contextos sociais (Strati, 2000), quando a atenção se concentra em práticas organizacionais, o uso do conhecimento tácito descrito por Polanyi (1962) por vezes tem surgido (Baumard, 1996; Brown e Duguid, 1991; Cook e Yanow, 1993; Fox, 1997; Gherardi, 1999; Nonaka e Takeuchi, 1995). Esta forma de conhecimento constitui a base comum entre os debates sobre estética organizacional e aqueles sobre aprendizagem organizacional. Este é um dos temas principais deste capítulo, e será examinado com base em observações empíricas do trabalho de desmontagem e montagem de um telhado. Estas observações serão estabelecidas usando um estilo evocativo em vez de um analítico, dado que esta é a característica distintiva da abordagem estética (Strati, 1992), e que o estilo é como a teoria no estudo das organizações uma vez que "demarcar uma posição teórica é inevitavelmente um ato retórico" (Van Maanen, 1995, p. 134).

Eu participava de uma reunião como parte de minha pesquisa, quando olhei pela janela e vi três operários desmontando o telhado de um prédio de dois andares próximo dali. Minha atenção foi capturada pelo barulho feito pelos operários que, em uma cadência quase rítmica, jogavam as telhas e outros materiais retirados do telhado para o pátio abaixo. Distraído, mas também intrigado, assisti ao que estava acontecendo no telhado e no pátio, e fiquei impressionado com a aparente desconsideração dos trabalhadores com os sistemas de segurança, embora estes aparentemente fossem adequadamente instalados. Por exemplo, nenhum dos trabalhadores estava preso às cordas, e eles ignoravam os pegadores disponíveis para se moverem pelo telhado. O qual, aliás, era fortemente inclinado e, como o edifício tinha dois andares, havia um risco considerável de ferimentos se um operário escorregasse ou perdesse o equilíbrio. Mas eu fiquei muito impressionado pelos movimentos de um dos operários, como já descrevi em outro lugar:

> *Embora gordo ao ponto da obesidade, ele subia e descia com surpreendente agilidade. Era obviamente o responsável pela operação, porque gesticulava ordens para os outros. Se percebia que um dos colegas de trabalho estava fazendo algo errado ou não havia compreendido, ia ajudá-lo, agarrando a corda com uma das mãos para descer, içando-se com a corda para subir, em algumas ocasiões, chegando mesmo a se agarrar na base da chaminé. Quando chegava perto do outro operário, assumia o trabalho, quase o empurrando para fora do caminho. Tive também a impressão de que seu papel era o mais satisfatório, mais difícil e mais exigente. Porém os três operários estavam concentrados em remover as telhas velhas da estrutura de madeira do telhado e depois jogá-las no pátio. Quando batiam no chão, faziam uma variedade de ruídos surdos e estrondos, todos irritantes, e perturbavam igualmente a reunião. (Strati, 1999; trad. em port.: 2007, p. 140)*

Deve-se salientar, no entanto, que:

(a) As observações anteriores foram reunidas durante um estudo de campo das culturas organizacionais em uma empresa de manufatura. O ponto de observação, as formas e a escala de tempo da observação, e a atenção dada às práticas organizacionais realizadas no telhado foram condicionados por esse fato. Eu estava observando uma reunião de departamento agendada para discutir assuntos delicados, e, para ser o mais discreto possível, sentei-me em uma parte periférica da sala, ao lado da janela, enquanto meus instrumentos de trabalho foram colocados no chão ou usados como algo para mexer distraidamente.

(b) As considerações incitadas por essas observações tomaram a forma de uma "primeira impressão" em vez de uma análise cuidadosa e rigorosa. A observação não havia sido contínua, nem estruturada, nem tinha envolvido medidas, tão difundidas mesmo na pesquisa qualitativa realizada em ambientes organizacionais. Eu não havia contado os movimentos das mãos dos trabalhadores enquanto desmontavam o telhado, nem tinha qualquer ideia clara de quantas vezes eles tinham atravessado o telhado, quantas vezes dois deles haviam trabalhado juntos, ou quantas vezes assistência foi solicitada ou oferecida, ou quanto trabalho foi feito progressivamente. Para mim, também não era possível reiniciar a observação a partir do zero. Em suma, eu não tinha dados numéricos, mas impressões, avaliações éticas e julgamentos estéticos que, em vez de dar respostas, propunham perguntas.

(c) Minha "primeira impressão" foi formada por medo e preocupação, em parte em razão do fato de que o grupo de pesquisa do qual eu era um membro (Research Unit on Communication, Organizational Learning and Asthetics – RUCOLA) estava estudando práticas de segurança em diversos contextos organizacionais, um dos quais a construção civil.

Neste ponto, o leitor tem informações suficientes para tentar, se ele assim o desejar, "colocar-se no meu lugar" e imaginar (i) o embaraço da minha situação como um "observador ausente/presente" daquela reunião difícil do departamento; e (ii) o conflito causado pelo meu fascínio inesperado e interesse na organização observada fora da janela quando esta começou a desmontar o telhado: uma segunda linha de investigação que era inteiramente alheia à primeira. Se o leitor realizar o "colocar a si mesmo" no meu lugar, ele estará na mesma posição que alguém que conduz uma "observação participante imaginária" (Strati, 1999; trad. em port.: 2007, p. 31-36) – isto é, uma observação fundamentada na capacidade de mergulhar de forma imaginativa em uma situação organizacional e baseada no processo evocativo de conhecer a vida organizacional, o que caracteriza – além da abordagem estética – correntes interpretativas e introspectivas da "etnografia". Ele pode apoiar-se exclusivamente na reflexão intelectiva, mas, ao ativar suas faculdades perceptivo-sensoriais, também pode apoiar-se no julgamento estético, nas emoções e nos sentimentos estéticos. Se ele tentar, novamente usando a sua imaginação, "sentar" no meu lugar, "olhando" para fora da janela e "sentindo" o desconforto causado pela consciência de que o foco de sua análise não são os eventos no telhado, experimentando a atração estética pelo que foi visto e ouvido, o que implicou distrair-se de pesquisa prévia e cuidadosamente planejada, então ele vai estar na situação de alguém conduzindo – de forma imaginativa, é claro – a observação direta e pessoal do trabalho daquela organização em particular. Em virtude da observação participante realizada por meio da imaginação, o leitor "vê", "ouve", "percebe" e "está consciente" do processo de investigação que ele está participando imaginativamente por meio das suas faculdades sensoriais em vez das habilidades intelectuais.

A característica principal e mais interessante da observação participante imaginária é a seguinte: se o leitor decide engajar-se nessa forma de aquisição de conhecimento, a descrição anterior poderá incitá-lo a fazer perguntas muito diferentes das que eu fiz. Ele pode, por exemplo, não dar importância particular às práticas de segurança no trabalho dos três operários, ou ele pode não se surpreender com a agilidade de seus movimentos ao trabalharem no telhado. Ele pode, por exemplo, focar-se na inovação tecnológica e nas práticas de trabalho no telhado, ou na comunicação organizacional e na construção de discursos organizacionais de gênero que possam mobilizar a masculinidade (Martin, 2001) no contexto dessas práticas.

Minhas perguntas foram motivadas pela minha forte reação ao fato de que os três trabalhadores estavam engajados em práticas organizacionais que, literalmente, tiravam o chão debaixo de seus pés, e para fazê-lo usavam o que eu considerei métodos de trabalho surpreendentes. Eles trabalhavam rapidamente, como se tivessem sido dominados por um frenesi destrutivo e sentissem prazer com o barulho feito pelos pedaços de telhado quando estes atingiam o chão do quintal abaixo (que, obviamente, estava fechado). O que eu observava não eram movimentos lentos e deliberados, mas

(a) confiança no trabalho dos pés e na postura, além de destreza manual;
(b) velocidade, como se o telhado tivesse de ser retirado o mais rapidamente possível;
(c) ritmo do trabalho definido pela cadência regular dos pedaços de telhado caindo no pátio inferior;
(d) focalização da atenção na tarefa em mãos;
(e) comunicação organizacional composta de gestos e poucas palavras; e
(f) desempenho de várias tarefas, que exigia a mudança de lugar no telhado conforme o trabalho progredia, mudando de postura de acordo com a operação a realizar, movendo-se por meio do telhado para ajudar um colega de trabalho.

Agora, apesar de algumas perguntas terem sido respondidas pelas minhas observações – por exemplo, como os homens coordenavam o trabalho, quais práticas hierárquicas estavam em uso, até que ponto as expressões corporais eram formas legitimadas de comunicação organizacional –, havia uma que ainda estava sem resposta: por que os trabalhadores não escorregavam ou colocavam o pé no lugar errado? A inclinação do telhado, a natureza variável dos materiais arrancados e atirados para o pátio, a alternância do trabalho individual e da cooperação, e a realização progressiva do desmontar o telhado – estes eram aspectos que, tomados em conjunto:

1. aumentavam minha preocupação sobre as concepções de segurança e de riscos em organizações cujo negócio é trabalhar em telhados, tanto desmontando quanto construindo, reparando e recolocando; e
2. destacavam que minhas observações não haviam produzido conhecimento sobre como uma organização deste tipo pode funcionar.

CONVERSAS SOBRE APRENDIZAGEM ORGANIZACIONAL

Quando a reunião terminou e estávamos saindo para o almoço, decidi parar por um momento no pátio, onde os operários faziam agora a pausa para o almoço, sentados entre os escombros do telhado, e fazer-lhes as minhas perguntas: como vocês fazem isso? Como é feito?

A primeira reação foi rir, o que pode ter sido em razão do constrangimento, ou da autossatisfação, ou até mesmo do desprezo com o professor que não conseguia entender. Isso foi seguido por uma troca de piadas em dialeto, as quais eu não podia compreender, e depois por uma resposta do trabalhador a quem eu havia considerado o líder. Batendo os pés, ele disse que o segredo estava em "sentir o telhado com seus pés": em sentir, por assim dizer, que seus pés estejam firmemente fixados a ele. Isso não é suficiente, entretanto. Você nunca deve fazer movimentos desajeitados que possam causar uma perda de equilíbrio a qual as suas pernas, ainda que estejam bem plantadas, não possam neutralizar. Você tem de "olhar com os ouvidos", porque os ruídos são uma valiosa fonte de informação. Você tem de prestar atenção aos outros, ver o que estão fazendo, que ponto eles alcançaram, perguntar como se sentem, trocar ideias e instruções, e dar uma mão, se necessário. Você precisa de suas mãos para trabalhar, não para se segurar ao telhado. São as suas pernas que te mantêm no telhado, as quais você deve sentir firmemente "ligadas a seus pés".

Durante os dias seguintes, novamente parei para conversar com os operários durante o seu horário de almoço. O assunto era sempre o mesmo, mas mudei as perguntas, questionando como alguém poderia aprender a trabalhar no telhado. O que é necessário saber desde o início? O que você tem de ser capaz de fazer? Como você pode saber o que tem de ser capaz de fazer antes de subir no telhado para fazê-lo?

"Você não deve ter medo de estar lá em cima no telhado", um dos outros trabalhadores disse, "você não deve ter medo de alturas", ou do "céu aberto", ou da "vista" lá em cima. Mas o mestre de obras insistiu, a falta de medo "é de pouca utilidade se você não sente o telhado com seus pés" e se "você não se sente pregado a ele". Como você aprende a se sentir pregado ao telhado? "É algo que tem de vir naturalmente", respondeu o mestre de obras, algo que "você tem de aprender na primeiríssima vez", porque depois "é tarde demais", do que os outros riram. Eu percebi que o grotesco e o ridículo – traços distintivos da categoria estética do "cômico" – eram parte da língua em uso daquela organização de desmontar e montar telhados, apesar de eles não a terem estendido para incluir a mim também.

Os operários perceberam que eu não estava me divertindo com a ideia de que alguém que não sabia como trabalhar em um telhado poderia cair e se machucar. Assim, começaram a conversar comigo seriamente sobre o que deve ser ensinado a um "homem" novato em desmontar telhados – "você não pode esperar que uma mulher faça esse trabalho". Ele deve ser ensinado a subir e descer escadas como um urso, olhando para o telhado, sempre agarrando-se à escada com pelo menos uma das mãos, movendo um pé de cada vez, e um degrau de cada vez. Quando estiver no telhado, ele não deve se inclinar com a inclinação do telhado, mas manter seu corpo de modo a neutralizar a inclinação, quase como se estivesse "reclinado" no ar entre ele e o telhado. Ele deve ser ensinado que os lugares para se segurar podem ser bons, maus ou enganadores e devem ser reconhecidos de vista; que ele deve testar e retestar a firmeza dos lugares para se segurar, porque "nada fica parado" no telhado, e novos lugares para se segurar devem ser constantemente encontrados; que o telhado "faz barulhos", que devem ser escutados e interpretados, tanto para avaliar o andamento dos trabalhos como para evitar perigos que não podem ser vistos, mas apenas intuídos pela escuta; que ele deve sempre observar o que os seus colegas estão fazendo, tanto para coordenar os trabalhos como para garantir a segurança de todos.

No entanto, essas respostas ainda não respondiam completamente às minhas perguntas. Ainda que precisas e por mais importantes que pudessem ter sido para alguém aprendendo o trabalho de desmontar telhados, as "lições" descritas pelos operários abrangiam apenas alguns aspectos das negociações características de socialização organizacional, as quais dizem respeito tanto a regras, normas e formas de autoridade organizacional como a modos práticos de desempenho da tarefa, o sentido das atividades de trabalho, o significado da vida cotidiana na organização e a gestão das relações de poder organizacionais. Eles não conseguiram satisfazer as minhas perguntas, porque, em um exame atento, as lições ensinadas ao homem novato estavam fundamentadas em algo que era vago, não expresso e desconhecido.

O que há de exato e formalizado nas instruções sobre como trabalhar em um telhado – tais como "tome cuidado para distinguir e interpretar os sons que você nunca ouviu antes" ou "encoste-se no ar entre o seu corpo e o telhado" – quando estas coisas nunca foram feitas antes? A instrução de "sentir" como se seu corpo estivesse encostado no ar é só aparentemente definitiva; ela é, em vez disso, essencialmente vaga e indeterminada, do mesmo modo que o é a instrução para "sentir" como se seus pés estivessem pregados ao telhado. Além disso, instruções que poderiam parecer bem mais definidas, em uma análise mais cuidadosa provam ser muito pouco claras. O que significa exatamente usar as informações adquiridas ao "ouvir" os ruídos emitidos pelo telhado? De acordo com a experiência pessoal de cada um, alguns desses barulhos vão parecer normais, outros parecerão estranhos; alguns serão familiares, outros parecerão novos, talvez alarmantes: eles vão "parecer" em vez de "ser". O mesmo vale para os lugares "bons, ruins e enganosos" para se segurar, apontados pelos colegas de trabalho durante a fase inicial de socialização do principiante, e, posteriormente, quando os lugares para se segurar mudam enquanto o trabalho progride: "vê-los" é uma expressão genérica, se excluirmos os casos em que pontos de apoio são fixados pelos trabalhadores por razões de segurança. Não é que todas as "lições" que os operários descreveram para mim fossem desse tipo. Por exemplo, as instruções sobre como subir e descer escadas eram precisas, mas muito menos claro era como o homem novato deveria aprender a abandonar a postura de urso para sair da escada e subir no telhado, e vice-versa. Embora possa parecer um mero detalhe, a instrução para os novatos estarem sempre atentos aos seus colegas de trabalho certamente não o é: quando ele deve prestar-lhes atenção, uma vez que não pode ser exatamente "sempre" como eles disseram? Quando ele interrompeu o seu trabalho? O que precisamente ele deve "ver" quando os observa? Neste caso, também, as lições dadas ao novato me impactaram como conselho geralmente útil, não como formalização explícita de uma instrução precisamente definida.

Eu conversei com os trabalhadores em mais uma ocasião durante a sua pausa para o almoço. Eles acrescentaram que nem todos eram adequados para o trabalho deles, e que você percebia imediatamente se você era ou não. Mais uma vez, não faltavam as brincadeiras típicas do "cômico" nas organizações: "se isso não vem naturalmente para você", é melhor você "encontrar outro emprego imediatamente", porque, se você esperar para ver como as coisas vão ficar, elas vão acabar mal. Mas a minha perplexidade ficou evidente para eles. Como trabalhar em um telhado "é mal ensinado", disse o mestre de obras; o fato é que, se você é capaz de fazer isso, é algo que "você mesmo tem de sentir". Você não pode fazer isso se você sentir medo, se você esperar que o medo passe com o tempo, se "você achar que está em perigo" enquanto está lá em cima. Em vez disso, você deve se apropriar do trabalho de forma diferente, porque "há algo de belo" em se trabalhar num telhado. E, então, você "vê imediatamente" se alguém pode fazer o trabalho. Ao escolher um novo trabalhador, você "deve observá-lo no telhado e se sentir confiante" de que ele não se machucará. "Você não pode admitir qualquer um" para um trabalho como este, é "uma responsabilidade" que você tem para com todos: o próprio homem, sua família, seus colegas de trabalho, a empresa, os sindicatos.

O ENTRELAÇAMENTO ENTRE A COMPREENSÃO ESTÉTICA E O CONHECIMENTO TÁCITO

Estética – ou as capacidades perceptivo-sensoriais das pessoas e sua capacidade de julgamento estético – era, portanto, particularmente importante no que se refere:

(a) ao trabalho no telhado;
(b) à decisão de entrar para esse tipo de trabalho;
(c) a ensinar alguém a fazê-lo; e
(d) à seleção do pessoal capaz de fazê-lo.

Os depoimentos dos trabalhadores anteriormente relatados, e especialmente os de seu líder, mostram que o trabalho deles é tal que não pode ser feito por aqueles que, principalmente, o percebem como obrigando-os a trabalhar em um ambiente organizacional perigoso. Ele só pode ser feito por aqueles que se sentem seguros e que se movem com confiança, que confiam e dependem de seus colegas e do mestre de obras, que sentem prazer em fazer o trabalho porque há algo de belo em trabalhar em um telhado.

Agora, se o leitor quiser, ele pode tentar imaginar a si mesmo no lugar de alguém começando neste tipo de trabalho, ou alguém que tenha feito isso por algum tempo, ou mesmo alguém com as responsabilidades do mestre de obras. Ele pode se perguntar se tem as capacidades pessoais exigidas pelo trabalho, se se sente capaz de fazê-lo, se há algum aspecto do trabalho que o atrai, se continuaria a fazer o trabalho durante um determinado período de tempo. Com base na sua imaginação, pode experienciar (Gabriel *et al.*, 2000) algumas das sensações que – plausivelmente – são proporcionadas pelos sentidos da visão, audição, olfato e paladar e pelo juízo estético, ou seja, as sensações da experiência estética em nível imaginativo, que não cumprem o critério da verdade científica, no sentido de que não são devidas à experiência efetivamente adquirida trabalhando no telhado, e que, exatamente por essa razão, podem apenas cumprir o critério de plausibilidade. Um amplo espectro de iniciativas em ambientes organizacionais – planos, equipes de projetos, desenhos industriais, *start ups*, por exemplo, para citar algumas – é vivenciado como plausível, ou então no nível da fantasia, por meio da imaginação, antes que se saiba se elas podem ser realizadas e gerenciadas. Tais iniciativas podem ser o resultado de cálculo racional rigoroso, mas podem ser experimentadas imaginativamente pela ativação da intuição, do pensamento analógico, das capacidades sensoriais e do julgamento estético, de modo a sentir certas sensações de antemão.

Por conseguinte, ativando suas faculdades estéticas, o leitor pode usar sua imaginação para andar pelo telhado, reclinar-se sobre o ar, prestar atenção aos ruídos, não perdendo de vista os lugares para se segurar, monitorar o que seus colegas estão fazendo, arrancar partes do telhado, atirá-las para o pátio, e ouvir o estrondo que fazem. Ele pode avaliar se sente prazer em fazer todas estas coisas, se acha que o trabalho tem "algo de belo", ou se o acha repelente, se lhe dá arrepios ou uma sensação de vertigem. Ele também pode ver se é capaz de dizer – com base no conhecimento que agora possui – se um novato é adequado para o trabalho antes que ele inicie.

Quando esse processo de experimentação e coleta de conhecimento for concluído, o leitor pode ser capaz de dizer se poderia fazer o trabalho ou, pelo contrário, se o consideraria impossível; ou, ainda, se forçado a isso, poderia aprender como fazê-lo. Em outras palavras, ele saberia que sabe como fazê-lo, ou que não sabe como fazê-lo, ou que sabe que poderia aprender a fazê-lo. Ou seja, *com base na sua forma estética de saber, teria focado em seu conhecimento tácito* e estaria ciente de que sabe fazer o trabalho, embora isso escape da descrição analítica, detalhada e cientificamente rigorosa. A confiança deve ser colocada no conhecimento tácito – a consciência de ser capaz de fazer algo mesmo sendo incapaz de explicar como – e não em conhecimento explícito, formal e científico.

Será que isso raramente acontece nas organizações? Será que isso só se aplica ao trabalho manual? Será que isso diz respeito a atividades que exigem experiência prática em vez de instrução formal, ensino universitário, formação profissional? Polanyi assinala que isso afeta uma vasta gama de configurações organizacionais e ações significativas daqueles que nelas trabalham:

> *O parentesco estrutural das artes de saber e fazer é de fato tal que elas raramente são exercidas de forma isolada; usualmente encontramos uma mistura das duas. O diagnóstico médico combina ambas de modo quase igual. Percutir um pulmão é tanto um feito muscular como uma delicada discriminação dos sons provocados. A apalpação do baço ou de um rim combina um hábil massageamento da região com um senso treinado para a sensação peculiar da resistência do órgão. É pertinente, portanto, incluir feitos hábeis entre as entidades compreensivas. (1961, reimpresso 1969, p. 126)*

A medicina, de fato, fornece um excelente exemplo de atividade que exige anos de estudo em livros e anos de experiência prática para obter o domínio de habilidades tanto táteis – percutir um pulmão – quanto auditivas – reconhecer o som produzido – que permitem ao médico compreender o pulmão examinado e formular um diagnóstico. Nós podemos desenvolver ainda mais o exemplo da medicina. O treinamento que aprimora a sensibilidade do médico de coleta de conhecimento a partir das faculdades perceptivas e sensoriais é feito para garantir que todos os médicos tenham a mesma competência, mas ninguém se submeteria de ânimo leve a uma operação cirúrgica, ainda que de rotina, na certeza de que, dada a formação recebida por todos os cirurgiões, um deles é tão bom quanto qualquer outro. Pelo contrário, estas são situações em que a pessoa tende a buscar informações, detalhes, mexericos e fofocas, a fim de colocar sua confiança nas habilidades profissionais de um médico em vez de outro. Ou seja, o "golpe de bisturi" do cirurgião não é apenas a colocação em prática do conhecimento médico adquirido em livros de anatomia ou palestras sobre sintomatologia na escola de medicina, nem é o resultado de mero empirismo médico.

Para mostrar a importância da estética e sua relação com o conhecimento tácito no que se refere à aprendizagem organizacional, vou descrever brevemente as características complexas exibidas (como uma prática organizacional qualificada) pelo golpe de bisturi recém-mencionado – executado com um bisturi de mão com um movimento rápido e preciso, que transmite pressão e corta na direção pretendida. A ação exige concentração, precisão, destreza, quantidade certa de pressão, velocidade e, certamente não menos importante, controle intelectual do diagnóstico. Neste processo – durante o qual uma prática organizacional situada é implementada –, a relação entre o cirurgião e o bisturi ou, em outras palavras, entre o ser humano e o elemento não humano é tal que o bisturi não é considerado em si mesmo, mas como parte integrante do corpo. Esta é a consciência do elemento não humano. Polanyi a chama de "subsidiária":

> *A maneira como usamos um martelo ou como um cego usa a sua bengala mostra de fato que, em ambos os casos, deslocamos para o exterior os pontos em que fazemos contato com as coisas que observamos como objetos fora de nós mesmos. Enquanto nós contamos com uma ferramenta ou um instrumento de sondagem, estes não são tratados como objetos externos. Podemos testar a ferramenta quanto a sua eficácia ou o instrumento quando a sua confiabilidade, por exemplo, para descobrir detalhes ocultos de um buraco, mas a ferramenta e o instrumento nunca se situam no campo destas operações; eles permanecem, necessariamente, do nosso lado, fazendo parte de nós mesmos, as pessoas que agem. (1962, p. 59)*

Consciência subsidiária, que aqui diz respeito à minha descrição do ato especializado de empregar o bisturi, indica que, em relação ao golpe de bisturi, este elemento não humano é assimilado à existência do cirurgião e, portanto, "faltante" – como coloca Latour (1992). O cirurgião torna-se ciente do bisturi com o qual está realizando a prática organizacional em questão, como se fosse parte de seu corpo e, em particular, de seus olhos, braços e mãos. Para voltar a Polanyi:

> *Quando aprendemos a usar uma linguagem, ou uma sonda ou uma ferramenta, e assim tornamo-nos cientes destas coisas como somos de nosso corpo, as* interiorizamos *e* fazemos nós mesmos habitar nelas. *Tais extensões de nós mesmos desenvolvem novas capacidades em nós (1966, reimpresso 1969, p. 148)*

As quais influenciam a nossa visão do mundo e fazem-nos experienciar a vida em termos dessa visão.

Consciência focal, ao contrário, é aquela consciência por meio da qual vemos o bisturi como um objeto autônomo não humano: ele é recém-feito, tem um defeito, ainda tem de ser esterilizado, não está no seu devido lugar. Esta não é a consciência do bisturi em uso durante a operação, dado que, se o cirurgião focasse sua atenção sobre o bisturi em si, ele a removeria da prática cirúrgica que está realizando: a consciência focal e a consciência subsidiária, na verdade, são "mutuamente exclusivas" (Polanyi, 1962, p. 56).

Com referência à minha descrição da prática cirúrgica qualificada, o entendimento principal a ser extraído da distinção feita por Polanyi entre consciência focal e subsidiária é que o cirurgião aprende a conhecer o bisturi ao adquirir consciência subsidiária dele. Ao usar o bisturi, ele mergulha a si mesmo no bisturi e o integra em si mesmo como parte de sua corporeidade. O conhecimento assim adquirido, portanto, é conhecimento pessoal produzido pelas próprias capacidades pessoais de percepção sensorial e julgamento estético e, para retornar a Polanyi, principalmente pelo conhecimento tácito, porque – ao contrário do positivismo lógico e, também, menos rigidamente, do neopositivismo e pós-positivismo – não é possível "estabelecer todo o conhecimento em termos de relações explícitas entre dados sensoriais" (1966, reimpresso 1969, p. 156). Quais relações explícitas entre dados sensoriais podemos estabelecer no que diz respeito ao golpe de bisturi? Ou em relação a sentir-se preso ao teto, enquanto se está arrancando-o? E se somos capazes de estabelecer essas relações explícitas, seremos capazes de executar um golpe de bisturi ou desmontar um telhado? Polanyi aborda a questão, discutindo a capacidade de andar de bicicleta:

> *Mais uma vez, a partir das minhas interrogações a físicos, engenheiros e fabricantes de bicicletas, cheguei à conclusão de que o princípio pelo qual o ciclista mantém seu equilíbrio não é de conhecimento geral. A regra observada pelo ciclista é a seguinte. Quando ele começa a cair para a direita, ele vira o guidão para a direita, de modo que o percurso da bicicleta é desviado ao longo de uma curva para a direita. Isso resulta em uma força centrífuga empurrando o ciclista*

para a esquerda e compensa a força gravitacional puxando-o para baixo, para a direita. Esta manobra em seguida desequilibra o ciclista para a esquerda, o que ele neutraliza girando o guidão para a esquerda, e assim ele continua a se manter em equilíbrio serpenteando ao longo de uma série de curvaturas adequadas. (1962, p. 49-50)

O que o ciclista realmente faz é o seguinte: para cada ângulo fora do equilíbrio, ele ajusta a curvatura na proporção inversa do quadrado da velocidade em que está se movendo. Mas, alguém pergunta, é com base neste conhecimento explícito que se pode ensinar alguém a andar de bicicleta? É realmente necessário transmitir esse conhecimento para uma criança, um adulto ou mesmo alguém de idade avançada que quer aprender a andar de bicicleta? A resposta é "não". Não é ao ajustar a curva em relação ao próprio desequilíbrio sobre o quadrado da velocidade que se aprende essa habilidade. Há uma série de outros fatores envolvidos – Polanyi adverte –, fatores *que não são abrangidos pela regra assim definida.* A conclusão de Polanyi é que as regras da arte "podem ser úteis, mas não determinam a prática de uma arte; elas são máximas, que podem servir como guia para uma arte só se puderem ser integradas no conhecimento prático da arte. Elas não podem substituir este conhecimento" (1962, p. 50).

Se voltarmos agora a saber como trabalhar em um telhado, podemos perceber uma série de características da organização que emprega os três trabalhadores descritos anteriormente. Esta organização:

1. confia na "colocação em uso" das habilidades pessoais dos trabalhadores que lhes permitem "sentir-se ligados com seus pés ao telhado" e, assim, ter as mãos livres para fazer o trabalho;
2. recruta trabalhadores com base na sua capacidade de avaliar as habilidades de um novato no momento em que ele começa a aprender e se tornar socializado com as práticas organizacionais – ou seja, durante a breve fase inicial na qual ele tenta usar sua habilidade para trabalhar como desmontador de telhados;
3. não fornece uma formação que ensine aos seus trabalhadores a como "se sentirem ligados com os pés ao telhado", a "reclinar-se no ar" entre eles e o telhado, a reconhecer os lugares para se segurar e os ruídos: em suma, que ensine as habilidades necessárias para trabalhar para a organização;

4. baseia sua identidade em práticas organizacionais que exigem, crucialmente, o que Polanyi chama de conhecimento "pessoal": isto é, o conhecimento tácito dos trabalhadores que, como vimos, está intimamente ligado ao conhecimento estético se, no que diz respeito à estética nas organizações, não se considera apenas a faculdade do julgamento estético, mas também as capacidades perceptivas e sensoriais das pessoas.

Em suma, esta organização é diferente de outras organizações em virtude do fato de que ela compreende habilidades específicas que não podem ser explicadas de forma analítica e racional. Isso levanta uma questão teórica e, ao mesmo tempo, se relaciona com o debate entre a compreensão estética da vida organizacional e a busca por uma explicação racional a qualquer preço (Strati, 1998a, p. 324; Strati e Nicolini, 1999).

Ron Sanchez, por exemplo, afirma que "a presunção de que o 'conhecimento tácito' é provavelmente a única fonte viável de competências distintivas e vantagem competitiva não se justifica" (1997, p. 169-170), e que

> *uma noção de "conhecimento que não é suscetível de ser articulado" (distinto do "conhecimento que é articulado apenas com dificuldade") parece ser epistemologicamente problemática. (1997, p. 165)*

"Conhecimento de verdade" – parafraseando a expressão de Gherardi e Turner, "real men don't collect soft data" (1987) – tem, portanto, de ser "articulável" ou, pelo menos, ser "encerrável" em esquemas cognitivos que permitem que ele seja conhecido (Gioia e Ford, 1995). Ou, ainda, o "conhecimento real" tem de ser "incluído" nas transições entre modos de conhecimento identificados, tais como os modos individual, coletivo, tácito e explícito (Baumard, 1996; trad. em inglês: 1999, p. 30-31).

A afirmação de Sanchez de que o conhecimento tácito é epistemologicamente problemático, bem como a matriz dois por dois de Spender dos modos de cognição – resultado da aplicação da distinção entre os tipos de conhecimento explícito ou consciente e implícito ou automático "para a mente individual e para a mente coletiva" (1998, p. 33) – ilustram a dificuldade dos estudiosos organizacionais em compreender e apreciar a dimensão tácita e corpórea do conhecimento pessoal. Donaldson (2001, p. 956-957) compartilha dessa dificuldade e nos adverte que a inefabilidade do conhecimento tácito pode levar os estudiosos a "uma remagificação das organizações", e que isso constitui uma mistificação do mundo organizacional – e também que este conceito é excessivamente utilizado, uma vez que, se as pessoas nas organizações compartilham ideias "por meio da fala, então essas ideias não são inefáveis e o conhecimento não é tácito".

A compreensão estética da vida organizacional, ao contrário, enfatiza a dimensão tácita e corpórea do conhecimento prático. Ela apoia a distinção filosófica de Polanyi, considerando que o conhecimento prático não se baseia exclusivamente na expressão do conhecimento no discurso – isto é, no dizível e no indizível (Donaldson, 2001; Sanchez, 1997) – ou no automático e no consciente (Gioia e Ford, 1995; Spender, 1998), ou na magia e na racionalidade formal (Donaldson, 2001). Do ponto de vista estético, o conhecimento tácito é uma forma distinta e específica de *knowing* que, por "tentativa e organização", permite que as práticas organizacionais sejam inventadas, realizadas, aprendidas e ensinadas pelos participantes na construção social da vida organizacional.

Mas mesmo se não se compartilha do ponto de vista estético, a importância crucial do conhecimento tácito na aprendizagem situada nas organizações como contextos sociais pode ser salientada. Este é o caso do estudo de Nonaka e Takeuchi (1995), em que se referem ao conhecimento tácito para representar a estrutura organizacional que permite a uma organização criar conhecimento de forma eficiente e contínua. Em seu modelo, a organização não pretende traduzir o tácito em explícito. Em vez disso, ela procura pelos "saltos" e "ligações" hipertextuais, por meio dos quais o tácito e o explícito constroem os processos organizacionais de aprendizagem e as dinâmicas que facilitam a criação do conhecimento organizacional.

Os saltos e as ligações que conectam o conhecimento tácito e estético ao conhecimento explícito ressaltam que práticas habilidosas, como aquelas discutidas no que diz respeito à organização de construção e desmontagem de telhados, podem ser "não traduzíveis" ou, se preferirmos, "não transferíveis". E a sua aprendizagem não ocorre por meio de práticas formais e institucionais previstas pela teoria cognitiva tradicional. Pelo contrário, o processo de aprendizagem organizacional descrito pelos três operários destaca uma consciência no que se refere à organização em questão a saber: que o conhecimento necessário para trabalhar em um telhado é "mal ensinado" (como disse o mestre de obras), e é adquirido por meio do desempenho das práticas organizacionais. E a observação participante imaginária do leitor pode ser conquistada e mobilizada pela incontenibilidade de seu conhecimento tácito – a impossibilidade de dizê-lo – e de sua especificidade – pois é precisamente feito –, tudo ao mesmo tempo.

Isso se relaciona com os temas discutidos pelas teorias da aprendizagem situada e do *learning-in-organizing* ("aprender ao organizar") (Gherardi e Nicolini, 2001).

CONCLUSÕES

Embora as habilidades e as práticas dos desmontadores de telhado constituam conhecimento pessoal, elas devem ser consideradas artefatos específicos e peculiares da organização para a qual os homens trabalhavam. Foi naquele contexto organizacional, de fato, que aquelas práticas assumiram o valor e o significado que eu mostrei anteriormente. Em outras palavras, foi de modo a construir a sua organização coletivamente que os três operários ativaram suas capacidades de conhecimento estético e colocaram em uso seu conhecimento – além do, obviamente, seu conhecimento explícito, embora este fosse menos essencial para os propósitos da organização. Suas práticas devem ser vistas como artefatos organizacionais, embora sejam práticas que não foram implementadas pela organização – a menos que queiramos reificar o conhecimento pessoal, tácito e estético na construção social "organização" –, mas, em vez disso, dizem respeito a pessoas que pertenciam a ela. Isso, ademais, significaria aprisionar minha "etnografia" em um quadro conceitual, supersimplificando o meu próprio processo de conhecimento.

O que eu observei pela janela, na verdade, não era uma organização em ação, envolvida com entusiasmo e certo prazer em desmontar um telhado. Eram, em vez disso, as práticas organizacionais de três pessoas, e a minha pergunta sobre "como você trabalha em um telhado" foi incitada pela visão daqueles corpos em ação, a agilidade com que eles se moviam, os elementos não humanos com os quais eles interagiam e, por ter-me sentido intrigado e distraído com o barulho que as suas ações individuais e coletivas estavam fazendo. Dito de outro modo: eu não vi o objeto social "organização", mas três pessoas que estavam "fazendo o organizar" ou, melhor, "intelectual *e esteticamente* fazendo" aquela organização específica. Por conseguinte, não havia uma entidade maior – a organização – de um lado, e as três pessoas do outro.

Nem eu havia observado três pessoas que haviam se misturado na organização como se esta fosse um corpo estranho. Eu não descobri a estrutura organizacional subjacente amplamente prevista por estudiosos organizacionais e à qual Karl Weick se opõe, enfatizando a realidade metafórica das organizações e argumentando que as pessoas inventam a organização e suas configurações (1977). Em suma, o que eu havia observado eram três homens envolvidos em práticas organizacionais em um telhado. Assim, a aprendizagem e a organização não eram entidades distintas que devem ser relacionadas uma a outra ou, de algum modo, encaixadas. Pelo contrário, o *aprender era constitutivo do organizar, assim como o organizar era constitutivo do aprender*: do contrário, que sentido teriam as habilidades que eu havia observado?

As práticas organizacionais que os três operários desempenharam exibem pontos de vista sobre como trabalhar em um telhado que esboçam uma comunidade "de prática" específica (Brown e Duguid, 1991; Lave e Wenger, 1991; Wenger, 1998). Justamente porque são as habilidades e as práticas que distinguem os desmontadores de telhados, qualquer um que quisesse aprender a como trabalhar em um telhado estaria obrigado a se envolver em processos interativos complexos pelos quais ele gradualmente se tornaria parte da comunidade, movendo-se de uma posição inicial periférica para posições cada vez mais centrais. A participação em comunidades deste tipo é essencial para aprender, escreve Etienne Wenger (2000, p. 229), pois é desta forma que tudo aquilo que constitui a "competência" é definido nas interações sociais.

No entanto, não se deve pensar que este é um processo interativo harmonioso; ao contrário, é negociado e por vezes conflituoso. Max Weber (1922; trad. em inglês: 1978, p. 42) salientou que "a coerção de todos os tipos é uma coisa muito comum, mesmo na mais íntima das relações públicas, se uma parte tem um caráter mais fraco do que a outra", enquanto Robert Bellah (1997, p. 388) argumenta que "uma boa comunidade é aquela em que há discussão, mesmo conflito, sobre o significado dos valores e objetivos comuns e, certamente, sobre como eles serão realizados na vida cotidiana", que no nosso caso é aquele conduzido pelo ato de trabalhar no telhado.

Por essa questão, aponta Alessandro Ferrara (1992, p. LIII), no contexto moderno e contemporâneo, comunidade tem a ver com pluralismo, e isto "significa, inevitavelmente, uma comunidade que contém diversidade que não foi inteiramente amalgamada por consenso". Isso é ainda mais importante quando se considera o processo de globalização contemporânea e as inúmeras facetas da vida organizacional cotidiana na qual a globalização se inter-relaciona com as culturas locais e se torna "glocal" – como diz Robertson (1995). As comunidades virtuais (Hine, 2000; Jones, 1995) surgiram na realidade material-simbólica (Castells, 2003) da vida organizacional caracterizada por uma paisagem multitemporal de fluxos organizacionais que se desenvolvem na revolução permanente de tecnologia da informação e comunicação. Por isso, podemos perceber "glocalidade" como multiplicidade, diversidade e não integração (Beck, 1997), as quais são todas facetas do sentimento de sentir-se como uma comunidade.

A característica distintiva de uma comunidade de prática, além de ser observável em termos de práticas organizacionais, é o que Weber (1922; trad. em inglês: 1978, p. 40) descreveu em relação à comunidade: é uma relação social que repousa sobre o *sentimento* subjetivo de pertencimento compartilhado. Uma comunidade, em outras palavras, não é um mero instrumento (Taylor, 1991), e a participação nela não é racionalmente motivada, mas subjetivamente sentida. Ela é sentida emocional e esteticamente, e isso ademais indica a distância entre as noções de aprender ao organizar e aprendizagem organizacional, esta entendida como o processo mental previsto pela teoria cognitiva tradicional. Em vez disso, o sentimento, tanto emocional quanto estético, realça a natureza mundana e situada da aprendizagem organizacional.

Colocada nestes termos, a aprendizagem organizacional acontece de modos incomuns, os quais foram amplamente ignorados pela teoria cognitiva tradicional. Esta última, de acordo com os argumentos de Fox (1997, p. 729-731), afirma que a aprendizagem organizacional se desenvolve como um processo mental, que consiste principalmente de aquisição por meio de práticas formais e institucionais. Aprender serve a um propósito maior para a organização: destina-se a melhorar as práticas individuais, começando com as práticas profissionais dos especialistas em educação – como os educadores profissionais ou os teóricos da aprendizagem – que são os primeiros a se encarregar do treinamento de pessoas nas organizações. Este objetivo é, em vez disso, contraposto pelo conhecimento estético: o julgamento estético não é direcionado a um fim; na verdade, ele é tudo o que permanece livre de todo o propósito da organização (White, 1996, p. 206).

Além disso, o predomínio da mente e da cognição no conhecimento organizacional também tem sido contestado pela teoria da aprendizagem situada. Dessa, Fox (1997, p. 731-733) destaca o esforço para superar a dicotomia mente/corpo, que tanto a compreensão estética da vida organizacional quanto o conceito de conhecimento tácito de Polanyi desafiam, e deslocar a aprendizagem da mente do indivíduo para a relação corpo-mente com as práticas sociais vivenciadas diariamente pelas pessoas. Em oposição à aquisição individual está o processo que gera conhecimento situado no cotidiano das práticas organizacionais, constituído por compromisso social, relações intersubjetivas, práticas discursivas e os materiais com os quais as pessoas interagem a fim de agir. A aprendizagem nos estudos sobre prática, escreve Gherardi (2000a, p. 212), não está na cabeça e não é uma mercadoria. A imagem da aprendizagem como o acúmulo de itens de conhecimento – ou da mente como o contêiner destes itens – não consegue transmitir o *learning-in-organizing*. Bourdieu também enfatiza a natureza performativa do conhecimento em seu livro sobre o sentido prático (1980).

A equação que relaciona aprender com organizar destaca o primeiro como "atividade situada, mediada por conversações, em situações que envolvem atores humanos e não humanos" (Gherardi, 1999, p. 114): isto é, tanto as pessoas quanto as massas faltantes discutidas por Latour (1992) e constituídas por elementos não humanos com os quais as pessoas interagem enquanto trabalham em organizações e para elas. *Learning-in-organizing*, precisamente por ser situado, é menos uma forma de conhecer o mundo do que, como Gherardi e Nicolini argumentam, uma maneira de estar no mundo (2000b, p. 332) e de colocar uma comunidade no palco, ao desempenhá-la.

Para concluir, neste capítulo eu ilustrei pela referência a um estudo empírico – no qual as observações são baseadas em estudar operários desmontar um telhado – a importância crucial do conhecimento estético e tácito e as habilidades associadas a ele para uma organização em particular, para seu sucesso, seus lucros, sua sobrevivência. A estética, de fato, se entrelaça intimamente com o conhecimento tácito dos indivíduos, uma vez que ambos assinalam a forma pessoal socialmente construída pela qual as pessoas interagem para inventar, negociar e recriar a vida organizacional por meio da prática, do gosto e da aprendizagem (Gherardi, 2013). Além disso, a relação entre a compreensão estética da vida organizacional e o conhecimento tácito em relação à aprendizagem organizacional situada ou ao aprender ao organizar problematiza ainda mais o conhecimento lógico e racional da vida organizacional e a dominância cognitivista nos estudos sobre aprendizagem organizacional.

CAPÍTULO 3

O poder crítico das "lentes da prática"[1]

Silvia Gherardi

O termo "prática" se espalhou de forma tão rápida e despercebida que gerou um corpo de pesquisas que leva a sigla PBS[2] (*Practice Based Studies*), quase do nada. Tratarei da rápida difusão do conceito de prática como evidência do poder inerente ao conceito central de prática. Na verdade, a grande difusão e aceitação dos PBS foi acompanhada por preocupações sobre a perda do poder crítico do conceito de prática em relação a abordagens mais ortodoxas, moldadas por pressupostos de racionalismo e cognitivismo, nos estudos organizacionais. Muitas vezes encontramos o termo "prática" sendo assumido como sinônimo de "rotina", ou tomado como um equivalente genérico de "o que as pessoas realmente fazem", sem abordar a ligação entre prática e conhecimento, a sua crítica original e distintiva das concepções modernistas de conhecimento (ou seja, a prática como fonte geradora de conhecimento), e os problemas metodológicos que a sua utilização implica.

O modo como a concepção de prática como epistemologia constitui uma abordagem crítica às concepções modernistas de conhecimento dominantes nos estudos organizacionais pode ser mais bem compreendido se lembrarmos a distinção feita por Ira Cohen (1996) entre teorias da ação e da prática. Podemos dizer que, enquanto as primeiras privilegiam a intencionalidade dos atores, do que deriva de ação com sentido (na tradição de Weber e Parsons), as últimas localizam a origem dos padrões significativos na forma como o comportamento é enagido, desempenhado ou produzido (na tradição de Schutz, Dewey, Mead, Garfinkel e Giddens). Daí as teorias da prática assumem um modelo ecológico no qual agência está distribuída

[1] Publicado originalmente: Gherardi S. The Critical Power of the Practice Lens. Management Learning, 2009; 40(2): 115-128.

[2] Estudos baseados em prática.

entre humanos e não humanos e no qual a relacionalidade entre o mundo social e a materialidade pode ser investigada. Enquanto as teorias da ação começam nos indivíduos e na sua intencionalidade na busca de cursos de ação, as teorias da prática veem as ações como "realizando-se" ou "acontecendo", como desempenhadas por meio de uma rede de conexões em ação, como mundo vivido[3] e *dwelling*[4].

PRÁTICA: UM CONCEITO POLISSÊMICO

Parece que a prática se tornou uma palavra em moda nos estudos organizacionais e o conjunto de vozes sob o rótulo "estudos baseados em prática" é bastante polifônico. Quando deixamos de lado o uso comum da palavra "prática" e assumimos que está sendo feita referência à prática como epistemologia, podemos ver que os estudos baseados em prática convergem ao interesse comum de compreender a produção/consumo do conhecimento e seu circuito de reprodução.

"Prática", Schatzki (2001) argumenta, é um termo que parece ser descritivo de fenômenos fundamentais da sociedade, como encontrado, por exemplo, nos escritos de filósofos e sociólogos como Bourdieu (1972), Lyotard (1979), Foucault (1980), Taylor (1995), bem como na etnometodologia (Garfinkel, 1967). No caso de Bourdieu, as estruturas mais profundas que organizam as práticas sociais gerais são disposições que se autorreproduzem; em Lyotard, são os movimentos discursivos ou jogos de linguagem; em Foucault, genealogias de prática; em Taylor, o vocabulário embutido na prática marca o seu leque de possíveis ações e significados; enquanto em Garfinkel, a tendência reflexiva da interação social fornece a sua própria constituição, por meio de práticas de relatabilidade (*accountability*) e exibição cênica.

Em estudos organizacionais, a influência dos teóricos da prática tem sido vista como mais importante como uma epistemologia para o estudo das práticas de trabalho e o tipo de conhecimento prático e "oculto" que

[3] Nota de tradução: A noção de mundo vivido, em inglês *life-world*, e em alemão *Lebenswelt,* vem da Fenomenologia e se refere ao mundo como diretamente experenciado na subjetividade da vida cotidiana (em oposição aos mundos objetivos da ciência). Incorpora experiências individuais, coletivas, sociais, sensoriais e práticas.

[4] Nota de tradução: A noção filosófica de *dwelling* (habitar) foi desenvolvida por Heidegger.

as suporta. Paradoxalmente, o termo "prática" tem a conotação de ser algo transferível, ensinável, transmissível ou reproduzível (Turner, 1994), mas ao mesmo tempo as práticas são difíceis de acessar, observar, medir ou representar, porque elas estão ocultas, tácitas e, muitas vezes, linguisticamente inexprimíveis em termos proposicionais.

Tanto na linguagem científica quanto na comum, o termo "prática" refere-se a uma pluralidade de campos semânticos. Embora isso possa ser uma limitação, também apresenta a vantagem de "prática" ser um termo flexível, que pode ser colocado em vários usos e empregado para denominar muitos aspectos da realidade fenomênica em estudo. Os vários aspectos fenomênicos abrangidos em uma prática podem ser estudados em relação à sua recursividade, aos hábitos socialmente sustentados, ao conhecimento implícito em um domínio de ação, aos valores que dão relatabilidade social (*social accountability*) à ação e às formas partilhadas de realizar qualquer prática. O desafio apresentado pela atual recuperação do conceito de prática dentro dos estudos organizacionais é conjecturar se é possível considerar o conjunto de todos estes aspectos na sua ocorrência fenomênica e na sua temporalidade. Se esse desafio é assumido, os "apelos crescentes para chegar perto do trabalho/das práticas organizacionais acontecendo" (Samra-Fredericks e Bargiela-Chiappini, 2008, p. 654) constituem-se em um objetivo atingível com uma rigorosa teorização e metodologia.

PRÁTICA A PARTIR DE FORA E PRÁTICA A PARTIR DE DENTRO

A dificuldade de definir o que se entende por "prática" não se deve apenas à polissemia do termo, mas também aos vários posicionamentos epistêmicos de diferentes pesquisadores. Aplicando a distinção fundamental na sociologia entre objetivismo e subjetivismo (Bourdieu, 1980), ou nos termos de Evered e Louis (1981) entre "inquiry from outside" e "inquiry from inside" ("prática a partir de fora" e "prática a partir de dentro"), produzem-se diferentes concepções de práticas e diferentes metodologias para estudá-las. Quando as práticas são lidas "a partir de fora", a investigação concentra-se em sua regularidade, no padrão que organiza as atividades e no entendimento mais ou menos compartilhado que permite a sua repetição. A recursividade das práticas (Giddens, 1984) é o elemento que permite que tanto os profissionais quanto os pesquisadores reconheçam a prática como uma prática, ou seja, uma maneira de fazer sustentada pelos cânones da boa prática (uma relatabilidade normativa) e da bela prática (uma relatabilidade estética). Portanto, uma prática se torna tal quando é socialmente reconhecida como um fazer institucionalizado. Quando um praticante diz a um colega que das 10 às 12 horas ele vai fazer "X", a expressão tem significado intersubjetivamente como a referência de uma prática de trabalho específica que é diferente de outras, não só por causa do uso de tecnologias e tarefas específicas, mas também por causa do conjunto das relações ativado para produzir aquela prática e para sustentar sua legitimidade e valor. Neste caso, o conhecimento sobre a prática é anterior ao praticante que irá colocá-la em prática, ou seja, realizá-la como atividade situada em conformidade com a lógica da situação. Quando os pesquisadores leem a prática "a partir de fora", o seu interesse de conhecer será conduzido por perguntas como: como é que o objeto da prática "X" emerge da recursividade da atividade?

Ler as práticas a partir de fora permite que estas sejam analisadas como uma "série de atividades". É esta posição epistemológica que vincula a análise das práticas com a análise das rotinas – como realizado, por exemplo, por Feldman e Pentland (2003) e por Feldman (2000), que propõem uma leitura das rotinas como práticas, a fim de passar da análise das rotinas como programas de ação para aquela das rotinas como desempenhos. Nesses estudos, a tradição da investigação das rotinas iniciada por March sobrepõe-se com um novo programa de pesquisa, relacionado com o aspecto dinâmico da recursividade das ações organizacionais, embora mantenha a função das rotinas e práticas como dispositivos de redução da incerteza. Isso reflete uma interpretação cada vez mais comum do organizar em termos de "padrões de ação recorrentes" (Cohen, 2007) e uma retomada do interesse, entre os estudiosos da organização, em Dewey e no pragmatismo (Elkjaer, 2003) e em Heidegger e na fenomenologia (Chia e Holt, 2006).

Vamos agora "para dentro" das práticas. Uma segunda leitura pode ser realizada "a partir de dentro", isto é, do ponto de vista dos praticantes e da atividade que está sendo desempenhada, com sua temporalidade e processualidade, bem como a ordem emergente e negociada da ação sendo realizada. Vista a partir de dentro, a prática é uma ação coletiva com sabedoria (*knowledgeable collective action*), que forja relações e conexões entre todos os recursos disponíveis e todas as restrições presentes. Desempenhar uma prática, portanto, exige saber como alinhar humanos e artefatos dentro de um conjunto sociotécnico e, portanto, saber como construir e manter uma rede de ação (Czarniawska, 2004), que é entrelaçada e implantada de modo que cada elemento tenha um lugar e um sentido na interação. A partir dessa definição, segue-se que conhecer (*knowing*) é uma atividade situada e que o conhecer na prática (*knowing-in-practice*) é sempre uma realização prática.

Conhecer é algo que as pessoas fazem juntas, e que é feito em todas as atividades mundanas, nas organizações, quando as pessoas trabalham juntas, e também em áreas acadêmicas (Gherardi, 2001). Agir como um praticante competente é sinônimo de saber como se conectar com sucesso com o campo de práticas assim ativado. Os estudos empíricos que analisam a prática a partir de dentro consistem no estudo da organização prática do conhecimento, que toma a forma de métodos de ver, ouvir, raciocinar e agir em associação com elementos humanos e não humanos. De fato, os objetos e seu mundo material podem ser interpretados como conhecimento materializado e substância (matéria), que interrogam os humanos e interagem com eles. E o raciocínio prático pode ser considerado um modo de ordenar e implantar o entrelaçamento entre saber e poder (Foucault, 1980). Nesse sentido, a prática a partir de dentro constitui uma epistemologia que pode ser chamada de "pós-humanista" na medida em que procura descentralizar o sujeito humano (como no socialidade objeto-centrada de Knorr-Cetina, 1997) ou para reconfigurar a agência (Latour, 2005) como uma capacidade realizada por meio das associações de humanos e materialidade.

Bjørkeng, Clegg e Pitsis (2009) propõem um neologismo adequado para transmitir a dualidade da prática e do posicionamento do pesquisador. "Tornando-se (uma) prática" compreende tanto a mensagem que o objeto de estudo empírico das práticas é uma prática, ou seja, a identificação pelo pesquisador do objeto empírico de estudo, e o sentido de que a emergência de uma maneira compartilhada de fazer *torna-se* uma prática compartilhada (ou seja, um hábito) por meio de uma série de processos sociais os quais os autores identificam na criação de fronteiras, na negociação de competências e na adaptação da materialidade. O estudo empírico desses autores responde à pergunta: como as práticas nascem?

PRÁTICA E SEUS EFEITOS

Dentro de um modelo ecológico, a prática pode ser descrita e analisada como uma textura de conexões em ação (Gherardi, 2010), delineando um terceiro nível de análise, além daquelas das práticas "a partir de fora" e "a partir de dentro", um nível que envolve a análise das práticas em termos das suas consequências intencionais e não intencionais, enquanto e quando elas estão sendo praticadas. Assim, a prática é vista como o efeito de um entretecer de interconexões em ação, ou como um "fazer" da sociedade. Essa terceira leitura da prática considera os efeitos sociais de uma única prática em relação a ela ser praticada dentro da sociedade. Este é o nível da reflexividade das práticas e da reprodução da sociedade.

Os etnometodologistas falam da reflexividade inevitável das práticas para mostrar que toda prática cria o seu contexto: A reflexividade refere-se à tendência de auto-organização dinâmica da interação social para prover a sua própria constituição, por meio de práticas de relatabilidade e exibição cênica. Bourdieu (1972) fala de "circuitos de reprodução", isto é, as relações recíprocas, cíclicas por meio das quais a prática cria e recria as estruturas sociais objetivadas e as condições em que ela ocorre. Neste nível de análise, o pesquisador pergunta: o que é que fazer a prática faz? E este é o nível em que questões éticas podem ser feitas e em que os efeitos emancipatórios ou exploradores de uma prática social podem ser questionados.

O tema dos efeitos das práticas, da moralidade associada à sua realização, e das aplicações das teorias da prática na pesquisa-ação, é introduzido por Blackler e Regan (2009), que apresentam um exemplo de intervenção interpretada a partir da teoria da atividade: isto é, de um ponto de vista teórico originado na psicologia cultural, que utiliza o conceito de sistema de atividades em vez de prática. Essa preferência tem origens históricas e disciplinares, as quais o artigo descreve claramente e que, curiosamente, representam o outro extremo do conceito de prática. Na verdade, podemos dizer que o termo "prática" é um conceito intermediário que se relaciona, por um lado, com o domínio semântico de hábito e de ação habitual (e, portanto, como vimos, da rotina como dispositivo de redução da incerteza), e, por outro, ao domínio da ação deliberada. A prática contém elementos de ambos os domínios, mas não coincide com nenhum deles.

O artigo de Blackler e Regan é particularmente eficaz em sua discussão sobre intencionalidade e agência nas teorias da prática, e também aborda a questão da usabilidade dos PBS em relação à mudança organizacional. Os ensaios de Bjørkeng, Clegg e Pitsis (2009) e de Blackler e Regan (2009) respondem às seguintes perguntas: por que estudar práticas? Quais as relações que elas mantêm com mudança e estabilidade organizacional? Qual deve ser a relação do pesquisador com a relatabilidade moral das práticas que ele estuda? Trata-se de questões que têm sido abordadas de diversas formas nos principais campos de estudo que têm empregado a prática como uma lente, e os quais a seguir delineio, a fim de mostrar como os PBS estão preocupados principalmente em desenvolver uma política de conhecimento, criticando a concepção representacionista do conhecimento.

QUANDO A PRÁTICA É UTILIZADA COMO UMA LENTE

O complexo mapa dos PBS pode ser apresentado de muitas maneiras diferentes; delinear um mapa é sempre uma operação arbitrária. Eu fiz isso anteriormente em relação às tradições intelectuais convergentes no estudo do *knowing-in-practice* (conhecimento em prática) (Gherardi, 2000a) e em relação ao assim chamado paradigma da ação situada (Capítulo 1 deste livro). Minha abordagem aqui é apontar os temas mais marcantes, quando a prática tem sido utilizada como uma lente, para empregar a metáfora cunhada por Wanda Orlikowski (2000). Por conseguinte, descreverei as formas pelas quais o conceito de prática social tem sido criticamente apropriado como uma crítica às concepções representacionistas do conhecimento:

1. no contexto dos estudos sobre a ciência, para mostrar como o conhecimento científico é o produto situado das práticas laboratoriais;
2. no aprendizado organizacional para problematizar o que se entende por saber no seu uso cotidiano;
3. no contexto dos estudos sobre tecnologia (trabalho cooperativo suportado por computadores, sistemas de informação, *Workplace Studies*) para dirigir a atenção para as práticas de trabalho "reais", ao conhecimento desempenhado dentro delas, e ao desenho participativo do trabalho e das tecnologias;

4. nos estudos de gênero, a fim de "ler" o gênero como uma prática social e uma política de conhecimento.

Estes são debates complexos tanto em termos dos tópicos quanto do número de autores envolvidos. Por isso, estou ciente de que meu tratamento será limitado e não fará justiça à riqueza das contribuições[5]. O que todas estas vertentes de investigação têm em comum? Intuitivamente, podemos ver que conceitos abstratos e universais, no caso da ciência e do gênero, estão inscritos em uma temporalidade e espacialidade distintas. "Ciência" é o que os cientistas "fazem" em seus laboratórios e que as práticas institucionais transformam em "ciência"; "gênero" é o que as pessoas em interação "fazem", "dizem", "pensam" de modo que o "gênero" é produzido como um efeito social.

O mesmo vale para a apropriação da tecnologia e do conhecimento prático. Este é, portanto, um "fazer" intencional (como nas práticas de trabalho dos cientistas), mas também um não intencional (como na sexualização/associação a gênero das profissões científicas). É um "fazer" o que é produtivo, mas simultaneamente reprodutivo porque é um "fazer da sociedade". Descrevo brevemente a seguir cada uma das vertentes anteriores.

A CIÊNCIA COMO PRÁTICA

As raízes da "ciência como prática" podem ser rastreadas até a década de 1970 e o advento de uma nova abordagem da ciência dentro da sociologia do conhecimento científico (Pickering, 1992). Argumentava-se que o conhecimento científico, tanto quanto a tecnologia, é intrinsecamente social. Há, portanto, que ser entendido como tal e estudado como um conjunto de práticas sociais historicamente situadas. As décadas de 1970 e 1980 viram florescer estudos etnográficos de laboratórios científicos (Latour e Woolgar, 1979; Knorr-Cetina, 1981). Nos EUA, etnometodologistas se dedicaram à vida nos laboratório e à matemática (Lynch, 1985; Livingstone, 1986), enquanto o "grupo Tremont" na Califórnia continuava a tradição do interacionismo simbólico no estudo da ciência (Star e Griesemer, 1989; Fujimura, 1995), e

[5] Não vou me referir à grande corrente da "estratégia como prática", já que nesse caso a prática é usada para aludir a processos (ou seja, estrategização) em vez de práticas de produção de conhecimento. Embora o debate seja crítico do *ethos* prescritivo nos estudos estratégicos, raramente tem uma postura crítica em relação ao cognitivismo e ao positivismo.

na Inglaterra surgiu a análise de discurso desenvolvida por Gilbert e Mulkay (1984) e por Ashmore (1989) sobre a reflexividade.

O conhecimento científico foi, então, removido do pedestal erigido para ele pelo positivismo e a ciência pode ser vista como uma cultura tanto quanto qualquer outra forma de conhecimento e, como tal, sujeita às implicações do controle social e dos interesses sociais. A conexão entre o microssocial (práticas laboratoriais) e o macrossocial (ciência na sociedade) foi tematizada em conjunto com questões relativas à ética e à mudança social.

A metáfora de "ecologias de conhecimento" (Star, 1995) foi proposta para localizar a produção de conhecimento dentro de um ecossistema que rejeita as dicotomias do pensamento funcionalista entre natureza e sociedade e entre o social e o técnico. Argumenta-se que a ciência e a tecnologia se tornam "monstros" quando perdem suas conexões com as condições sociais de sua produção (Law, 1991; Haraway, 1992). Podemos dizer, portanto, que este campo de estudos faz uma crítica ao positivismo e se foca no circuito de reprodução do conhecimento e seus efeitos sociais.

APRENDIZAGEM ORGANIZACIONAL E SABER EM PRÁTICA

O conceito de prática ganhou terreno nos estudos de aprendizagem organizacional por meio de uma abordagem crítica da aprendizagem como cognição, por um lado, e como mudança, por outro. As fortes críticas provocadas pelo conceito de "comunidade de prática" (CoP), especialmente em sua versão gerencialista (Wenger *et al.*, 2002), mudaram o cenário no qual a concepção de conhecimento é delineada (Fox, 2000, 2006). Os autores que têm criticado o conceito de comunidade de prática (Contu *et al.*, 2003; Cohendet *et al.*, 2004; Lindkvist, 2005; Handley *et al.*, 2006; Roberts, 2006) o têm feito principalmente para deslocar-se da ausência de conflito para a ausência do poder no conceito de CoP.

Agora que a moda passou, e com ela o poder persuasivo da retórica associada ao rótulo CoP, vários autores (Gherardi *et al.*, 1998a; Brown e Duguid, 2001; Swan *et al.*, 2002; Roberts, 2006; Gherardi, 2009a) propuseram inverter a ênfase entre os dois termos – de comunidade de prática para práticas de uma comunidade. A ênfase no primeiro caso é que a comunidade constitui-se no recipiente do conhecimento e que a comunidade preexiste às suas atividades. No segundo caso, são as próprias atividades que geram uma comunidade, na medida em que elas formam a "cola" que une uma configuração de pessoas, artefatos e relações sociais. Neste caso, a atenção é dirigida ao conhecimento prático contextualmente enagido durante o desempenho de uma prática e no saber vindo dos sentidos (Capítulo 4 deste livro). O conhecimento, portanto, não é um "ativo" da comunidade, mas uma atividade (um "saber"), e uma atividade que constitui a prática ("saber em prática").

Fox (1997, 2000) e outros autores, como Contu e Willmott (2003), têm apontado a ambiguidade entre os pressupostos realistas e construtivistas, no que diz respeito à consideração do contexto às vezes como pré-dado e às vezes como emergente. A crítica da concepção de "contexto" consiste em mostrar como as práticas estão fortemente interligadas para constituir um campo de práticas ou de uma rede de práticas mais ou menos intimamente ligadas que resiste ao longo do tempo, é variavelmente sustentada pelo poder, e ancorada na materialidade. A comunidade é um desses efeitos, bem como um dispositivo para a reprodução do campo de práticas. É, portanto, por meio das concepções de poder e materialidade na teoria ator-rede, que a epistemologia do conhecimento como um objeto ou um ativo é deslocada em favor de uma epistemologia do saber em prática. É neste campo que os PBS mais têm contribuído para uma crítica dos efeitos de poder da aprendizagem organizacional (e da gestão do conhecimento) como uma ideologia gerencial.

ESTUDOS CRÍTICOS DE TECNOLOGIA E TECNOLOGIA COMO PRÁTICA SOCIAL

A tecnologia, o compartilhamento de conhecimentos e a coordenação como um fenômeno emergente podem ser considerados os temas que unem as vertentes de investigação – tais como trabalho cooperativo apoiado por computador, sistemas de informação, e *Workplace Studies* – que, embora muito diversificadas, são consideradas aqui conjuntamente por brevidade.

Particularmente influente nesta área tem sido o livro de Lucy Suchman (1987, a primeira edição; 2007 a segunda) baseado em um quadro referencial do interacionismo simbólico e que critica o conceito de racionalidade *ex ante* na forma de planos que se assume que regulam a ação; crítica indicada pela noção de "racionalidade situada", em contraste com a racionalidade de planos e programas. Antes que a ação ocorra, os planos servem apenas a um propósito preventivo ou organizacional; após a ação, os planos servem para justificar as ações realizadas. Centrais ao paradigma da ação situada são as interações com os outros, a comunicação situada, a construção de situações, a relação com o ambiente físico e os objetos nele, e, acima de tudo, a ideia de que esses elementos são "mantidos juntos" por uma racionalidade situacional e a expressam.

O tema da racionalidade situada é levado adiante pelos *Workplace Studies* (Luff *et al.*, 2000), que estão ancorados em um quadro referencial etnográfico e etnometodológico, e busca determinar como o verbal, o visual e o material tomam forma por meio da prática (e das práticas discursivas), durante a produção e a coordenação da interação. Os termos "tecnologia em uso" (Orlikowski, 1992) e "tecnologia como prática social" (Suchman *et al.*, 1999) foram cunhados para distinguir esta abordagem de tecnologia. Os estudos de Wanda Orlikoswki (2000, 2002, 2007) sobre práticas tecnológicas são exemplares pela sua adoção do referencial teórico de "estruturação" (Giddens, 1984) para conectar agência e estrutura. Surgiram métodos etnográficos de investigação (Barley, 1996; Carlile, 2002; Østerlund e Carlile, 2005), que colocaram o estudo das práticas de trabalho situadas em oposição aos métodos positivistas, então vigentes, a fim de enfatizar as necessidades dos usuários (Richardson *et al.*, 2006). Seguiu-se uma reflexão sobre os métodos adotados pelos pesquisadores para representar as práticas de trabalho e sobre a necessidade de reflexividade por parte dos pesquisadores, que deveriam realizar pesquisas etnográficas sobre si próprios, dado que são "trabalhadores do conhecimento" que estudam outros trabalhadores do conhecimento (Schultze, 2000).

GÊNERO COMO UMA PRÁTICA SOCIAL

Desde a publicação do artigo de West e Zimmerman (1987) sobre "fazer gênero", com base no relato clássico de Garfinkel (1967) sobre Agnes, muitos artigos e livros sobre gênero como as ações que as pessoas fazem, não apenas quem/o que elas são, ou as posições que ocupam, têm estimulado *insights* sobre como o gênero é realizado por meio da interação (Bruni e Gherardi, 2001; Martin, 2001; 2003; Ashcraft e Mumby, 2004; Poggio, 2006).

"Práticas de gênero", "práticas baseadas em gênero" e "práticas de atribuição de gênero" representam uma classe de atividades que está disponível – cultural, social, narrativa, discursiva e fisicamente – para ser realizada, afirmada, desempenhada em contextos sociais. Como fazemos gênero (e como podemos fazê-lo de maneira diferente) ainda é uma questão central para a micropolítica entre os sexos, na construção social da realidade cotidiana da nossa sociedade e cultura, uma afirmação que pressupõe que gênero é uma prática social que ancora outras práticas, ou em outras palavras, é uma realização metódica e recorrente. Seguindo a linha de "gênero como prática social", Mathieu (2009) ilustra esta corrente de pesquisas nos PBS: como o gênero é uma prática social que atravessa outras práticas (de trabalho e organização) e produz efeitos de desigualdade enraizados no fazer não intencional dos atores.

OS LIMITES DA METÁFORA VISUAL E OS LIMITES DA LINGUAGEM

A metáfora de utilizar a prática como uma lente por meio da qual analisar os fenômenos sociais é altamente eficaz porque evoca uma imagem mental do pesquisador como o intento de um Sherlock Holmes no exame minucioso de uma realidade. No entanto, também é enganosa porque ativa simultaneamente uma imagem na qual o pesquisador está desconectado do campo de estudo, que existe independentemente dele, "lá fora". O papel da linguagem na construção dos fenômenos sociais é muito bem conhecido para requerer ser tratado aqui.

Vou, portanto, apenas salientar que a "vez da prática" (*practice turn*) foi precedida pela "vez linguística" (Deetz, 2003) também nos estudos organizacionais, de modo que o conceito de prática pode ser usado tanto dentro de uma epistemologia positivista e um empirismo realista, como dentro de uma epistemologia de construcionismo social. Neste contexto, a noção do poder crítico dos PBS faz referência implícita a uma epistemologia construcionista, que concebe as práticas apenas em relação aos seus praticantes, e as práticas de relatabilidade que as têm constituído como modos de praticar socialmente sustentados. A definição de algo como "uma prática" é, portanto, ela mesma o resultado de uma prática discursiva que criou intersubjetivamente um sentir e um fazer em torno de uma modalidade de fazer coletivo socialmente reconhecida e reconhecível.

A limitação da metáfora da lente é que ela obscurece o fato de que os pesquisadores – bem como os praticantes que falam sobre seu saber – constroem discursivamente o fenômeno que eles estudam e descrevem. Consequentemente, a representação das práticas é uma questão crucial para os PBS e para as metodologias disponíveis para falar e escrever sobre o saber em prática.

Se as práticas devem ser definidas como padrões de atividade, as metodologias para a análise das práticas procuram descrever as tarefas que compõem a prática de modo analítico e como rotina. As atividades que compõem a prática são vistas como a ponta de um *iceberg*: elas emergem e se tornam visíveis porque repousando debaixo delas há uma massa de conhecimentos práticos e práticas discursivas (materiais-semióticas) que justificam as práticas como moral e esteticamente aceitáveis. Nesse sentido, a prática revela seu aspecto de instituição, produto de uma ordem negociada que momentaneamente cristalizou um modo compartilhado de fazer e que o sustenta enquanto as premissas para a sua mudança estão sendo definidas.

Dois autores – Geiger (2009) e Nicolini (2009) – sugerem dois momentos tópicos nos quais estudar as práticas. Geiger sugere olhar os *breakdowns* (rupturas) e as formas discursivas de reparação da prática, de modo a direcionar a atenção para os momentos nos quais as práticas constituem um fluxo ininterrupto (um mundo vivido) e os momentos nos quais os praticantes refletem sobre e negociam as práticas. Nicolini, em vez disso, propõe acessar as *práticas* por meio das *práticas* discursivas, tornando-as relatáveis para o pesquisador por meio de uma técnica projetiva.

Questões metodológicas no estudo empírico das práticas levantam questões teóricas cruciais, porque, por um lado, as teorias da prática partem do pressuposto de que o conhecimento prático é observável e descritível sem a necessidade de categorias como intencionalidade, valores ou conhecimento (entende-se, portanto, porque a etnometodologia é uma das mais influentes teorias da prática dentro dos PBS) e, por outro, porque plenamente endossam a argumentação tanto de Bourdieu quanto de Polanyi de que o conhecimento prático é conhecimento pessoal: ele é inefável, e daí nossas representações das práticas são sempre "pobres", porque, como diz Polanyi, sabemos mais do que podemos dizer. A linguagem, assim, revela suas limitações, mostrando que o conhecimento humano é também pré-discursivo, sensorial e corporificado (Strati, 2014). Sabemos por meio do corpo e da experiência sensorial que o conhecimento não é apenas individual, mas também é elaborado coletivamente na forma de desenvolvimento do gosto. A questão do que socialmente sustenta as práticas e de como as práticas são reproduzidas e, ao serem reproduzidas, mudam com o tempo – intencionalmente ou não – é mais desafiadora para a abertura de uma postura crítica sobre a sociedade e sobre os efeitos sociais das práticas consolidadas do que o estudo das práticas como padrões recorrentes de ação. Os deslocamentos de organização para organizar e de trabalho para trabalhar implicam considerações não apenas sobre temporalidade e devir (*becoming*), mas também sobre permanência (temporária) e, portanto, sobre as práticas como mecanismos de geração de ordem.

ONDE ESTÁ O PODER CRÍTICO?

A "vez da prática" nos estudos organizacionais está em desacordo com o cognitivismo e o racionalismo, pois define o conhecimento como uma atividade prática e situada. Propõe uma visão do organizar como *knowledgeable collective action* (ação coletiva conhecedora) dentro de uma ecologia de humanos e não humanos. Os PBS, portanto, constituem tanto uma sociologia quanto uma política do conhecimento no seu uso diário. Em resumo, a prática como epistemologia articula conhecimentos no processo de organizar e sobre ele como realizações práticas, em vez de um relato transcendental de uma realidade descontextualizada feito por um pesquisador sem gênero e descorporificado. O interesse de conhecimento dos PBS críticos em relação ao trabalho e às organizações é determinar como os praticantes fazem o que fazem e o que esse fazer faz; como as práticas de trabalhar e organizar tornam-se institucionalizadas porque são sustentadas por um "consenso de trabalho" (um trabalho institucional) e por uma ordem moral e estética; e como o praticar é interacionalmente sustentado por um entendimento pré-verbal, uma orientação mútua e uma produção de artefatos mutuamente inteligíveis. As teorias da prática fornecem as bases teóricas e metodológicas para a construção de teorias de médio alcance que flanqueiam a visão da organização como planejamento e projeto (racionalidade a partir de fora) com a visão da organização como uma realização instável em devir, mas baseada na inteligibilidade social generalizada (isto é, racionalidades contingentes e plurais).

PARTE Dois

Conceitos sobre a prática

CAPÍTULO 4

Conhecimento sensível e aprendizagem baseada na prática[1, 2]

Antonio Strati

Este capítulo salienta a importância do conhecimento sensível na teorização baseada em prática sobre o saber organizacional. Ele propõe a seguinte questão: é possível estudar o conhecimento baseado na prática e a aprendizagem nas organizações sem levar em conta o conhecimento sensível? Embora aqui a pergunta seja retórica, não é assim na maioria dos estudos organizacionais, dado que, apenas nos anos finais do século passado, os estudiosos organizacionais prestaram mais atenção ao conhecimento sensível (Carr e Hancock, 2003; Gagliardi, 2006; Guillet de Montoux, 2004; Linstead e Höpfl, 2000; *Organization*, 1996; Rafaeli e Pratt, 2005; Strati, 1999; *Human Relations*, 2002) e à "prática" na vida organizacional (Nicolini *et al.*, 2003; Gherardi, 2011).

O capítulo se baseia nos resultados de estudos empíricos para mostrar a conexão entre o conhecimento sensível e a aprendizagem baseada na prática nas organizações. Ele se concentra no conhecimento e na aprendizagem que derivam das faculdades sensoriais do tato e da audição – e também da visão, com referência às observações feitas pelo sociólogo Georg Simmel há quase um século. Também são examinadas a natureza problemática do conhecimento sensível e a relação entre estética, emoção e afetividade na vida organizacional.

[1] Publicado originalmente: Strati A. Sensible knowledge and practice-based learning. Management Learning. 2007; 38(1), p. 61-77.

[2] Nota de tradução: No artigo original é feito um jogo com as palavras *aesthetization* (estetização, vindo da palavra estética) e *anaesthetization* (ato de anestesiar). Assim, a *an-aesthetization* é a estetização como uma anestesia. Essa dinâmica se perde em português, por isso optou-se por escrever an-estetização, fazendo referência ao sentido da expressão original.

O capítulo está estruturado da seguinte forma: a primeira parte ilustra a noção de conhecimento sensível e, em seguida, reflete sobre a relação entre esta noção e a aprendizagem baseada na prática, relação esta estabelecida pela pesquisa empírica. Esta ligação é discutida dentro de um contexto mais amplo, sendo o objetivo destacar: (i) a natureza problemática do conhecimento derivado dos sentidos; (ii) a relação entre esse conhecimento e a valorização das práticas no estudo da construção do conhecimento e da aprendizagem nas organizações; e (iii) as implicações destes diferentes aspectos para os estilos de pesquisa organizacional empírica. O capítulo se baseia em três estudos empíricos para ilustrar a importância do conhecimento sensível para o estudo baseado na prática da vida organizacional. Antes, porém, é necessário definir o que se entende por "conhecimento sensível" neste capítulo.

CONHECIMENTO SENSÍVEL E PRÁTICA NA ORGANIZAÇÃO

Conhecimento sensível diz respeito ao que é percebido por meio dos sentidos, julgado por meio dos sentidos, e produzido e reproduzido por meio dos sentidos. Ele reside no visual, no auditivo, no olfativo, no gustatório, no palpável e no julgamento estético-sensível. Ele gera relações dialéticas com a ação e relações estreitas com as emoções dos atores organizacionais. Devo expandir um pouco essas declarações.

Conhecimento sensível

Antes de mais nada, o conhecimento sensível é dirigido aos mundos "sensíveis" (do grego antigo *tà aisthetà*). Ou seja, é uma forma de saber – e agir – profundamente diferente dos conhecimentos adquiridos e produzidos por meio da faculdade cognitiva lógica e de raciocínio dirigida aos mundos "inteligíveis" (*tà noetà*). O fenomenologista e filósofo francês Maurice Merleau-Ponty fornece-nos um exemplo elegante de conhecimento sensível. Ele comenta (Merleau-Ponty, 2002, p. 44) que o Outro é conhecível por meio do olhar, dos gestos, da forma de contemplar, ou seja, por meio de seu corpo. O que deve ser ressaltado aqui é que este corpo age; ele não é apenas o "recipiente" da mente do Outro. Sem reduzir o Outro ao seu corpo, continua Merleau-Ponty, não se pode dissociar alguém de sua silhueta, seu sotaque, seu andar e sua aparência.

Conhecimento sensível não é apenas a modificação induzida no sujeito pela presença real dos objetos, ou seja, "sensação" *stricto sensu*. É também as "representações sensíveis de objetos ausentes, que são fruto da faculdade imaginativa". Em outras palavras, a percepção sensorial não se baseia em

> *sensores terminais, mais ou menos verídicos, capazes de apreender o mundo externo como modos, para o sujeito, de ser sensível ao mundo. Também não são instrumentos de uma consciência soberana, de um sujeito constitutivo e autônomo em relação a um objeto; em vez disso, são lugares da carne, onde a carne do mundo se torna visível. (Prezzo, 2004, p. 8)*

Este é um ponto crucial em relação ao conhecimento sensível, pois não restringe esse conhecimento à mera relação direta, física e objetivamente observável; em vez disso, dá conta da relação íntima, pessoal e corpórea do sujeito com a experiência do mundo. Além disso, Merleau-Ponty (2002) aponta, mesmo quando eu considero meu encontro com o Outro, eu não o dissocio de sua corporeidade. Da mesma forma – observa Merleau-Ponty (1945) –, o meu conhecimento sensível do Outro diz respeito também a aspectos de sua pessoa que eu não posso ver. Esses aspectos ocultos eu, no entanto, compreendo "perceptivamente" como presentes porque eu "sinto" que eles estão por perto, e "sinto" (além do pensamento de raciocínio ou do meu conhecimento de geometria) que eu posso alcançá-los e tocar-lhes – do mesmo modo que eu "sinto" o lado que eu não consigo ver de um cubo ou uma lâmpada.

Em segundo lugar, o conhecimento sensível revela a interação contínua entre o sujeito cognoscente e o Outro. O Outro considerado anteriormente era um ser humano com a sua silhueta e sua sedução, mas também o elemento não humano detectado por meio do toque, audição, olfato, visão e paladar que revela a sua participação ativa no processo de produção do conhecimento sensível. Merleau-Ponty (2002, p. 26-27), com base em Sartre, cita o caso do "ser melado" (*mielleux*). O mel é líquido, mas tem alguma consistência e viscosidade. Sempre que é tocado, ele também "toca". O elemento não humano – em nossos termos – mostra uma habilidade de ser ativo e uma certa autonomia na sua relação com o ser humano, uma vez que toma a iniciativa de salpicar seus dedos com lama, ou colori-los e perfumá-los, ou sujá-los.

Ao trabalhar em meu computador, em várias ocasiões "senti" algo que poderia ser chamado de "ser melado": a materialidade do *hardware* e a imaterialidade da informação e das tecnologias de telecomunicação com as quais estou trabalhando são percebidos como se estivessem me respingando com lama, e eu sinto que a iniciativa para a ação já não é só minha. No entanto, esta não é uma forma de raciocínio. É conhecimento sensível de ser posicionado e imerso não só em realidade física e material, mas também na chamada realidade "virtual". Esta é a "nova sensibilidade" descrita por Jean-François Lyotard em referência a "Les Immatériaux" (Os Imateriais), exposição da qual foi cocurador no Centro Pompidou em Paris em 1985: a sensibilidade, isto é, o que é específico à condição pós-moderna na sociedade contemporânea e que deriva da crescente "semiotização" das práticas sociais, em razão da onipresença da informação e da tecnologia de telecomunicações – como testemunhado, aliás, pela arte Net e arte telecomunicativa.

Em terceiro lugar, o conhecimento sensível destaca a diversidade entre uma pessoa e outra, mas também a abertura empática em relação ao Outro diferente gerada por um ponto de vista específico e contingente. O conhecimento sensível é caracterizado por uma atividade dupla, como o sociólogo Georg Simmel (1908, p. 356) observa:

> *É por meio dos sentidos que percebemos nossos próximos/semelhantes*[3]*. Esse fato tem dois aspectos de importância sociológica fundamental: (a) o da apreciação; e (b) o da compreensão.*

A sensação, como já foi dito, não é a mera capacidade de "receber" as qualidades sensíveis das pessoas e dos artefatos – sua presença/ausência, visibilidade/invisibilidade, materialidade/imaterialidade –, mas sim a capacidade de apreciá-los e compreendê-los por experienciá-los dentro de nós mesmos. É o fato de que eu me percebo enquanto percebo o mundo. Eu percebo, escreve Rosella Prezzo (2004, p.11), "minha inerência a um ponto de vista": esta inerência "torna simultaneamente possível tanto a finitude de minha percepção quanto sua abertura ao mundo plural". Ela é a gênese de uma perspectiva que é tanto minha apenas quanto intercorpórea porque é abertura empática à dimensão do Outro e torna a experiência perceptiva soberana no conhecimento porque ela é "conascida", ou seja, nascida com um Outro com carne diferente da minha própria.

[3] No original a expressão *fellow-men* inclui tanto o sentido de *fellow men* (semelhantes) quanto o de *fellowmen* (próximo).

As pessoas nos locais de trabalho diferem porque interpretam e agem de acordo com diferentes capacidades e habilidades (Pareyson, 1954): algumas têm "visão clara", outras possuem "bons narizes", outras ainda têm "ouvido afiado", "bom gosto" ou "destreza manual", enquanto há pessoas que não possuem essas capacidades. Mas, ao mesmo tempo, interagem constantemente com o Outro porque nasceram corporalmente com o Outro, não obstante suas próprias *différance* (Derrida, 1967a) e conhecimentos pessoais (Polanyi, 1962).

Assim, visto nestes termos, o conhecimento sensível envolve o que é "apreendido" emocionalmente, a afetividade conectada com o que é percebido, o julgamento baseado no gosto, o estilo de ação. Para voltar ao "ser melado", pode ser desagradável sentir o mel nos dedos; uma emoção negativa que diminui somente quando o mel para de "tocar" os dedos, ou a pessoa pode sentir aversão à viscosidade do mel; alternativamente, uma pessoa pode sentir prazer na sua doçura e perfume. Esses são, como Robert Legros (2005, p. 158-159) coloca, julgamentos sensíveis "dos sentidos", como se fossem o pensamento do corpo (*pensée du corps*). Ou a pessoa pode sentir nostalgia recordando ser melada. Não há atividade sensória que seja neutra e impassível; a atividade sensória sempre envolve paixão, e toda sensação é afetiva.

CONHECIMENTO SENSÍVEL: UMA HISTÓRIA SURPREENDENTEMENTE RECENTE

Mesmo que seus primórdios se estendam por meio das teorias filosóficas, religiosas e político-sociais até a antiguidade, o conhecimento sensível tomou forma como noção independente nos séculos XVII e XVIII. Foi só então, de fato, que este conhecimento tornou-se um assunto das disciplinas modernas após o advento da filosofia estética (Baumgarten, 1735, 1750-1758; Vico, 1725), uma prática social que instituiu, enquadrou, possibilitou e definitivamente qualificou a experiência social da arte, e mais geralmente dos estudos da sociedade.

> *Obviamente sem querer sugerir conexões causais rígidas, é bastante claro que o momento em que a estética filosófica nasceu foi também o momento em que, na cultura e na sociedade, à figura do artista foi dada uma definição estável e "moderna" como o produtor daqueles tipos peculiares de objetos que são as obras de arte, e quando esses objetos passaram a ser concebidos unitariamente dentro da categoria comum de "qualidade estética". (Vattimo, 1977, p. 7)*

Assim, a sensibilidade adquiriu *status* teórico como uma forma de conhecimento – a *scientia cognitionis sensitivae* de Baumgarten – e, com a *Lógica Poética* de Vico, o conhecimento na sociedade passou a ser visto como fruto da imaginação, do pensamento mítico, de operações metafóricas, de sensibilidade poética. O indivíduo é um sujeito sensível que, com sua percepção, expressa juízos estéticos, revelando um gosto que não pode ser guiado por regras objetivas (Kant, 1790). A autonomia estética do prazer, que marcou o nascimento da filosofia estética, deriva do fato de que o julgamento estético faz suas próprias regras.

O que é evidente aqui é uma controvérsia sobre a natureza do conhecimento, que é definido em relação não ao "divino", mas à corporeidade "mundana" do conhecimento sensível, e na polêmica – mais acentuada em Vico – com o conhecimento racional e o cartesianismo.

Essa polêmica sobre as formas de conhecimento também tem sido evidente na história do pensamento organizacional, e culminou na crítica empreendida contra o paradigma racionalista durante os anos 1970 e 1980. Os estudos organizacionais naqueles anos ressaltavam a importância das emoções, dos construtos simbólicos, da institucionalização e da estética. Eles destacavam a forma pela qual a rotina organizacional cotidiana é sabida, aprendida, construída e reconstruída.

O conhecimento sensível foi reavaliado em antítese à "mentalização" da vida organizacional, às descrições que negligenciavam a corporeidade da experiência humana nas organizações, à "desumanizante" racionalidade que Weber (1922) já havia identificado e criticado no tipo ideal burocracia. Em particular, o conhecimento sensível tornou-se um tema central dos estudos sobre a dimensão estética da vida organizacional. Esses estudos enfatizavam que os indivíduos nas organizações usam seus corpos para sentir e julgar, entender e agir, e que exibem suas diferenças e conhecimento pessoal nas práticas organizacionais e de trabalho. O conhecimento que eles exibem é, como já foi dito, o conhecimento adquirido por meio dos sentidos da visão, audição, olfato, paladar e tato; é o *pathos* dos artefatos organizacionais, sejam eles materiais ou imateriais, duradouros ou efêmeros; é o "não sei o quê" que caracteriza tanto a atividade artística quanto o trabalho cotidiano nas organizações; é gosto e julgamento estético; é a materialidade da vida cotidiana nas organizações – embora esta, note-se, seja feita de nuances, tons de ênfase, emoções, *pathos* –, a materialidade da experiência organizacional, que muitas vezes foge à descrição analítico-racional e que decorre do processo de evocar conhecimento.

A "materialidade" da vida cotidiana destaca as práticas sociais cotidianas em contextos organizacionais. Mas o que se entende por "prática" em estudos organizacionais?

A NOÇÃO DE PRÁTICA E SABER/APRENDER NAS ORGANIZAÇÕES

A primeira coisa a ser enfatizada é a polissemia do termo "prática", que compreende:

- o conhecimento "situado" na organização como um fenômeno local, mas conectado à globalização;
- a expertise expressada no desempenho da ação organizacional e na interação pós-social, na qual as pessoas e os elementos não humanos constantemente se inter-relacionam, e que consiste em conhecimento tácito e explícito e compreensão estética;
- a importância da cultura material, dos artefatos e do espaço organizacional, bem como das práticas discursivas e dos códigos normativos;
- o *habitus* constituído por ludicidade, habilidades pessoais e criatividade legitimados na comunidade de prática, na organização e na rede de relações interorganizacionais;
- a comunicação organizacional do conhecimento, que destaca que os processos de aprendizagem organizacional – por indivíduos, grupos e comunidades – estão fundamentados na socialização na prática.

O conceito de "prática", portanto, não separa o mental do corpóreo, a rotina da improvisação, a tradição da criatividade (Bourdieu, 1980). Em vez disso, ele enfatiza a interação social e pós-social, a negociação coletiva, a construção coletiva da "legitimidade" da própria prática dentro de um contexto organizacional específico.

A noção de "prática" alterou profundamente a maneira pela qual o conhecimento e a aprendizagem nas organizações são estudados. No final do século passado, esses temas tornaram-se de importância central para a análise, apesar de serem temas, obviamente, com tradições que remontam às origens da análise organizacional até a escola clássica, quando a revolução gerencial do taylorismo institucionalizou o conflito entre gestores e trabalhadores na base de conhecimento do emprego industrial. Como o conhecimento é criado nas organizações? Qual é o objeto da aprendizagem organizacional? De que maneira o conhecimento e a aprendizagem estão conectados com a prática? Esta última questão marca uma virada no estudo organizacional do conhecimento e da aprendizagem, uma vez que a aprendizagem e o conhecimento organizacionais baseados em prática se distinguem:

1. De um esforço organizacional para alcançar o conhecimento tácito de modo que ele possa ser traduzido em conhecimento explícito – como nos estudos cognitivistas da organização – ainda mais se a importância do conhecimento tácito para a organização for negada com base em que este não pode ser explicado em termos cognitivos e racionais (Sanchez, 1997). Esta é uma posição teórica não partilhada, entre outros, por Nonaka e Takeuchi (1995), que não procuram uma tradução cognitiva do conhecimento tácito, mas propõem um modelo hipertextual de organização, onde o conhecimento tácito e explícito são interligados por *links* e "saltos" na criação do conhecimento organizacional.
2. Da teoria cognitiva tradicional que – como comenta Stephen Fox (1997) – considera a aprendizagem organizacional em termos de processo mental individual desenvolvido por meio da educação formal e institucional, provida por especialistas e teóricos da aprendizagem. Contrariamente a essas reivindicações cognitivistas, Silvia Gherardi (2000a) argumenta que a aprendizagem organizacional não ocorre na cabeça e que não é uma mercadoria; mas sim um processo que gera conhecimento "situado" em práticas organizacionais. Essas são acessadas por meio de socialização organizacional e são adquiridas ao serem desempenhadas na consciência do "mistério" que distingue a sua colocação em uso.

Conhecimento enraizado na "prática" e na aprendizagem organizacional "situada" são aspectos distintivos da sociedade do conhecimento característica do mundo contemporâneo de produção industrial e pós-industrial. Eles enfatizam que são as pessoas que criam, inventam e desempenham a organização, fazendo-o não como "mentes" individuais ainda que inter-relacionadas, mas por meio de sua corporeidade – que lhes permite adquirir conhecimento sensível, bem como se envolver em raciocínio intelectual – e sempre em relação aos elementos não humanos que compõem o espaço organizacional.

CONHECIMENTO SENSÍVEL E ESTUDOS ORGANIZACIONAIS

Os seguintes exemplos, retirados de diversas pesquisas empíricas, são destinados a esclarecer a noção de conhecimento sensível, a sua importância para o estudo organizacional e, em particular, a sua centralidade no âmbito da aprendizagem baseada na prática. Eles exemplificam o conhecimento organizacional e a aprendizagem nas organizações fornecidos pelos sentidos. Vou começar com o sentido do tato, uma faculdade perceptivo-sensória que não goza de *status* teórico elevado em estética filosófica, ou nas teorias da arte, ou ainda nas ciências sociais. Pintura, escultura, arquitetura, dança e música consagraram a supremacia da visão e da audição sobre os outros sentidos. O mesmo fenômeno é perceptível nos estudos organizacionais, a começar pelos métodos de pesquisa empírica: observação, conversação e entrevistas, questionários e estudo de materiais de arquivo atribuem à visão e à audição preeminência sobre os outros sentidos. Vamos agora, em vez disso, ver a importância da faculdade perceptiva de tato (e mais tarde também da audição) na vida organizacional – embora se deva ter em mente que o conhecimento sensível é produzido por todas as faculdades perceptivo-sensórias, mesmo quando a atenção se concentra na ação de geração de conhecimento de apenas uma delas. O objetivo dos exemplos que se seguem é demonstrar que o conhecimento sensível concerne esses aspectos da vida organizacional:

1. As "práticas" de saber e aprender nas organizações como processos que não são apenas mentais e lógico-analíticos, mas também corpóreos e multissensoriais.
2. A materialidade da vida organizacional e a constante interação entre o indivíduo e os elementos não humanos, como as tecnologias (bonitas ou feias) que eles usam, os espaços organizacionais (apertados, bem iluminados ou grotescos) nos quais eles trabalham e os artefatos (elegantes ou repelentes) que eles produzem.
3. As categorias estéticas – o feio, o belo, o cômico, o trágico, o sublime, o sagrado, o rítmico – utilizadas em práticas discursivas sobre a organização e para as quais a estética filosófica fornece uma fundamentação teórica

que enfatiza a pluralidade – em vez da univocidade – dos significados que são atribuídos a cada um deles.

Com as mãos

O tato, como um dos cinco sentidos, é essencial se uma pessoa deve ser capaz de se mover e de trabalhar. No caso de um médico, por exemplo, nós imediatamente notamos a importância do conhecimento sensível nas organizações. O médico usa suas mãos para "sentir", para "saber", para "operar" e para desempenhar outras ações essenciais para seu trabalho. Se passarmos do consultório do médico para o quarto escuro de um fotógrafo, observamos o fotógrafo movendo-se – até mesmo apalpando – pela sala, usando a faculdade perceptiva do tato para orientar a si mesmo e para "ver". Da mesma forma, outros contextos de trabalho mostram como o sentido do tato é essencial: as mãos são usadas para tomar notas em uma reunião, para servir a comida em um restaurante, para ajustar um motor de carro, para cumprimentar outras pessoas. Ao contrário, é mais difícil dizer quando, durante a sua rotina de trabalho nas organizações, as pessoas não usam suas mãos, e não movem seus corpos para "tocar" algo, para "usar" algo, para "fazer" alguma coisa. O tato, portanto, apesar da revolução tecnológica dos sistemas de informação, ainda é uma faculdade humana essencial por meio da qual as pessoas conhecem, aprendem e agem nas organizações.

Essa observação pode parecer banalmente óbvia. No entanto, serve para ressaltar um aspecto da vida laboral que tende a ser negligenciado, e que às vezes é apenas assumido, mesmo em estudos qualitativos do trabalho, e pelas etnografias organizacionais que se prestam melhor para a análise sociológica dos processos sociais e das dinâmicas que geram a rotina organizacional. Para ilustrar este ponto, farei uma breve referência a um estudo ergonômico realizado em serrarias no nordeste dos Alpes.

Durante a minha pesquisa, constatei que os trabalhadores nos pátios de empilhamento de pranchas de algumas serrarias não usavam as luvas prescritas pelos regulamentos para proteger suas mãos. Trabalhando em pares, os homens – todos os trabalhadores do pátio eram homens – agarravam pranchas do mesmo comprimento, mas com diferentes espessuras e gritavam um número: "dois e meio", "três", "quatro e meio", "três", "dois e meio", e assim por diante. Trabalhando em ritmo acelerado, e de acordo com o número dito, os homens colocavam a prancha que estava em suas mãos na pilha que continha outras da mesma espessura. O número indicava a espessura em centímetros da tábua, a qual os empilhadores mediam "à mão" sem usar um medidor ou algum outro instrumento.

As luvas teriam interferido com esta operação baseada no tato. O medo de se ferir com lascas de madeira, ou de congelar as mãos no ar cortante de inverno do pátio de empilhamento não fazia parte da cultura de segurança do trabalho daqueles homens. Os trabalhadores no pátio de empilhamento de pranchas apoiavam-se em uma forma de conhecimento e ação que era baseada não na compreensão intelectiva-analítica, mas na compreensão estética, e era nesta dimensão que eles desempenhavam seu trabalho.

O conhecimento nessa prática de trabalho específica baseava-se sobretudo na "interpretação pelo tato", após a qual ambos os trabalhadores: 1. formulavam verbalmente o número que indicava a espessura da prancha – e, portanto, uma prática discursiva; 2. concordavam ou discordavam sobre o número; 3. moviam-se em direção à pilha correta; e 4. colocavam e arrumavam a prancha, mais uma vez usando as mãos, porque era por meio da faculdade perceptivo-sensorial do tato que os dois trabalhadores ajustavam a posição da prancha para que a pilha ficasse estável e pronta para receber novas tábuas.

A prática organizacional e de trabalho no pátio era, portanto, uma questão complexa. Dependia da habilidade dos sentidos para conhecer e agir ao mesmo tempo; se tornava possível graças à capacidade de ação fornecida pelos atos de fala; se entrelaçava com a capacidade de raciocínio. Era realizada na interação entre os dois trabalhadores que se coordenavam na interpretação sensorial e, em seguida, desempenhavam sua corporeidade ao se curvar e agarrar a prancha. Seguia o ritmo com que formulavam o número e decidiam se era o correto, moviam-se para uma das pilhas no pátio, sincronizavam os poucos passos dados e, assumindo a postura correta do corpo, levantavam a prancha a curta distância necessária para colocá-la na pilha e, então, verificavam a estabilidade da pilha, a qual eles sacudiam e reorganizavam, se necessário. "Sentir" com as mãos era conhecimento e ação ao mesmo tempo; também o era mover-se pelo pátio "tocando" o espaço organizacional com os pés; bem como o era assumir a postura correta para desempenhar esta prática de trabalho específica na serraria.

O que mais deve ser observado sobre esta atividade de trabalho? Que ela não envolvia conhecimento formal, "explícito", científico – no sentido da distinção feita entre conhecimento explícito e tácito pelo filósofo húngaro Michael Polanyi (1962) – porque os trabalhadores não faziam medições científicas utilizando instrumentos adequados, como em vez disso acontecia quando o contramestre do pátio verificava a qualidade do trabalho uma vez que a pilha tivesse sido concluída. O que era observado, em vez disso, era um ato de medição aprendido com a prática sob a orientação de um trabalhador mais experiente, que mostrava para aqueles com aptidão como sentir a espessura de uma prancha com as mãos. Para alguns trabalhadores, esta ação tinha se tornado prática habitual, a qual tinha legitimidade social e era baseada em destreza individual – ou seja, em uma habilidade que nem todos os indivíduos possuem em igual medida e da qual a aprendizagem não pode ser prescrita. Em outras palavras, era uma habilidade de trabalho utilizada pela organização para armazenar as pranchas com o propósito de amadurecê-las e, em seguida, vendê-las. Essa era, no entanto, uma habilidade que tinha de ser aprendida e transmitida na prática, aproveitando o conhecimento sensível possuído pelo trabalhador individual. Na verdade, nem todos os trabalhadores na serraria tinham essa capacidade para conhecimento e ação. Consequentemente:

- o conhecimento estético é uma prática individual que marca as pessoas com a capacidade de usar as faculdades perceptivo-sensoriais;
- a prática discursiva, como o ato de fala de Wittgenstein (Wittgenstein e Barrett, 1966), é, simultaneamente, avaliação e ação sobre aquilo em que se está trabalhando;
- a organização se beneficia das competências distintivas desta fase do processo de trabalho, onde a autoridade para tomar decisões – sobre o empilhamento das pranchas de acordo com suas espessuras – não se baseia na educação formal, nem no conhecimento científico, nem em tecnologias específicas, as quais são usadas pelo contramestre do pátio para verificar se os trabalhadores tomaram as decisões corretas.

A faculdade perceptivo-sensorial do tato não se restringe às mãos. Implica tocar com o resto do corpo também, e, portanto, no movimento em torno do ambiente de trabalho. É desta maneira que uma pessoa explora e ganha familiaridade com o espaço organizacional, aprende a usá-lo e a adotar os movimentos corporais e posturas apropriadas para trabalhar nele. Isso é feito ocasionalmente ou é tornado habitual pela prática de trabalho. O exemplo que se segue destina-se a ilustrar melhor a complexidade do conhecimento e da aprendizagem organizacional fornecidos pelo sentido do tato.

Com os pés

Já mostrei como cada um dos trabalhadores do pátio de empilhamento não apenas utilizava suas mãos, mas ajustava todo o seu corpo nas posturas com as quais podia lidar com as pranchas corretamente e mover-se dentro do seu espaço organizacional. Tudo isso tinha a ver com o conhecimento sensível, mas outro de meus estudos empíricos mostra ainda mais claramente que o toque como uma faculdade perceptivo-sensorial não diz respeito somente às mãos, mas sim a todo o corpo. Ao conduzir uma pesquisa empírica, observei um grupo de trabalhadores que desmontavam o telhado de um prédio: um evento organizacional descrito mais detalhadamente em outro lugar (Capítulo 2 deste livro) e que agora repriso apenas na medida em que me permite mostrar como a estética é uma forma de conhecimento pessoal relacionada com a aprendizagem baseada na prática nas organizações. De uma janela do segundo andar de um edifício em frente aos desmontadores de telhado, eu tinha uma boa visão deles enquanto trabalhavam. Havia três deles e, a julgar pelos seus movimentos, um deles era o mestre de obras. Na verdade, ele se movia sobre o telhado, ajudando um colega e depois o outro, e assumia o trabalho dos outros quando eles pareciam incapazes de dar conta. Ele dava ordens que eu não podia ouvir, mas que eram evidentes pela sua postura e gesticulação. Apesar de muito acima do peso, ele se movia com surpreendente agilidade por todo o telhado de inclinação acentuada, o que se tornou cada vez mais perigoso à medida que o trabalho prosseguiu. Os outros dois desmontadores trabalhavam, às vezes sozinhos, às vezes juntos, removendo a parte do telhado sob seus pés. Ao fazerem isso, jogavam os detritos para o pátio abaixo, o que fazia muito barulho. Eles trabalhavam rapidamente, apenas diminuindo a velocidade para lidar com dificuldades específicas. Como – eu me perguntei – eles conseguem evitar se desequilibrar e cair se eles têm de usar as mãos para trabalhar?

Fiz essa pergunta para os trabalhadores durante a sua pausa para o almoço. Sua reação imediata foi dizer de um modo geral que "o importante é não ter medo", mas depois começaram a discutir entre si, porque, eles disseram, a resposta estava errada. Voltei a falar com eles em várias ocasiões, e também perguntei como eu poderia aprender a executar o trabalho que estavam fazendo. Eles me disseram que o mais importante era "sentir o telhado com os pés", de fato "sentir que seus pés estão presos ao telhado", e que esse sentimento tinha de vir por si mesmo, porque não podia ser ensinado. Outros aspectos importantes de seu trabalho eram: "quase reclinar-se no ar" entre o corpo e o telhado, ou "escutar" os ruídos e prestar atenção àqueles suspeitos, ou ainda "apreciar a beleza" de trabalhar lá em cima. Em suma, a estética surgiu como uma forma de conhecimento: os desmanchadores de telhado conheciam ao "sentir com os pés", ou ao "reclinar-se com o corpo", ou ao "ouvir os ruídos", e também ao "desfrutar de um sentimento de beleza". Este era conhecimento estético de vital importância para os desmanchadores de telhado:

- para a sua escolha do trabalho;
- para confiar em seus colegas de trabalho;
- para a seleção dos novos membros da equipe.

Podemos observar que o conhecimento que não tenha sido formalizado em termos científicos é difícil de ensinar, mesmo quando um desejo explícito de aprender é manifestado. Isso porque, como Polanyi (1962) assinalou, na prática cotidiana muitas vezes nós somos conscientes de sermos capazes de fazer algo, mas incapazes de descrever analiticamente a forma como o fazemos, de explicá-lo cientificamente, e assim transformá-lo em conhecimento explícito em vez de implícito e inteiramente pessoal. Conhecimento sensível tem justamente essa característica: ele foge da descrição lógico-analítica e da formalização científica e é mais bem expressado evocativa e metaforicamente. Podemos observar também que o desejo de saber como aprender se entrelaça com o pressentir e sentir-se capaz de executar a tarefa, sempre que o conhecimento explícito falha ao ensinar e treinar.

Foi dito na Introdução que a importância do conhecimento sensível na vida organizacional geralmente não é reconhecida na literatura organizacional, nem, aliás, é reconhecida nos locais de trabalho. O exemplo a seguir, que se centra sobre o sentido da audição, mostra que os responsáveis pela gestão das organizações são dissuadidos de tomar medidas para assegurar que a organização aprenda com a experiência pela problematicidade do conhecimento sensível.

Com o ouvido

Ao conduzir outra pesquisa de campo (Strati, 1999; trad. em port.: 2007, p. 9-11), ao entrar na sala da secretária de um gerente que eu estava prestes a entrevistar, virei-me para uma das duas secretárias presentes e disse: "Isso é bom! Vocês têm música aqui", ou outras palavras com esse efeito. Ainda me lembro das expressões feitas pelas duas mulheres e sua resposta irritada. "Não se atreva a falar do assunto!", uma delas me disse e, em seguida, explicou que há dias estavam tentando fazer o gerente do escritório se interessar pelo problema delas.

O prédio estava localizado no centro medieval de uma cidade no centro-norte da Itália. Na pequena praça em frente ao prédio, durante os últimos dias, um jovem músico de rua tinha tocado sua flauta para receber uns trocados dos transeuntes. As duas secretárias, inicialmente, acharam a música da flauta tão agradável quanto eu achei. Mas o músico nunca variava seu repertório. Ele tocava a mesma melodia vez após outra: ele começava a música, tocava por alguns minutos, fazia uma breve pausa, e então começava tudo de novo. A música, que inicialmente tinha sido agradável, com o passar das horas e dos dias se tornou uma tortura. Em certo momento, as duas secretárias não suportavam mais a música da flauta e procuraram por uma solução para o problema. Elas tentaram fechar as janelas, mas o calor do verão logo tornou a sala insuportável. Elas então tentaram abafar o som da flauta tocando músicas mais ao seu gosto em um dos computadores do escritório, mas o gerente se opôs, dizendo que o escritório não era uma discoteca. Elas então recorreram a fones de ouvido, mas tinham de retirá-los sempre que o telefone tocava, o gerente chamava, ou um visitante entrava no escritório – colocar os fones para bloquear o som da flauta, tirá-los e ouvir a música novamente, colocar os fones de volta: em suma, "Nós ficamos tão estressadas". Elas pediram para o gerente lidar com a situação e dizer ao músico para ir para outro lugar, mas ele respondeu que não havia nada que ele pudesse fazer, que o jovem tinha todo o direito de estar onde estava e fazer o que ele estava fazendo, mesmo se o próprio gerente achasse a situação penosa. As secretárias então concluíram que a "empresa estava completamente desinteressada pelo seu problema" e que elas "fariam a sua reclamação ser ouvida", apesar de não especificarem exatamente como.

As duas secretárias queriam desativar suas faculdades auditivas, para não ouvir os sons que seus ouvidos consideravam intoleráveis, mas os ouvidos não podem ser ligados e desligados, da mesma maneira que os olhos podem abrir e fechar, por exemplo. Era impossível para as secretárias ouvir o gerente e não ouvir a música da flauta, ao mesmo tempo; elas não podiam falar ao telefone sem ter também de ouvir a melodia interminavelmente repetida; elas não conseguiam lidar com os visitantes sem estar cientes da música. O som da flauta, assim, atravessava as fronteiras da organização para provocar estes problemas. O ponto que quero salientar é que o sentido de audição das duas secretárias passou um julgamento por meio da sensibilidade: a música da flauta foi inicialmente agradável, mas depois a repetição monótona do que era essencialmente a mesma música agradável tornou-a desagradável. A beleza inicial do evento – que eu mesmo tive a oportunidade de apreciar – tornou-se um problema que perturbou o ambiente de trabalho e danificou as relações entre as secretárias e os gestores. O encanto que tinha momentaneamente me seduzido quando entrei no escritório havia se dissipado; agora era apenas uma memória, mesmo para mim, suplantado como tinha sido pelo sentimento estético da feiura induzido em mim pelo relato das duas secretárias sobre o evento organizacional.

Mais uma vez, evidenciada por este exemplo está a corporeidade dos modos de ação e conhecimento de uma pessoa nas práticas laborais e organizacionais. Mais especificamente, o exemplo destaca:

1. A habilidade da "qualidade estética" de um artefato para gerar um processo social dentro de uma organização, dando origem, em virtude da sua beleza, atratividade, ou feiura, a oportunidades para a ação.
2. Em contrapartida, a incapacidade do gerente de aprender com a prática. Na verdade, o gerente ignorou o problema até que ele se agravou a tal ponto que impactou o trabalho diário e danificou tanto a qualidade da vida organizacional quanto as relações de trabalho com o seu pessoal. Esta é uma questão organizacional que Fred Steele (1973) destacou há muitos anos: os gestores são muitas vezes confrontados com problemas organizacionais causados por julgamentos estéticos de colegas de trabalho, mas eles tendem a não considerar esses problemas como questões organizacionais. Eles não têm a formação formal necessária, e tentam lidar com esses problemas por meio da minimização de sua importância, em vez de ativar processos de aprendizagem baseados na experiência prática dentro da organização.

3. Beleza e feiura não são qualidades objetivas inerentes aos artefatos com os quais as pessoas trabalham durante suas rotinas organizacionais diárias. Música agradável pode tornar-se insuportável no julgamento estético-sensível das pessoas e, portanto, danificar a qualidade do trabalho nas organizações.
4. O juízo estético-sensível é coletiva e socialmente construído na interação entre os diversos sujeitos envolvidos no processo de negociação organizacional. Isso diz respeito tanto a real detecção – ou seja, ouvir a música – quanto à sua evocação sensível. Ele julga o evento organizacional em si, bem como características organizacionais mais gerais da vida organizacional.

DISCUSSÃO

Nesta seção, vou retomar uma série de pontos já mencionados, a fim de enfatizar os elementos que considero cruciais na argumentação de que, ao estudar a prática e o conhecimento e aprendizagem organizacional baseados em prática, o analista da organização deve levar em consideração o conhecimento sensível e a pesquisa que já foi realizada sobre este fenômeno.

A atividade de produção de conhecimento do conhecimento sensível

Gostaria de salientar – e fazê-lo citando Georg Simmel – que as percepções sensoriais devem ser examinadas em sua especificidade e enquanto elas desempenham sua atividade de produção de conhecimento. Em primeiro lugar, o conhecimento estético entre as pessoas dá origem à interação e à construção de relações sociais:

> *As impressões sensoriais de qualquer objeto produzem em nós não só atitudes emocionais e estéticas em relação a ele, mas também uma compreensão do mesmo. No caso da reação a objetos não humanos, essas duas respostas são, em geral, muito separadas... Estas duas reações diversas, que são independentes uma da outra, com relação aos seres humanos são em geral integradas em uma resposta unificada. Teoricamente, as nossas impressões sensoriais de uma pessoa podem ser dirigidas, por um lado, a uma apreciação do seu valor emocional, ou, por outro, para uma compreensão impulsiva ou deliberada dela. Na verdade, estas duas reações são coexistentes e indissociavelmente imbricadas, como base de nossa relação com essa pessoa. (Simmel, 1908/1969, p. 357)*

Em segundo lugar, os sentidos produzem diferentes tipos de conhecimento que dão origem a diferentes relações sociais. A visão, por exemplo, muitas vezes envolve uma interação entre as pessoas.

> *Dos órgãos especiais dos sentidos, o olho tem uma função singularmente sociológica. A união e a interação dos indivíduos baseia-se em trocas de olhares. Esta é talvez a mais direta e pura reciprocidade que existe em qualquer lugar... A interação do olho no olho morre no momento em que se perde a função do olhar direto. Mas a totalidade das relações sociais dos seres humanos, a sua autoafirmação e autoabnegação, suas intimidades e estranhamentos seriam alterados de formas imprevisíveis se não ocorressem trocas de olhares. Esse olhar mútuo entre as pessoas, em distinção da simples visão ou observação do outro, significa uma união totalmente nova e única entre eles... O olho não pode receber a menos que dê ao mesmo tempo... O que ocorre nesse olhar mútuo direto representa a mais perfeita reciprocidade em todo o campo das relações humanas. (Simmel, 1908/1969, p. 358)*

Simmel continua sua análise dos sentidos e do seu valor para o conhecimento sociológico. Ele também explora outras características da visão, como sua capacidade imediata de criar formações sociais, que perdem a sua especificidade. Estas são comparadas com as características da audição e, em seguida, com o olfato, e assim por diante. No entanto, o que é relevante em sua análise para esta parte do capítulo já foi dito: a propriedade essencial da estética é que ela aumenta, ao mesmo tempo, a produção de conhecimento e a atividade.

A ambiguidade do conhecimento sensível

Destaco aqui a ambiguidade do conhecimento sensível. Como demonstram os exemplos anteriores, elaborados a partir da análise empírica de vários locais de trabalho, o conhecimento sensível é muitas vezes espúrio, no sentido de que está intimamente ligado a julgamentos que dizem respeito à ética organizacional, em vez da estética, e às emoções, que, como argumenta Stephen Fineman (1997), são parte integrante das competências organizacionais e dos processos de aprendizagem nas organizações. Vou me deter por um momento sobre este último aspecto, começando por destacar que o estudo organizacional das emoções, como o estudo da dimensão estética, é uma parte crucial das alternativas apresentadas ao imperativo cognitivista e racionalista na compreensão da vida organizacional. Também as emoções, quer digam respeito aos códigos de ética ou aos de estética das práticas organizacionais e de trabalho, são geralmente assumidas como dadas (*taken for granted*). No entanto, elas constituem uma característica fundamental do cotidiano das organizações e são uma importante dimensão do *pathos* da vida organizacional: visão, audição, tato, olfato e paladar provocam emoções – tanto no ator organizacional quanto no pesquisador – que são por vezes de considerável intensidade somática. O que, portanto, distingue o conhecimento sensível da emoção? É a ênfase na percepção sensorial e no julgamento estético.

Conhecimento sensível e an-estetização organizacional

Gostaria também de salientar que a estetização das experiências de trabalho e das práticas organizacionais podem embotar a nossa sensibilidade e esconder, mascarar ou dispersar o que quer que seja feio ou desagradável no nosso trabalho e na participação na construção e reconstrução de nossa vida organizacional cotidiana. O fenômeno é mais difundido e penetrante do que se poderia pensar, e isso pode ser observado em muitas práticas organizacionais. Fica-se alarmado – escreve Odo Marquard (1989, p. 11-12) – com esta estetização da realidade que, posta como a autorredenção do homem, continua a revolucionar a realidade. Esta é a última fase de "uma autorização do domínio da ilusão" por meio da qual a estética conduz não a uma "experiência estética", mas sim a um entorpecimento anestésico (e an-estético) da experiência, ou seja, para a anestesiação/an-estetização do indivíduo.

Esta é uma denúncia dramática, pois em certos aspectos tem o mesmo valor que a problematização de Weber sobre a gaiola de ferro constituída pela burocracia. Ela destaca o controle organizacional que opera por meio do conhecimento sensível (Hancock e Tyler, 2000). A an-estetização organizacional, como a repressão emocional coletiva de um evento desagradável, é a prática organizacional pela qual as experiências desagradáveis e problemáticas do local de trabalho são abafadas e silenciadas. Desse modo, dinâmicas e eventos que podem ser desagradáveis a ponto de provocar repulsa são eliminados para que os processos de trabalho e organização possam ser estetizados. Tudo o que é experimentado como feio desaparece; seu lugar é ocupado por uma imagem do processo que, em vez de incluir todos os seus aspectos controversos, está brilhando de limpo, com a perfeição – ou a imperfeição desejada – de uma obra de arte. As práticas organizacionais e de trabalho de estetização são um pouco semelhantes ao que um artista faz quando livra seu trabalho de todos os defeitos e impurezas que se infiltraram durante a sua produção. Assim, a estetização dos processos de trabalho e dos fenômenos organizacionais pode ser deletéria – como Marquard incisivamente aponta – porque embota nossa capacidade de adquirir conhecimentos múltiplos e complexos destes.

Conhecimento sensível, aprendizagem baseada em prática e pesquisa empírica em organizações

O último ponto que gostaria de salientar diz respeito à relação entre o conhecimento sensível e a aprendizagem baseada em prática por aqueles que conduzem pesquisas empíricas nas organizações. Aqueles que estudam organizações, de fato, podem recorrer à compreensão estética bem como ao entendimento cognitivo. O conhecimento sensível tem sido há muito negligenciado pelos estudos organizacionais, embora – como tenho procurado mostrar – ele seja habitualmente usado pelas pessoas para compreender, agir e aprender nas organizações. No que diz respeito aos pesquisadores, tão logo eles concebam suas pesquisas, podem experimentar sentimentos estéticos nos quais eles podem se basear para ganhar compreensão nuançada, precisa e sutil dos fenômenos organizacionais estudados. Estas podem ser sensações de prazer decorrentes do desejo por conhecimento e aprendizagem, ou podem ser sensações de repulsa e tédio pela maneira com que a investigação está progredindo. Uma vez no campo, os pesquisadores veem coisas feias e bonitas; cheiram perfumes, odores desagradáveis ou notam a ausência de cheiro; ouvem ruídos agradáveis ou desagradáveis; estão irritados com as condições em que as pessoas são forçadas a trabalhar, ou podem estar encantados com a beleza de estações de trabalho específicas. Podem ser seduzidos por uma história bem contada ou ficar aborrecidos com uma retórica exagerada; eles "sentem" a sua pesquisa, ficam satisfeitos com seu progresso, podem se incomodar com ele. Enquanto processam seus materiais de pesquisa, eles podem ser atraídos pela beleza de alguns deles ou ficar entediados, ou mesmo repugnados com outros. Eles ficam intrigados com certos temas e se permitem flutuar com o prazer de ideias e descobertas, ou são movidos por verificações de suas intuições e hipóteses de trabalho. Quando eles escrevem um artigo ou preparam uma apresentação multimídia ou oral – isto é, a arquitetura expositiva dos seus resultados de pesquisa – utilizam os cânones estéticos do ritual, inventam novos e contam com processos que evocam bem como expõem o conhecimento. Obviamente, os pesquisadores podem usar todos, alguns ou nenhum desses recursos, mas, se os usam, estão empregando a linguagem da estética para dar forma à dimensão "tácita" do seu conhecimento organizacional, pois mais é muitas vezes aprendido no curso da pesquisa empírica que pode ser traduzido em termos lógico-racionais.

CONCLUSÕES

Procurei argumentar neste capítulo que o conhecimento sensível é uma parte importante das práticas organizacionais e de trabalho, e que é impossível estudar conhecimento e aprendizagem baseados em prática nas organizações sem dar a devida consideração à compreensão estética possuída tanto pelos atores organizacionais quanto pelo pesquisador em si. Ilustrando e discutindo exemplos da vida organizacional tomados de vários estudos empíricos, descrevi diferentes configurações da relação entre o conhecimento sensível e a aprendizagem baseada na prática nas organizações. O conhecimento sensível nasce das faculdades perceptivo-sensoriais do indivíduo e de seu julgamento estético, e isso põe em foco os artefatos e a cultura material, os corpos e os objetos que fazem parte do cotidiano das organizações. A atenção do pesquisador desloca-se, assim, para as diferenças específicas entre as pessoas no trabalho. O que uma delas é capaz de sentir, outra pode não ser, e a "realidade" desses sentimentos estéticos é socialmente formada por negociações coletivas que também envolvem o pesquisador. Vimos a importância da faculdade perceptivo-sensorial do tato para a aprendizagem organizacional situada em uma serraria e em uma empresa de telhados. Foi mostrado que o sentido da audição foi importante para a aprendizagem e a gestão do conhecimento sensorial em uma organização. Assim, embora o conhecimento sensível seja uma base para a aprendizagem baseada na prática nas organizações, não é uma forma pura de conhecer e aprender. Pelo contrário, é uma forma tornada espúria e complexa pela sua emoção e afetividade distintiva, e por sua relação com vários aspectos que caracterizam a "prática" na vida organizacional.

CAPÍTULO 5

Aprendizagem em uma constelação de práticas interligadas: cânone ou dissonância?[1]

Silvia Gherardi e Davide Nicolini

> *"A prática é onde a natureza e a sociedade e o espaço entre elas são continuamente feitos, desfeitos e refeitos."*
>
> ***(Pickering, 1992 p. 21)***

A aprendizagem em uma comunidade de prática é descrita na literatura como um processo de "engajamento" progressivo nas práticas daquela comunidade. No entanto, existem práticas que atravessam as fronteiras de diversas comunidades e que – como em formações estelares – criam uma rede de relações dentro de uma constelação de comunidades de práticas vinculadas por práticas interligadas. Como, então, um corpo de conhecimentos compartilhados é criado dentro de uma constelação? Como as continuidades e descontinuidades entre as comunidades de práticas ajudam ou dificultam a circulação do conhecimento?

As respostas mais reconhecidas na literatura descrevem este processo em termos de ordem negociada (Strauss, 1978), negociação de significados (Wenger, 1998), efeitos de alinhamento (Law, 1994; Suchman, 1998), ou processos de *sense-making* coletivos (Weick, 1995). Estas respostas enfatizam o aspecto consensual e predominantemente harmônico do processo e, em nossa opinião, elas descrevem mais apropriadamente a produção de conhecimento dentro de uma única comunidade (Gherardi e Perrotta, 2010). Mas

[1] Publicado originalmente: Gherardi S, Nicolini D. Learning in a constellation of interconnected practices: canon or dissonance? Journal of Management Studies. 2002; 39(4):419-436.
O presente capítulo é baseado em pesquisas sobre a aprendizagem organizacional, como parte de um projeto para o Kolleg "Aprendizagem organizacional em várias condições ambientais", financiado pela Fundação Daimler-Benz.

subestimam a descontinuidade entre práticas interligadas, e não conseguem descrever como o conhecimento permanece isolado e não comunicado de uma comunidade para outra.

Nosso argumento é que, em uma constelação de práticas interligadas, o discurso entre as comunidades é uma prática específica não diretamente orientada para a compreensão abrangente e/ou a produção de uma ação coletiva, mas para a aprendizagem mediada pela comparação entre as perspectivas de todos os coparticipantes da prática. A comparação entre diferentes perspectivas não envolve necessariamente a fusão da diversidade em uma espécie de síntese – a harmonização de vozes e instrumentos individuais em uma sinfonia (ou cânone[2]) –, mas a contemplação de harmonias e dissonâncias que podem coexistir dentro do mesmo desempenho.

Procuramos mostrar aqui que a prática discursiva em uma constelação de práticas interligadas é fundamental e necessariamente uma dissonância. Para tanto, vamos nos referir a uma pesquisa empírica realizada em um canteiro de obras, o qual consideramos como uma constelação de práticas interligadas entre suas principais comunidades de prática: os engenheiros, os mestres de obras e os administradores da obra, todos pertencentes à mesma cooperativa de construção, e outras comunidades de prática secundárias. Estamos, portanto, interessados em compreender como, além do artefato material (o edifício), esta constelação também produziu uma competência situada – a segurança – a respeito da qual cada comunidade tem diferentes concepções e práticas.

Consideramos a segurança como uma propriedade emergente dos sistemas culturais – profissionais, organizacionais, industriais, sociais – que produz concepções sociais de que é perigoso ou seguro, e de que atitudes e comportamentos são apropriados em relação ao risco, ao perigo e à segurança (Gherardi e Nicolini, 2000a).

As abordagens tradicionais de segurança – tanto em relação a catástrofes industriais e acidentes de trabalho – consideram a segurança como uma propriedade de sistemas técnicos, que é objetivada em tecnologias e artefatos

[2] Um cânone é uma espécie de composição musical polifônica na qual as diferentes vozes dedicam-se ao mesmo tema, uma depois da outra, tanto no mesmo tom quanto em um tom diferente, em estrita imitação.
A dissonância é uma combinação de tons que causa desarmonia e, portanto, produz um efeito áspero; também é uma nota que, em combinação com outras, produz esse efeito.
Estamos em dívida com Attila Bruni e Katrin Gilbert pela discussão desta metáfora musical.

"seguros". Podemos chamar isso de "rota técnica para a segurança". Esta é ladeada pela "rota normativa", que encara a segurança como o resultado da aplicação de regras e normas que prescrevem comportamentos individuais e coletivos "seguros". Ainda que não se deva certamente subestimar a importância dos artefatos tecnológicos de segurança, ou da produção social e organizacional das normas que impõem condições de trabalho seguras, as culturas de segurança tecnológica e burocrática apresentam lacunas graves porque carregam premissas de decisão e suposições de valor que veem a segurança como alheia às práticas de trabalho (Gherardi e Nicolini, 2000b).

Nosso argumento é que não é a segurança que é aprendida, mas as práticas de trabalho seguras. A noção de segurança situada implica que:

- o conhecimento sobre segurança e perigo é relacional, situado em um sistema de práticas interligadas;
- o significado do que é seguro e perigoso é negociado dentro da comunidade dos participantes dessas práticas;
- a aprendizagem da segurança é de interesse para as pessoas envolvidas nessas atividades.

Por conseguinte, a segurança pode ser considerada uma habilidade coletiva de produzir práticas de trabalho organizacional e interorganizacional que protegem tanto o bem-estar individual quanto o ambiente. É, portanto, uma competência que é realizada na prática, que é socialmente construída, inovada e transmitida a novos membros do sistema de práticas, e que está institucionalizada em valores, normas e instituições sociais. Mas a prática é uma estrutura emergente, produzida e sustentada pelos membros de uma comunidade de prática como um processo aberto e é, ao mesmo tempo, altamente perturbável e altamente resiliente.

APRENDER NA PRÁTICA, APRENDER UMA PRÁTICA

A recente teorização "baseada em prática" reconceitualizou o termo "aprendizagem organizacional", desvinculando-o do domínio psicológico original das teorias da aprendizagem, a fim de analisar a operação metafórica (Gherardi, 1999) que, ao justapor dois termos não relacionados, constrói uma representação de uma organização como se esta estivesse engajada em práticas preocupadas com o conhecimento e o saber.

Em meio à diversidade das escolas de pensamento, a contribuição específica da teorização "baseada em prática" para a análise do conhecimento intrínseco à prática pode ser resumida da seguinte forma:

- A aprendizagem é adquirida por meio da participação em comunidades de prática (Lave e Wenger, 1991; Brown e Duguid, 1991; Wenger, 1998).
- Organizar pode ser visto como um "sistema de atividades", que revela a natureza provisória do conhecimento e da ação (Blackler, 1993, 1995; Blackler, Crump e McDonald, 1998). Incoerências, contradições, paradoxos e tensões são parte integrante dos sistemas de atividade.
- Conhecimento e ação estão localizados em ecologias de relações sociomateriais (Fujimura, 1995; Star, 1995).
- O saber é enagido (Weick, 1979), situado (Suchman, 1987), resiliente, mas provisório (Unger, 1987), público e retórico (Vattimo, 1985).
- A prática envolve a realização de alinhamentos entre elementos humanos e não humanos (Latour 1986; Law, 1994) a partir de posicionamentos particulares, em tempos particulares, dentro de uma rede de relações (Suchman, 1998).

A ênfase na prática foca a pesquisa sobre conhecimento no "fazer" e na materialidade das relações sociais, separando-a, assim, da tradição idealista e das abordagens cognitivas. Na teorização "baseada em prática", as abordagens marxista, materialista e antifuncionalista unem forças.

Aprender uma prática envolve a participação ativa em um conjunto de atividades com indivíduos específicos que reconhecem esta participação como competência. O engajamento na prática também desenvolve uma identidade em relação à comunidade: "essa participação molda não apenas aquilo que fazemos, mas também quem somos e como interpretamos o que fazemos" (Wenger, 1998, p. 4).

Enquanto os engenheiros aprendem práticas do canteiro de obras, eles aprendem a ser engenheiros. Eles desenvolvem uma identidade como engenheiros da cooperativa X e refinam um vocabulário de engenharia de modo que, ao lidar com problemas práticos, eles possam falar sobre suas práticas com outros engenheiros. Assim também o fizeram os mestres de obras e os administradores. Em todas as comunidades de prática, a prática é um contexto para a negociação de significados: ou seja, as ações não atingem seus significados de si mesmas nem em si mesmas. Estar comprometido em um empreendimento comum dá origem a relações de relatabilidade mútua entre os envolvidos. O sentido do que fazemos deve tornar-se relatável tanto para nós mesmos quanto para as pessoas que nos rodeiam. A competência em fazer alguma coisa deve ser reconhecida e apreciada. Ela também deve ser transmitida com códigos linguísticos e estética adequada, a fim de desenvolver uma sensibilidade e um julgamento estético e moral sobre os códigos de adequação.

A relatabilidade mútua é, portanto, um processo que consolida a aprendizagem mediada pelas diferenças de perspectivas, formando, assim, identidade e formas culturais específicas. Por essa razão, concentramos nossa pesquisa de campo sobre os relatos fornecidos pelas três comunidades de práticas concernindo por que os acidentes de trabalho acontecem.

O CONTEXTO DE INVESTIGAÇÃO

O objetivo da pesquisa descrita neste capítulo foi investigar os relatos das causas dos acidentes prestados pelos membros de três diferentes comunidades de prática (engenheiros, mestres de obras e administradores), internas a uma cooperativa de construção de médio porte localizada em Modena, no norte da Itália.

Na indústria da construção civil, situações perigosas frequentemente surgem tanto na atividade de trabalho quanto no ambiente de trabalho, consequentemente, os trabalhadores e os mestres de obras consideram a segurança uma questão de importância crucial. Além disso, três comunidades de prática distintas, mas interdependentes (em termos de habilidades e de posição hierárquica), compartilham a responsabilidade pela segurança no canteiro de obras. Seus relatos mútuos na explicação, justificação ou crítica dos acidentes são uma prática discursiva que torna o fenômeno organizacional "relatável" para si mesmo e para os outros.

Relatos de causalidade são uma forma de discurso sobre referências organizacionais: eles predefinem um espaço semântico em que os fatos (o que aconteceu) e as crenças (por que isso aconteceu e os significados do que aconteceu) são indistintamente misturados e tornados relatáveis tanto para o falante como para o ouvinte (Antaki e Fielding, 1981). Isso é especialmente verdade para crenças relacionadas a eventos que a empresa considera problemáticos, a saber: acidentes.

Nossa metodologia de pesquisa assumiu um enfoque nitidamente etnometodológico. Os relatos de acidentes de trabalho foram coletados por meio de entrevistas (gravadas e transcritas) realizadas com os membros das três comunidades (seis engenheiros, três administradores e seis mestres de obras).

Primeiramente foram analisadas as explicações para os acidentes de trabalho fornecidas pelos membros de duas comunidades de prática (os engenheiros civis e os mestres de obras), apenas os relatos de causalidade expressos em linguagem comum foram examinados. Os resultados (Gherardi *et al.*, 1998b) sugeriram que os esquemas de causalidade traçados a partir das transcrições das entrevistas se ajustavam a três modelos típico-ideais de explicação causal: um modelo linear, um modelo de co-ocorrência, e um modelo ramificado ou fatorial. Começando com o mesmo conjunto de causas possíveis de um evento, o modelo linear assume a forma de uma cadeia sequencial de causas; o modelo de co-ocorrência pressupõe a ação sincronizada de diversas causas; e o modelo ramificado explica o evento em termos de um único fator (ou causa latente) que encapsula outras causas antecedentes.

A análise preliminar sugeriu a existência de uma relação entre o pertencimento a uma comunidade e a utilização de um dos vários modelos de explicação de acidente. O modelo ramificado foi associado com o pertencimento à comunidade dos engenheiros; o modelo de co-ocorrência foi associado com o pertencimento à comunidade dos mestres de obras; e o modelo linear não foi significativamente associado[3] a qualquer uma dessas duas comunidades de prática.

Neste capítulo, partindo do pressuposto de que as três comunidades de prática têm sua própria cultura de segurança, discutiremos como a

[3] Ao realizar a análise, enfrentamos o problema da significância, em razão do tamanho extremamente pequeno da amostra. No entanto, nesses casos, é possível recorrer ao campo muito especializado da estatística (StatXact) normalmente aplicado em biometria e estudos epidemiológicos e realizar, por meio de cálculos combinatórios, testes estatísticos exatos. Fomos informados desta oportunidade pelo professor Hans M. Schadee, a quem somos muito gratos pela sua ajuda e aconselhamento. O modelo ramificado foi associado com o pertencimento à comunidade dos engenheiros (a significância desta associação para uma amostra de 12 casos foi de 5% – teste exato de Fisher – e o valor do coeficiente de associação escolhido – Goodman e Kruskal Tau – foi 0,466 com 10% de significância); o modelo de co-ocorrência foi associado com o pertencimento à comunidade dos mestres de obras (a significância desta associação para uma amostra de 12 casos foi de 13% – teste exato de Fisher – e o valor do coeficiente de associação escolhido – Goodman e Kruskal Tau – foi -0,800 com 0,8% de significância). Queremos agradecer à nossa colega Francesca Odella por sua ajuda na elaboração estatística dos dados.

relatabilidade mútua é alcançada em sua prática discursiva. A fim de obter um quadro mais amplo da aprendizagem de segurança na prática, apoiamo-nos em um estudo etnográfico do currículo situado de um mestre de obras novato (Gherardi *et al.*, 1998a) e seu envolvimento em uma comunidade de prática (Gherardi e Nicolini, 2002). Portanto, integramos as transcrições das entrevistas com os nossos diários de campo.

ESTAR *IN SITU*: A EXPERIÊNCIA DO MESTRE DE OBRAS

Sabemos da literatura sobre os desastres que eles têm uma dimensão organizacional, e que eles são precedidos por um longo período de incubação: são desastres provocados pelo homem (Turner e Pidgeon, 1997). Qualquer problema que esteja relacionado com criar um local, ou que use locais, está envolvido em uma multiplicidade de sistemas, alguns projetados, alguns imprevisíveis. Por exemplo, o projeto dos metrôs como meio para separar os pedestres do tráfego negligencia a oportunidade criada *in situ* para que estas passagens subterrâneas sejam utilizadas por gangues de adolescentes ou por exibicionistas. O conceito de *in situ* apresentado por Turner é intrigante, porque se refere ao fato de que qualquer sistema concreto ou material possui inúmeras propriedades, que são potencialmente evidentes quando o sistema é diretamente encontrado. *In situ* é a agregação concreta de quaisquer que sejam os sistemas abstratos impostos sobre ele, e seus planejadores ou seus usuários se envolvem naquele local em uma multiplicidade de sistemas, ao mesmo tempo planejados e imprevisíveis. As dificuldades em organizar derivam precisamente desta situacionalidade *in situ*, que é característica de todas as constelações de práticas interligadas.

O mestre de obras é responsável pela gestão do dia a dia do canteiro de obras. Ele está consciente de ser o nó no qual numerosas práticas se interceptam. Na verdade, ele se descreveu como "um guarda de trânsito supervisionando os subcontratados, os condutores de grua, os carpinteiros e aqueles com caminhões para descarregar. Eu banco o guardião e dou urgência ao trabalho como eu quero[4]".

Esta imagem de "guardião" mostra como as explicações dos mestres de obras sobre as causas de acidentes se relacionam com a simultaneidade de

[4] Entrevista realizada com mestre de obras.

eventos. Um canteiro de obras é um espaço físico relativamente confinado que se torna o teatro para a ação de numerosos grupos de atores que são ao mesmo tempo independentes e intimamente interdependentes. E é por isso que o mestre de obras descreve os acidentes em termos de:

(a) Interdependência temporal: Uma equipe se adianta com o trabalho, e aqueles que os seguem são postos em perigo. Os temporários não se preocupam em manter o canteiro arrumado, e os que vêm depois deles trabalham em condições perigosas.

(b) Interdependência espacial: Tudo acontece ao mesmo tempo. O trabalho nunca é perfeitamente sincronizado, e a gestão do espaço físico deve ser uma tarefa coletiva.

(c) Modelos culturais: Condições de trabalho específicas como o "trabalho subcontratado" ou o "trabalho sem contrato" criam uma falta de preocupação com a segurança pessoal, que põe em risco a segurança dos outros. Inversamente, os "de confiança" personificam o controle delegado pelo mestre de obras.

Ao explicar as causas dos acidentes e como evitá-los, o mestre de obras exprime uma visão do mundo que não é compartilhada por todos os mestres de obras que trabalham para a cooperativa, nem por todas as pessoas que fazem esse trabalho específico. No entanto, uma perspectiva compartilhada pode ser identificada, e ela é construída por meio da participação em práticas compartilhadas, pela experiência de situações semelhantes e, acima de tudo, pela participação ativa em práticas discursivas centradas na própria prática. Assim, podemos dizer que uma comunidade de prática constitui uma comunidade discursiva (Vaux, 1999), e que a participação competente no discurso sobre a prática tanto constrói a prática quanto forma a comunidade. Por exemplo, os mestres de obras moldam a sua comunidade construindo sua visão de segurança em torno do tema da simultaneidade dos eventos:

> *É toda uma cadeia, de modo que trabalhar mais rápido significa que existe menos tempo para manter o local arrumado. Se o canteiro está arrumado, os acidentes são menos prováveis de acontecer. Há todo o material que os subcontratados e os encanadores jogam por aí, e eu sempre tento manter as coisas arrumadas*[5].

[5] Entrevista realizada com mestre de obras.

Quando é um canteiro grande, eu tenho de estar em todos os lugares ao mesmo tempo. Então, há cinco ou seis pessoas trabalhando, e pode acontecer que um deles faça algo que ponha em perigo outro trabalhador que venha depois dele e que não saiba o que ele fez. Tem de haver um pouco de cooperação[6].

As pessoas que trabalham aqui sabem onde está o perigo, mas se querem fazer algo sobre isso [prevenção de acidentes] é muito subjetivo, isso varia muito de pessoa para pessoa. Se o condutor da grua é alguém que se importa, quando o material é amarrado ele confere que isso seja feito corretamente[7].

O canteiro está em ordem na noite anterior, mas quando os homens começam a trabalhar os problemas começam. Se eles precisam de um pedaço de madeira, eles tiram do andaime e não pensam nas consequências. Quando estão rebocando e o andaime fica no caminho, eles o removem. Eles sempre agem como se estivessem na selva[8].

Quando os mestres de obras falaram sobre suas práticas de segurança, eles produziram uma visão "situacional" da segurança. Eles exemplificaram isso narrando episódios reais ou perigos evitados. Estas situações foram vividas por vários atores que coordenavam, ou não, suas ações. Por conseguinte, eles também produziram uma identidade profissional centrada na imagem do guarda de trânsito e na analogia entre o tráfego rodoviário e a intersecção geradora de perigo de práticas específicas – cada uma com seus próprios critérios de "segurança" – no mesmo espaço físico. Ao contrário de um guarda de trânsito, que possui um vocabulário gestual altamente codificado, o mestre de obras constantemente vaga pelo canteiro, procurando pelo perigo e apontando-o para os outros. Para fazer isso, ele usa o discurso, a persuasão e a articulação de práticas não comunicativas.

Esta atividade tem sido chamada de corretagem (Eckert, 1989), visto que o *broker* (intermediário) personifica a habilidade de transferir certos elementos de uma prática à outra, de compreender e apreciar as diferenças de perspectiva entre uma comunidade e outra, e a autorização para influenciar as práticas de uma ou mais comunidades. Intermediação é frequentemente associada com inovação, ou cópia criativa que resulta da exportação de elementos de uma prática desenvolvida em uma determinada comunidade para outra. Este pode ser o caso, por exemplo, de um mestre de obras que se muda para outra

[6] Entrevista realizada com mestre de obras.

[7] Entrevista realizada com mestre de obras.

[8] Entrevista realizada com mestre de obras.

empresa e convence a sua nova comunidade a adotar elementos da sua comunidade de prática anterior. Mas intermediação é também o que o mestre de obras faz em seu trabalho cotidiano, quando ele atua como um intermediário para sincronizar as práticas de uma pluralidade de atores, cada um deles com um específico corpo de conhecimentos. Seu próprio conhecimento consiste em uma habilidade para compreender o conhecimento dos outros na medida do necessário para fazê-los se comunicar, e isso envolve tradução, mobilização e alinhamento (Latour, 1986; Law, 1992) entre as perspectivas. Sua prática de intermediação constrói uma estrutura social que reflete o aprendizado compartilhado e que, embora possa utilizar intermediários não humanos sob a forma de artefatos tecnológicos (ou *boundary objects*), é predominantemente uma prática discursiva que se baseia na capacidade de traduzir de uma língua para outra. Além disso, as palavras também têm sua materialidade – tanto na forma fonológica quanto no texto escrito – e pertencem totalmente à categoria dos artefatos.

Estudiosos da cultura organizacional entendem por artefatos todas as expressões visíveis (Gagliardi, 1990, p. 3) "que – apesar de terem uma existência independente de seus criadores – recorrem às competências de compreensão do destinatário, e não à sua capacidade de experimentar as qualidades formais concretamente por meio dos sentidos".

ESTAR *IN SITU*: O SABER DOS ENGENHEIROS

Comunidades de prática são sistemas culturais fechados que impedem seus membros de comparar suas crenças implícitas. Conflitos ou simples diferenças de opinião são, portanto, um dado adicional para a complexidade gerada pelo espaço e por uma multiplicidade de eventos no mesmo espaço. Como vimos, os gestores viam e narravam a relatabilidade da segurança no local com base em sua experiência prática, ao citar exemplos, entrando em detalhes, interrogando-se o que mais eles poderiam ter feito – em outras palavras, localizando a segurança no nível das relações entre práticas. Os engenheiros, no entanto, relatavam a segurança em termos de eventos que não deveriam ter acontecido, de falhas de previsão ou de regulamentação. Para os mestres de obras, os acidentes faziam parte da "ordem das coisas" e se aconteciam ou não dependia das circunstâncias; para os engenheiros, os acidentes simbolizavam a desordem que interfere e perturba uma ordem ideal. Na comunidade de engenheiros:

> *Você estuda a planta do terreno no papel, o que significa decidir onde colocar o equipamento, as caixas de derivação, a grua [...] Quando você prepara as betoneiras, você já sabe que elas têm de ter a proteção de segurança [...] assim você tem consciência de um conjunto de regulamentos. Na fase de planejamento, você está no controle de quais devem ser os requisitos de segurança de modo que as diferentes fases de trabalho possam ir adiante*[9].
>
> *Os problemas básicos de segurança são sempre os mesmos, e as regras a serem obedecidas são sempre as mesmas. Mas, ao mesmo tempo, é mais fácil aplicá-las em um local do que em outro, por razões objetivas [...] Algumas coisas você pode generalizar, outras você tem que olhar caso a caso*[10].
>
> *A boa gestão da informação em uma base científica, em vez de espontânea, [torna] a informação disponível a todos, e então é informação e não interpretações*[11].
>
> *Formalizar significa esclarecer qual é o objetivo, e como os recursos da empresa podem ser implantados para atingir o objetivo declarado, em vez de cada um agir de acordo com o que ele acha que é o certo ou o mais importante*[12].
>
> *Por causa da medida em que as pessoas são comandadas, se você não as manda fazer o que querem, na medida em que saibam fazê-lo, como eu as vi fazer, como elas gostam, mas de qualquer modo de acordo com fatores que não contam para nada na descrição da estrutura organizacional*[13].

A segurança é, portanto, relatável em virtude das normas de racionalidade técnica e racionalidade gerencial. O caso contrário é constituído por regras que são insuficientes ou desobedecidas. Esta é a perspectiva expressa por uma "lógica de *check-list*", em que o *check-list* simboliza a prática que torna os engenheiros relatáveis para a sua comunidade.

Apesar de terem declarado que não aprenderam segurança na universidade, mas *in situ*, o seu conhecimento profissional goza de uma legitimidade social – e, portanto, tem autoridade e exerce autoridade – que o conhecimento dos mestres de obras não tem. O conhecimento dos engenheiros é abstrato e confere qualidades como ser generalizável, codificável ou transferível; o conhecimento dos mestres de obras é conhecimento prático, é contingente,

[9] Entrevista com engenheiro.

[10] Entrevista com engenheiro.

[11] Entrevista com engenheiro.

[12] Entrevista com engenheiro.

[13] Entrevista com engenheiro.

situado, implícito, e não confere autoridade social. O primeiro dá as regras técnicas e práticas legais de atribuir responsabilidade, bem como a "análise de risco" científica; o segundo é a boa e prática "faxina", e é codificado apenas como um código de prática. O primeiro pertence ao universo simbólico do masculino; o segundo, do feminino. Como, então, uma conversa acontece entre estas duas comunidades de prática, uma vez que elas são interdependentes?

Wenger (1998, p. 129) responde a essa pergunta apontando para dois elementos: os estilos (que se espalham, enquanto as pessoas nas comunidades de prática importam, emprestam, imitam, adaptam e reinterpretam formas de comportamento) e os discursos (que atravessam fronteiras e se combinam para formar discursos mais amplos, enquanto as pessoas coordenam seus empreendimentos, convencem-se uns aos outros, conciliam suas perspectivas, e formam alianças). No entanto, escreve Wenger "estilos e discursos não são práticas em si mesmos. São materiais disponíveis – recursos que podem ser usados no contexto de diversas práticas".

Nós discordamos de Wenger sobre este último ponto: a prática discursiva é uma prática em si, que não é desempenhada para produzir a negociação de significados, nem para convencer, ou para formar alianças, ou para coordenar, embora esses resultados possam surgir e ser visíveis. A prática discursiva, em uma constelação de práticas interligadas, acomoda uma pluralidade de discursos e legitima sua coexistência. As práticas discursivas criam – em primeiro lugar – um espaço de conversação e realizam conversações potenciais, nesse meio tempo todos os outros resultados das conversações são deixados em aberto. Isso emerge da conversação, da alternância entre os participantes, das energias liberadas na conversação, da sua força emocional, e assim por diante. Discursos não são apenas os meios para produzir relações sociais como compreensão, negociação, conflito, mas uma prática autônoma de sociabilidade. As pessoas falam de modo a falar e não apenas para fazer alguma outra coisa.

Práticas discursivas entre comunidades de prática interligadas acontecem tanto na forma de discurso em prática como na de discurso sobre a prática. Quando o engenheiro e o mestre de obras estavam decidindo como configurar o local ou como resolver um problema, eles estavam unidos em uma prática comum: fazer e dizer eram a mesma coisa. As palavras eram tão instrumentais como desenhos ou qualquer outro artefato. Em vez disso, quando eles estavam falando sobre a prática – por exemplo, tentando entender por que um acidente tinha acontecido, ou de algum modo formulando as razões para um ou outro episódio no canteiro – este era um discurso reflexivo, que interrompia o fluxo da prática para criar espaço para a atividade social de relatabilidade mútua.

Práticas situadas são tanto pré-reflexivas (dependem de pressupostos subliminares e conhecimento compartilhado para a mútua obtenção de sentido) quanto reflexivamente constitutivas dos contextos situados dos membros, dos quais elas surgem. A reflexividade é o resultado da separação ou *breakdown* entre sujeito e objeto e, para os etnometodologistas, a necessidade de "relatabilidade", pela qual se entende fazer o mundo compreensível para si mesmo e para os outros membros de uma coletividade: "A reflexividade refere-se à tendência dinâmica auto-organizacional da interação social de prover a sua própria constituição por meio de práticas de relatabilidade e exibição cênica" (Flynn, 1991, p. 28).

Reflexividade, portanto, é uma característica de todas as atividades sociais de produção de ordem e, além disso, "a reflexividade essencial dos relatos" (Garfinkel, 1967) é usada para criar um senso de ordem para a ação, mas isso reflexivamente cria o próprio contexto. A reflexão sobre a prática torna o mundo compreensível tanto para si mesmo quanto para os outros. Ela pode modificar a prática ou pode deixá-la intacta, mas em ambos os casos a função de falar sobre as práticas é essencialmente simbólica. Ela simboliza o pertencimento e a competência na prática discursiva entre diferentes comunidades (além da sua própria), e celebra a identidade. A prática discursiva sobre a prática põe a comunidade no palco, produzindo-a cultural e simbolicamente. Por conseguinte, participar de uma comunidade discursiva significa ser capaz de compreender os discursos sobre a prática de outras comunidades. Aprender as várias visões situadas da prática que os outros possuem pode ajudar a compreender o posicionamento deles dentro da rede de relações produzidas pela interconexão das práticas. A prática discursiva sobre a prática permite aos falantes posicionarem a si mesmos e a sua comunidade de prática no âmbito da rede de relações poder/conhecimento, e a legitimar esse posicionamento. Para ilustrar isso com um exemplo, vamos introduzir mais um ator na teia de práticas interligadas que dão origem a um canteiro de obras: o administrador da obra. Mas primeiro precisamos examinar brevemente o conceito de "posicionamento".

ESTAR *IN SITU* COMO POSICIONAMENTO

O conceito de *positionality* (posicionalidade) vem dos estudos de gênero (Davies e Harré, 1990; Gherardi, 1995) e é usado principalmente para examinar o problema da produção de subjetividade. Para Davies e Harré, o conceito de posicionamento pertence à psicologia social, e o uso que eles fazem do termo *positioning* contrasta com o conceito de agência humana como papel social. É, portanto, útil para a análise da produção de si como uma prática linguística dentro das ocasiões dinâmicas dos encontros. Um discurso é um uso institucionalizado da linguagem e de outros sistemas de signos semelhantes, e é dentro de um discurso específico que um sujeito (a posição de um sujeito) é construído como uma combinação de conhecimento e poder em uma estrutura mais ou menos coercitiva, que o liga a uma identidade.

A posição de sujeito incorpora tanto um repertório conceitual quanto uma localização para as pessoas dentro da estrutura dos direitos inerentes àqueles que utilizam o repertório. Uma posição é aquilo que é criado nas conversações e por meio delas enquanto os falantes e os ouvintes se constroem como pessoas: ela cria um local no qual as relações e as ações sociais são mediadas por formas simbólicas e modos de ser.

Por meio de práticas de relatabilidade mútua, os sujeitos falantes não apenas tornam o mundo mais inteligível, mas escolhem uma posição discursiva para si e para os outros. Este processo foi particularmente evidente na maneira pela qual os administradores das obras inseriram-se na rede de relações do canteiro.

O administrador é uma figura relativamente nova na indústria da construção civil: ele encarna a racionalidade econômica que agora flanqueia e/ou conflita com a racionalidade técnica dos engenheiros e a racionalidade relacional dos mestres de obras. O ponto de vista do administrador é abertamente inclinado para os aspectos econômicos da segurança:

> *Se você está resolvido [com a lei], as coisas vão melhor, então você evita multas e também acidentes, porque os acidentes custam. As companhias de seguros fazem você pagar mais se você teve certa frequência de acidentes*[14].
>
> *Eu tenho de resolver imediatamente quais serão as minhas dificuldades na gestão do canteiro de obras. Mas não é que eu possa alterar o projeto; eu devo apenas decidir como fazê-lo bem-feito e no menor tempo possível e com*

[14] Entrevista com administrador.

segurança. Tempo é dinheiro, e eu sempre tenho de ficar de olho na prevenção de acidentes[15].

Como seria de esperar, o discurso do administrador centra-se em considerações de ordem econômica. E mesmo assim "entra em conversação" com as posições discursivas dos outros, reconhecendo a sua legitimidade situada:

Geralmente as mais sensíveis com relação à segurança são as pessoas legalmente responsáveis por ela, que, em certos casos, são os engenheiros da empresa[16].

Eu tenho 15 canteiros de obras e nem todos os mestres de obras são igualmente cientes da segurança. Mesmo nós, os técnicos, não somos todos iguais, não vemos as coisas da mesma maneira. Não há uma regra, ou melhor, deve haver uma regra, mas ela é observada como cada um entende[17].

Como grupo, são os carpinteiros que fazem a segurança no canteiro[18].

Se no final nada acontece em um canteiro, teve também muita sorte envolvida[19].

Ao assumirem uma posição discursiva para si próprias, as pessoas também atribuem – explícita ou implicitamente – posições discursivas para as possíveis audiências. Em prol da simplicidade, restringimos a participação na conversação sobre segurança às três comunidades compostas de engenheiros, mestres de obras e administradores. Mas, é claro, outras comunidades com posicionamentos diferentes poderiam ter tomado parte na mesma conversação. Em primeiro lugar, as três comunidades analisadas foram aquelas com mais autoridade e responsabilidade vis-à-vis a segurança, mas também presente no local estava a comunidade de trabalhadores de empresas subcontratadas:

[O cumprimento da lei] não diz respeito somente aos nossos trabalhadores, que estão sob controle, mas também às outras pessoas que trabalham no local para nós [...] que estão fora da jurisdição da empresa, externas e distantes da sede da empresa[20].

Além disso, a relação de trabalho discrimina na participação em uma comunidade discursiva sobre segurança com posicionamentos situados nas

[15] Entrevista com administrador.

[16] Entrevista com administrador.

[17] Entrevista com administrador.

[18] Entrevista com administrador.

[19] Entrevista com administrador.

[20] Entrevista com engenheiro.

relações de poder: entre os trabalhadores da cooperativa e os da empresa subcontratada – mesmo que eles participem na mesma prática. A análise detalhada deste aspecto estaria além do escopo deste artigo: mencionamos isso apenas para mostrar que um canteiro de obras – quando considerado uma constelação de práticas interligadas – contém uma comunidade discursiva que produz conhecimentos e modos de ordenar localizados, e relatáveis às suas circunstâncias históricas, discursivas e materiais particulares.

A aprendizagem em constelações de práticas interligadas é mediada pela comparação entre diferentes perspectivas. Essas perspectivas, no entanto, não necessariamente se misturam para produzir uma sinfonia única e harmoniosa. Pelo contrário, o fato de que elas estão situadas em relações materiais e sociais significa que assumem posições discursivas que podem muito bem ser antagônicas, de modo que sua simultaneidade produz dissonância em vez de um cânone.

DISCUSSÃO

Nós descrevemos o discurso sobre segurança como uma prática que engendra conversação em uma comunidade discursiva, internamente à qual várias comunidades de prática assumem seus posicionamentos. O discurso é, portanto, um "fazer", uma prática situada, e esta é uma visão do discurso diferente da sua concepção como um conjunto de crenças e suposições, ou como um modelo mental (Senge, 1990).

É amplamente reconhecido que diferentes comunidades de prática têm explicações distintas para como uma organização funciona. Schein (1996), por exemplo, identifica três tipos diferentes de culturas de gestão extremamente comuns: (i) uma subcultura de operador, ou uma organização em linha, que vê o trabalho como envolvendo sistemas interligados e cooperação entre as pessoas; (ii) uma subcultura de engenharia que valoriza soluções técnicas, livres de erros; e (iii) uma subcultura executiva que foca a linha final financeira. Nossos mestres de obras, engenheiros e administradores podem ser facilmente relacionados com as três subculturas ocupacionais de Schein. Se considerarmos o conjunto de ideias que elas expressam, suas crenças sem dúvida induzem predisposições coerentes para a ação (prevenção de segurança). Que o pensamento precede a ação é uma crença amplamente difundida na cultura ocidental, com sua profunda confiança na racionalidade, embora se possa argumentar o oposto igualmente bem, e ainda sustentar que a ligação entre pensamento e ação é quase inexistente, como na hipocrisia (March e Olsen, 1976; Brunsson, 1989).

O problema teórico que o modelo de Schein não aborda é explicar como a ação coordenada na presença de um sistema de pensamento incoerente é possível. A definição de Schein de cultura, na verdade, enfatiza os elementos ideacionais que venham a ser compartilhados. Por conseguinte, tudo o que não está harmonizado ou sedimentado inevitavelmente acaba em uma categoria residual que podemos chamar de "ruído".

Um outro exemplo – muito próximo da nossa experiência de pesquisa no sentido que se trata de um programa de análise de incidentes em uma usina nuclear, e uma análise de causa raiz em uma planta de processo químico a partir de uma perspectiva de aprendizagem – é fornecido por Carroll (1998). O artigo começa por citar as palavras de um gerente de estação em uma usina nuclear com um excelente histórico de segurança: "O que fazemos por aqui nem sempre faz sentido". A pergunta que Carroll faz, portanto, é por que comportamentos e atividades efetivos deveriam ser não explicáveis, e talvez não discutíveis? A resposta é que a dificuldade está nos "modelos mentais" (Senge, 1990) disponíveis ou compreensões das organizações, pessoas e tecnologias.

Carroll explica a dificuldade em termos de quatro categorias de lógica, obtidas pelo cruzamento de duas dimensões: expectativa *versus* resiliência (ou orientação fixante *versus* orientação para aprendizagem) e concreto *versus* abstrato. Ele conclui que os engenheiros de projeto trabalham com lógicas que os ajudam a antecipar e, portanto, defender-se contra problemas em objetos concretos. Seu mundo é visual, e sua reação natural é a de corrigir o problema e restaurar tudo ao seu estado original. Também os executivos estão focados na antecipação, modelos e planos estratégicos, mas seu mundo é numérico em vez de visual. Em contrapartida, os operadores e os artesãos, que têm as mãos sobre equipamentos, estão preocupados com a resiliência, e seu mundo é manual ou táctil. Finalmente, cientistas sociais, consultores de gestão e especialistas em recursos humanos, com sua visão de longo prazo de experimentação e aprendizagem estão no abstrato. O mundo deles é verbal de ideias, publicações escritas e conversas persuasivas (Carroll, 1998, p. 711).

O artigo de Carroll é muito convincente em sua descrição de dois projetos de pesquisa nos quais grupos de pessoas de diferentes comunidades de prática se uniram para produzir conhecimento sobre o tema da segurança. O argumento de Carroll é que a aprendizagem em grupos é acionada por um ciclo de retroalimentação (observar, refletir, criar, agir), e que os "modelos mentais" criam dificuldades tanto para o aprender quanto para o organizar. Sua interpretação pressupõe uma concepção de aprendizagem como uma atividade essencialmente cognitiva e uma concepção idealista do conhecimento e do saber.

Esta é uma representação legítima de aprendizagem, conhecimento e saber nas organizações, mas é a antítese de um sistema de representação que concebe a aprendizagem como algo intrínseco a toda forma de prática e que enfatiza o caráter material do conhecimento e o caráter social do saber.

Nossa interpretação do que acontece nos grupos de pessoas com diferentes *contextos* culturais e organizacionais, que se encontram por um período de tempo para analisar um problema ou elaborar um projeto (Gherardi, 2000b, 2009b), é que eles criam uma comunidade discursiva e ativam uma prática discursiva situada, que lhes permite comparar diferentes perspectivas, percebendo que elas são e permanecerão isoladas, justapostas, não comunicantes, e até mesmo conflituosas. Comparar as perspectivas significa tanto compreender quanto não compreender, aceitar a diversidade, bem como rejeitá-la, entender e não entender. Assumir uma posição discursiva é posicionar-se em uma rede de relações sociais estruturadas pelo poder, interesse e mobilização de interesses. Para uma organização, portanto, a formação de grupos deste tipo significa agir no nível das práticas discursivas. Isso pode dar origem a alterações em uma ou mais das constelações de práticas interligadas, mas é um erro pensar que isso equivale a "gestão do conhecimento". Quando olhamos para as práticas que tecem outras práticas ligando-as, a imagem de "engenharia heterogênea" (Law, 1992), em que "pedaços e fragmentos do social, do técnico, do conceitual e do textual são encaixados", pode se revelar útil.

A prática discursiva é fundamental para o saber e o agir organizacionais, porque torna os materiais dóceis e tratáveis no sentido que eles fiquem organizacionalmente relatáveis. O discurso desempenha o alinhamento efêmero e instável, que preserva o arranjo dos materiais, pessoas, tecnologias e conhecimentos em uma forma reconhecível como uma prática. Nesse sentido, pode-se argumentar que o discurso é uma prática geradora de outras práticas, um modo de ordenar distinto pela sua capacidade de lidar tanto com a coerência quanto com a incoerência: o cânone e a dissonância.

CONCLUSÕES

A segurança é uma competência organizacional que emerge de uma constelação de práticas interligadas. Uma abordagem baseada em prática foi usada para mostrar que o aprendizado da segurança em uma constelação de comunidades de prática é mediado pela comparação entre as perspectivas de mundo adotadas pelos coparticipantes na produção dessa prática.

A comparação entre perspectivas é tornada possível graças a uma prática discursiva orientada para o alinhamento dos elementos, mentais e materiais, dentro de posições discursivas mutuamente relatáveis. Esses alinhamentos são provisórios e instáveis, porque as práticas de cada uma das comunidades estão situadas dentro de visões específicas do mundo (e de segurança) e de relações de poder vis-à-vis a outras comunidades. Eles, portanto, produzem tensões, descontinuidades e incoerências tanto quanto produzem ordem e significados negociados.

A prática discursiva entre comunidades de prática interligadas é um modo de ordenar que produz um corpo de conhecimentos compartilhado pelas comunidades envolvidas, mas não apenas sob a forma de conhecimento estável e cumulativo institucionalizado em rotinas. Na verdade, o traço distintivo de um canteiro de obras é que ele é uma organização temporal que geralmente nasce e morre dentro de um ano e não pode confiar em processos estruturantes semelhante à memória organizacional. A prática discursiva que descrevemos não exclui os processos de harmonização, negociação de significados e a integração de formas locais de conhecimento, nem exclui os processos complementares de competição, conflito, dominação e exclusão, embora se deva ressaltar que todos esses processos ocorrem por meio do discurso e na materialidade da comunicação: compreender é menos necessário para ser capaz de falar do que o reconhecimento da posição discursiva e da legitimidade do discurso do Outro.

Propusemos uma metáfora para a prática discursiva em uma constelação de práticas interligadas: aqueles que a escutam não vão reconhecer a harmonia de um cânone, nem os ensaios de uma orquestra realizados para produzir uma sinfonia; em vez disso, eles vão aprender a distinguir a dissonância da prática e os lugares em que as cacofonias são produzidas, percebendo assim uma forma e um modo de ordenação naquilo que a princípio parecia ser apenas ruído.

Comunidades de prática – no nosso caso, os engenheiros, os mestres de obras e os administradores – assumem seus respectivos posicionamentos dentro do discurso situado sobre segurança. Os engenheiros conduzem uma conversação a fim de acreditar uma concepção técnica e livre de erros, os mestres de obras enfatizam a contingência e a impermanência de eventos concomitantes, e os empreiteiros destacam a compatibilidade/incompatibilidade dos custos de segurança com outros parâmetros. Em sua prática discursiva compartilhada, eles comparam suas perspectivas, tanto durante o discurso *na* prática (ou seja, no curso da ação coletiva) quanto durante o discurso *sobre a* prática (ou seja, quando a narrativa se refere a ação relatável).

Embora seja relativamente fácil conceber uma constelação de comunidades de prática interligadas desempenhando uma prática, é mais difícil ver como essa prática "desempenha" a comunidade. E, no entanto, os dois conceitos definem um ao outro, e é por meio da prática discursiva que a constelação adquire forma para aqueles que a olham.

Do mesmo modo que a aprendizagem em uma comunidade de prática pode ser descrita pelos conceitos de participação periférica legitimada (Lave e Wenger, 1991) e de currículo situado (Gherardi *et al.*, 1998a), a aprendizagem em uma constelação de práticas interconectadas pode ser descrita como uma atividade de intermediação situada em uma prática discursiva que relaciona corpos de conhecimento situados no nível mínimo necessário para "desempenhar" a comunidade (Gherardi, 2012b).

CAPÍTULO 6

Estética no estudo da vida organizacional[1]

Antonio Strati

A vertente de investigação que se preocupa com organização e estética está enraizada na "virada culturalista" (*culturalist turn*) nos estudos organizacionais que ocorreram durante a década de 1980, e em particular naqueles estudos que analisavam a organização em termos de experiência de vida cotidiana e construção simbólica e estética. Principalmente estes dois aspectos têm distinguido a *abordagem estética*[2] das organizações (Strati, 1992) entre os vários estilos de pesquisa sobre a dimensão estética das organizações desenvolvidos desde o início dos anos 1990[3] (Benghozi, 1987; Gagliardi, 1990; Hatch, 2013; *Human Relations*, 2002; Jones *et al.*, 1988; King e Vickery, 2013; Ramírez, 1991; Schroeder, 2006; Strati, 2000; Watkins *et al.*, 2006). Mas qual é o significado desta vertente de estudos organizacionais para a pesquisa empírica e para a teoria organizacional? Quais são suas implicações para o futuro da análise organizacional?

Responder a estas duas questões exige que primeiro olhemos para a origem desta vertente de pesquisa. Farei isso na primeira parte deste capítulo, em que descrevo como meu estudo sobre a dimensão estética da vida organizacional tomou forma, e depois o enquadro no contexto de outros estudos que, juntamente com o meu, deram vida e legitimidade social para o estudo da dimensão estética da organização. Isso foi em grande parte pesquisa acadêmica que teve início e desenvolvimento dentro da corrente convencional dos estudos simbólico-culturais sobre organizações. Abordou uma ampla gama de tópicos clássicos em estudos organizacionais, mas os deslocou para um

[1] Publicado originalmente: Strati, A., Aesthetics in the Study of Organizational Life. In: D. Barry and H. Hansen (eds.), The SAGE Handbook of New Approaches in Management and Organization. London: Sage; 2008. p. 229-238.

[2] Ver também Capítulo 9 deste livro.

[3] Ver também Capítulo 4 deste livro.

terreno inexplorado e experimental onde foram teórica e metodologicamente renovados. A segunda parte do capítulo é composta de cinco "fragmentos de discurso organizacional" que eu sinto que são cruciais para revigorar o desejo por conhecimento e a paixão pela pesquisa organizacional.

ESTÉTICA COMO "ARTE DO PECADO ORGANIZACIONAL"

Minhas reflexões sobre a dimensão estética da vida organizacional começaram a tomar forma durante uma pesquisa realizada nos departamentos de matemática, educação e artes visuais de uma das mais antigas universidades da Europa. Esta pesquisa levou-me a perceber que a estética permeia a vida cotidiana nos locais de trabalho; que ela é um componente das culturas organizacionais; e que ela nem sempre "atua" da mesma maneira em diferentes organizações. Estas descobertas levaram ao meu primeiro trabalho sobre estética organizacional (1990) e serviram de base para as reflexões apresentadas pouco depois em minhas publicações (1992, 1999) propondo uma abordagem estética para estudar a organização.

Deve-se ter em mente que o mesmo período viu outros trabalhos sobre estética organizacional. Na verdade, não houve desde então um esforço científico coletivo, nem organizado, nem muito menos coordenado, neste tópico com tal impacto e importância. Arte e estética e as noções de beleza e *pathos* se tornaram parte do vocabulário do discurso organizacional em:

- trabalhos que argumentam que a administração dos processos organizacionais deve ser captada em sua natureza como um fenômeno estético, porque seus participantes são "artesãos e estetas" (Jones *et al.*, 1988, p. 160), e que a metáfora organizacional do "gerente como artista" pode ser usada para fazer sentido da pluralidade de formas organizacionais (Dégot, 1987);
- trabalhos que abordam a questão teórico-metodológica de como a pesquisa empírica pode compreender a beleza da organização como um todo (Ramírez, 1991; Strati, 1990) para os atores envolvidos na dinâmica organizacional;
- trabalhos que destacam o *pathos* dos artefatos (Gagliardi, 1990) que constituem a paisagem simbólica da organização em virtude de sua influência sobre os pressupostos básicos das pessoas no trabalho, e os quais são,

consequentemente, uma forma de controle organizacional exercido nos níveis emocional e estético, em vez de nos níveis normativo e cognitivo. Arte e estética tornaram-se *itens constitutivos na definição tanto de "ator organizacional" quanto de "organização"*. Elas conotam tanto a materialidade da vida organizacional cotidiana – afirmando a corporeidade do conhecimento e das interações das pessoas, e a fisicalidade dos objetos não humanos – quanto a imaterialidade de fantasiar com metáforas organizacionais (o gerente como artista) e sentimentos estéticos sobre abstrações teóricas como a organização *tout court*.

Isso foi semelhante a uma revolução copernicana nas teorias organizacionais, embora não tenha tido o mesmo impacto. A disputa com estudos positivista e racionalista centrados em uma *proposta teórica que questionava as bases de definição do que significa não apenas "ser humano" e "organização", mas também "estudo organizacional"*, porque a estética, o sentimento e o *pathos* restauraram o valor teórico e a importância científica para o processo de evocar conhecimento – então ofuscado pelos procedimentos lógico-analíticos predominantes – e a arte adquiriu legitimidade teórico-metodológica em vez de delimitar um tipo de mundo social.

Qual foi o resultado de estudar a dimensão estética dos três departamentos da universidade mencionados anteriormente? Que a *diferença estética* é uma *característica distintiva das organizações*.

A estética, como sabemos, afirma que os indivíduos diferem em suas percepções sensoriais e nos juízos que fazem usando seu gosto e os sentidos. Se tivermos de escolher um perfume ou uma loção pós-barba, nós geralmente não lemos apenas os ingredientes químicos listados no rótulo – isto é, a definição científica da ontologia do produto –; nem confiamos exclusivamente no *ethos* corporativo simbolizado pela marca. O que fazemos é borrifar algumas gotas na nossa pele e cheirá-las: "é muito doce; é muito picante; não combina comigo; é bom (no sentido estético, não ético); é adequado para uma noite na discoteca ou no teatro; é diferente, assim eu posso mudar minha imagem".

Logo, contamos com o nosso gosto, como construído por nossas interações sociais, e com nosso sentido de olfato que, apesar de absolutamente pessoal, foi igualmente objeto de processos sociais que o refinaram ou embotaram: por exemplo, as escolhas possíveis dadas pelo número de variedades do produto. Por maior que este número possa ser, ele nos sinaliza que, entre os usuários de perfumes e loções pós-barba, há muitos que fazem as mesmas escolhas que as nossas, mesmo que eles não cheirem exatamente como nós porque os perfumes ou as loções pós-barba se fundem e reagem com os outros odores da pele. Mas quais essências somos capazes de identificar no perfume ou na loção pós-barba que estamos examinando com nosso olfato? Teoricamente, um ser humano é capaz de distinguir 10 mil odores diferentes. Quantos o nosso próprio olfato pode identificar? O que acontece se a pessoa que está com você diz: "Oh não, não me diga que você gosta deste! Você não percebe que não é o certo para você?" Será que não começa agora a negociação dinâmica em que, oprimidos por uma mistura de perfumes, acabamos nos contentando com um produto específico, apenas para descobrir que ele tem um cheiro diferente ao colocá-lo em casa? Este exemplo da vida quotidiana serve a dois propósitos: primeiro, destaca um fenômeno organizacional que consiste das casas produtoras de perfume, das perfumarias e das configurações sociais organizadas nas quais perfumes são usados; e segundo, dá-nos uma resposta experiencial (ainda que imaginária) à seguinte pergunta: como o "nariz" – termo para o perito que inventa novos perfumes – evita o anestesiamento de suas faculdades perceptivo-sensoriais e cria produtos que podem ou não ser ao gosto de clientes apenas imaginados ou potenciais até que o perfume ou loção pós-barba seja colocado no mercado?

A estética, portanto, destaca as diferenças individuais em razão das nossas faculdades perceptivo-sensoriais e do julgamento sensível-estético. O que meu estudo sobre os três departamentos da universidade mostrou foi que a diferença estética pertence a coletivos bem como a organizações. Cada um dos três departamentos – artes visuais, educação e matemática – tinha sua própria relação entre estética e organização. Passo agora a ilustrar isso, começando com o departamento institucionalmente mais preocupado com a estética e concluindo com aquele menos preocupado.

O departamento de artes visuais

No departamento de artes visuais, a dimensão estética das práticas organizacionais era profunda e disseminada; mas se relacionava mais com a beleza, o fascínio e a sacralidade de materiais e locais de trabalho do que com a maneira pelas quais pesquisa, documentação e ensino eram conduzidos. A beleza de trabalhar no departamento era constituída, sobretudo, por materiais, e a apreciação de tal beleza era tanto o motivo quanto o significado das escolhas de trabalho do corpo docente, dos pesquisadores e, em muitos aspectos, dos funcionários técnicos também. O estudo dos materiais belos e o contato frequente com trabalhos de "arte" constituíam a dimensão estética fundamental das práticas laborais e organizacionais no departamento, em que a estética dos materiais e lugares influenciava várias de suas características organizacionais.

A pergunta "você faz coisas belas?" destacava ainda mais esta característica. Todas as respostas a ela salientavam que o corpo acadêmico e técnico-administrativo do departamento produzia não coisas bonitas, mas coisas "úteis". Um entrevistado comentou que o departamento produzia coisas que eram:

> *Belas no sentido de boas. Mas, você sabe, todas essas palavras... belo, bom, válido ... se por bonita você quer dizer válida, então, sim, eu acredito no que eu digo, no método que proponho, e então eu acredito que seja válido, positivo, "belo" se você quiser usar – embora* muito *inapropriadamente – o adjetivo "belo", mas belo significa válido, eficiente. Sim, me gratifica... há também a gratificação, mas, quero dizer, não sou um criador, sou um acadêmico; eu não faço arte, eu estudo a arte feita por outras pessoas, então vamos deixar a beleza para aqueles que realmente a produzem.*

Os membros do departamento eram capazes de passar sua vida profissional produzindo *uma "beleza" que pertence à ética, em vez de à estética.* A beleza ética caracterizava sua construção simbólica da vida organizacional do departamento de artes visuais, dentro de um cenário em grande parte composto de artefatos com considerável beleza, mas também de artefatos que eram feios, repelentes e *kitsch*. Esta paisagem organizacional, é claro, não coincidia com a recepção do departamento e com as folhas de papel, livros, *slides* e fotocópias temporariamente colocados nela. Em vez disso, era um "local de trabalho imaginário", construído com base tanto nos cenários de trabalho do departamento quanto em outros lugares onde os membros do departamento estavam realizando seus estudos e pesquisas, como uma galeria de arte, uma biblioteca, uma sacristia, ou uma casa onde retratos de família eram coletados e, eventualmente, exibidos.

O departamento de educação

No departamento de educação, ao contrário, a estética não residia nos materiais nos quais a pesquisa era realizada nem em um local de trabalho imaginário antes descrito. Em vez disso, a dimensão estética emergiu em relação

(a) ao ensino acadêmico e (b) à gestão universitária. Isso é evidente a partir das seguintes observações feitas por um professor-pesquisador do departamento:

> *Estávamos trabalhando aqui há um ano e fizemos algo realmente bonito, todos os pesquisadores ... e acho que isso foi extremamente importante. Realizamos um seminário e todos os alunos de todos os anos de Educação puderam assistir [...] Organizamos tudo, deixamos tudo pronto e foi muito bonito... tudo correu bem, com os exames, tudo. Mas nunca se repetiu. E, de vez em quando, quando nos reunimos para um bate-papo, sentimos saudade daquele tempo, porque acredito que foi um evento bonito. A universidade realmente se encheu de vida.*
>
> *Acredito que essas pessoas deveriam ter um mínimo do gosto estético [...] Se você ensinar educação você tem de gostar de si mesmo, caso contrário você vai fazê-lo muito mal! Então, eu disse que, a meu ver, o caráter do pessoal é muito importante. Devo dizer que quando era reitor participei em várias disputas aos gritos, e no final eu tive um ataque cardíaco [...] mas eu me diverti muito, como eu gostava de ensinar!*

Além do prazer de ensinar ou de organizar um seminário descrito como "belo", estes trechos de entrevista também destacam o gosto estético pela "gestão dessas coisas", o "gosto pelo poder" daqueles que assumem responsabilidades oficiais como chefe de um departamento, de um programa de mestrado, ou reitor de uma faculdade. Os comentários anteriores mostram que a dimensão estética do departamento de educação tornou-se manifesta quando se entrelaçou com uma cultura organizacional inspirada pelo compromisso cívico e pela utilidade social. Mais uma vez, *a estética estava ligada com a ética*, quase dependendo desta última, a qual forneceu o quadro referencial para a sua aprovação organizacional. Caso contrário, a estética era um "pecado" organizacional e permanecia escondida, visível e invisível, e inexprimível, como no caso da relação entre estética e pesquisa sublinhado por um dos professores:

> *Instintivamente, eu diria que não, porque eticamente eu vim a considerar a presença da estética ... como pecado! Ela deve ser realizada com o tempo, mas de forma dissimulada, no sentido de que é camuflada [...] às vezes a dimensão científica não é evidentemente estética, mas eu sei que é estética uma bela tabela [de estatística], tem todos os motivos para ser estética, mas os outros não sabem disso.*

Nota-se *o conflito entre ética e estética* aqui, e também o fato de que este conflito caracterizava os símbolos e a cultura do departamento de educação. De fato, como o trecho a seguir ilustra, seus membros eram confrontados por contrastes:

> *[...] então, eu gosto de fazer pesquisa [...] Quero dizer, trabalhar independentemente da utilidade social. Este é um dos trabalhos que permitem que você faça isso [...] Quer dizer, a auto-orientação do trabalho [...] independentemente dos fins externos.*

Aqui, a dimensão estética da criação de conhecimento e da aprendizagem de gestão estava escondida atrás de um véu de modéstia. Assim, constituía-se em *um paradoxo organizacional: estética como compromisso cívico e social, e estética como libertação* da restrição de que o trabalho no departamento deveria ser socialmente útil.

O departamento de matemática

As coisas eram diferentes no departamento de matemática. Lá eram os próprios matemáticos que faziam coisas belas ao criar conhecimento, que produziam matemática como um artefato com apelo estético, que construíam uma prática de pesquisa simbolicamente ligada à estética:

> *[...] o resultado mais belo é aquele em que o autor é capaz de identificar ideias fundamentais, após o que ele elabora sua teoria seguindo uma linha de raciocínio e uma intuição geralmente geométrica, e a coisa adquire um significado especial, torna-se mais clara, é mais fácil de entender. Um resultado belo muitas vezes é aquele em que o autor demonstra mais do que ele diz.*

Outro membro do departamento esclareceu o caráter da organização de se engajar diretamente em um discurso levado adiante tanto no nível matemático quanto no estético. Ele contou como um eminente matemático italiano decidiu publicar um teorema mesmo que sua prova não funcionasse porque "era belo do mesmo jeito":

> *[...] ele pôde fazer isso porque era em um tal nível que era aceitável, mesmo sem uma prova. Ele tinha feito muita coisa, de qualquer modo, porque ele tinha feito [...] você sentir que a coisa era coerente. Depois disso, prová-lo era outra questão.*

Este relato também destaca a beleza do gesto deste eminente matemático, ou seja, sua prática organizacional de criar uma ideia a apreciar, uma intuição sobre a qual refletir, um problema para estudar, e que estava disponível para outros estudiosos. Aqui, como muitas vezes acontece nas organizações, a estética e a ética se entrelaçaram de modo que frequentemente era muito difícil determinar se "belo" estava sendo usado como sinônimo de "bom". Neste caso, porém, fica-se impressionado por quão proximamente uma ideia bela era interligada com os valores que inspiram a beleza das práticas organizacionais dos matemáticos ao criar tanto conhecimento quanto aprendizagem – como o seguinte comentário de outro membro do departamento ilustra:

> *O encanto que você sente neste tipo de prova é como ter uma sensação da beleza. Você entende que esse é um tipo de beleza matemático, lógico, filosófico que talvez não possa ser comparado com o artisticamente belo, mas o fato de que proposições simples tenham sido provadas com ideias profundas é algo cuja beleza até mesmo um não especialista é capaz de entender.*

No departamento de matemática, podemos, portanto, concluir que a *estética era vida coletiva*: ela sustenta a produção intelectual e a transmissão do conhecimento científico, e é um dos pilares centrais para a identidade de trabalho dos membros da organização. Vistos de longe, os matemáticos se assemelham aos cientistas. Mas eles descrevem a si mesmos como se a clivagem entre arte e ciência, e o domínio do discurso científico na organização do conhecimento acadêmico, nunca tivessem acontecido. Comparados aos seus colegas nos outros dois departamentos, eles pareciam obsoletos na era da modernidade, onde a ciência tem muito pouco a ver com a arte.

Recapitulando

Qual foi o resultado deste estudo sobre estética organizacional? Por um lado, ele revela características distintivas das culturas organizacionais estudadas e, por outro, demonstra que a estética é socialmente construída nas organizações. Estes são dois temas organizacionais estreitamente interligados, mas em certos aspectos eles são muito distintos. O primeiro encontra na dimensão estética *uma maneira de estudar as organizações*, o último encontra nas experiências organizacionais os *processos negociativos que dão forma à estética* e às suas relações com as questões clássicas da ética e da verdade.

Beleza era verdade em si mesma – verdade organizacional, diríamos – no departamento de matemática: os matemáticos inventavam, descreviam, cooperavam e organizavam ao tecer juntamente as dimensões estética, ética e de verdade. Mas não era assim nos outros dois departamentos, onde a ética era socialmente instituída como o quadro referencial teórico dentro do qual os significados e as valências organizacionais da estética eram determinados. Os estudiosos de artes visuais separavam nitidamente sua produção histórica/científica da dimensão estética que sustentava sua escolha de trabalho, a rede de estudiosos com quem colaboravam e a organização a que tinham decidido se unir. Embora aqueles que trabalhavam no departamento de educação apreciassem a dimensão estética de ensinar e de gerenciar a universidade, eles tendiam a subestimar isso e mantê-lo sob controle, enfatizando em vez disso a ética da utilidade social. Consequentemente, em ambos departamentos, a dimensão estética não possuía verdade organizacional em si mesma e de si mesma, mas sim dependia da dimensão ética. A estética era a *arte do pecado organizacional*, e embora fosse intrínseca às práticas da organização estava em um nível inferior à ética e era regulada por esta. Assim, a estética era esterilizada pela ética da organização: a estética era silenciada e oculta, vista e não vista, enquanto a ética ditava o conteúdo do discurso organizacional.

Tais foram os primórdios da minha abordagem estética ao estudo da vida organizacional. A próxima seção discute as questões levantadas para futuras pesquisas pelos desenvolvimentos atuais na vertente estética dos estudos organizacionais.

FRAGMENTOS PARA UM DIÁLOGO EM ESTUDOS ORGANIZACIONAIS

Parece que a análise empírica e teórica das relações entre estética e organização está agora bem estabelecida: testemunham os vários textos que buscam sistematizar a literatura organizacional sobre estética (Dean *et al.*, 1997; Gagliardi, 2006; Ramírez, 2005; Strati, 1999, 2013; Taylor e Hansen, 2005), o trabalho de comunidades virtuais – em particular, a Rede de Pesquisa Arte, Estética, Criatividade e Organizações (*Art, Aesthetics, Creativity, and Organizations Research Network* – AACORN – e a revista *online Organizational Aesthetics*) –, e as discussões cada vez mais frequentes sobre o tema em conferências, seções de conferências e *workshops*. Os últimos anos têm visto um crescente interesse intelectual pela estética organizacional, um florescimento de iniciativas culturais a seu respeito (Strati, 2010), e uma polêmica acirrada contra as teorias organizacionais que ainda dividem a arte da ciência para que a dimensão lógico-analítica de pesquisa intelectual possa manter o seu domínio.

Tudo isso aconteceu em meio a uma grave crise de fé nas crenças científicas e no mito da racionalidade que, durante o último século, presidiram a construção social do discurso organizacional até a virada culturalista (*culturalist turn*) nas ciências sociais no final da década de 1980. Uma virada, além disso, que também ocorreu na estética (Jimenez, 1997, p. 397-432), tanto no debate filosófico e na produção de arte quanto na crítica de arte.

Quais são as implicações desses desenvolvimentos para a teoria organizacional em geral, e para os estudos de gestão, em particular? Certamente não a probabilidade de qualquer predominância da compreensão estética nos estudos organizacionais, mas, em vez disso, um novo registro, de certa forma como uma nova nota musical usada como referência para afinar um instrumento. Consequentemente, em vez de conduzir um tratamento sistemático, vou usar "fragmentos" do discurso estético sobre organizações para desenvolver um diálogo – também baseado em conflito e controvérsia – com outras abordagens.

Por que fragmentos? Porque eu acho fragmentos particularmente atraentes, como ficará evidente a partir da imagem seguinte baseada em uma história sobre a arquitetura de Gaudí. A história que estou prestes a contar – a sua autenticidade é de pouca relevância aqui – descreve as interações entre Gaudí, um artesão mestre, o grande lençol de vidro produzido pelo artesão para a porta principal do edifício de Gaudí e o chão. Quando foi mostrado a Gaudí o lençol de vidro lindamente preparado, ele disse ao artesão algo como: "É perfeito. Agora o derrube no chão!" E quando o vidro tinha se quebrado em pedaços de vários tamanhos, ele disse, acompanhando suas palavras com gestos de mão, "Certo, agora vamos montar estes fragmentos com ferro forjado e fazer a porta da frente do edifício".

Um fragmento tem (intuitivamente) muito pouco a ver com a informação sistemática gerada por um excerto feito *ad hoc*. O fragmento da história sobre Gaudí adquire forma na interação entre diferentes competências, e entre humanos e artefatos. "Como" o vidro se quebrou é tão importante quanto "como" o artesão o deixou cair ou "como" este obedeceu às instruções do arquiteto. Conflitos entre sentimentos e julgamento estético, poder hierárquico e conhecimento especializado, processos de construção e destruição organizacional conotam esta interação organizacional desempenhada na dimensão estética, e na qual os fragmentos de vidro demonstram "que a situação da invenção criativa é aquela de lutar para um fim que, mesmo que seja impossível de especificar e planejar, está em um sentido dirigindo o processo" (Menger, 2006, p. 63). Há alguns fragmentos do discurso estético sobre organizações que me parecem especialmente significativos:

1. Incorporar o estudo da estética organizacional no contexto das *controvérsias paradigmáticas* na teoria organizacional. Esta raramente se preocupou com o conhecimento estético-sensorial, o gosto, o julgamento estético, ou a arte; em suma, tem negligenciado numerosas dimensões da "prática" nas organizações (Nicolini et al., 2003.). No entanto, o estudo da dimensão estética enfatiza o conhecimento prático, a paixão e o gosto – todos construídos socialmente – os quais dão diferença e especificidade para cada indivíduo e cada coletividade (comunidade de práticas, comunidade ocupacional ou profissional, cultura organizacional). Uma organização é, portanto, um artefato configurado dentro das relações pós-sociais. Ela não existe independentemente das interações simbólicas entre humanos e artefatos. São essas características que distinguem o paradigma teórico interpretativo nos estudos organizacionais do paradigma funcionalista. No primeiro, o estudo da estética organizacional privilegia a análise crítica dos fatores que impedem os atores organizacionais da completa autorrealização por meio da sua criatividade e diferença. Principal entre esses fatores é a estetização social que anestesia (Marquard, 1989) em vez de ativar suas sensibilidades estético-sensoriais.

2. A metodologia qualitativa usada pela pesquisa empírica sobre a dimensão estética nas organizações. Esta metodologia baseia-se em estilos de pesquisa que convencionalmente distinguem entre análise qualitativa e quantitativa: etnografia, métodos não estruturados de investigação empírica, e técnicas que permitem que a teoria emerja dos dados, como na teoria fundamentada (*grounded theory*) construcionista e fenomenológica. Ela explora outros caminhos, bem como, baseando-se na antropologia visual e na antropologia visual interacionista para fazê-lo, e na experiência artística (Barry, 1996; Brearley, 2001a; Guillet de Monthoux, 2004; Steyaert e Hjorth, 2002; Strati, 2005; Taylor, 2004; Warren, 2002) a *novidade metodológica desta mistura e hibridação de arte e ciência é essencialmente teórica*, na medida em que conduz uma crítica epistemológica da clivagem que faz a compreensão lógico-analítica predominar sobre a compreensão empático-evocativa. É também inovadora em relação à prática de pesquisa cotidiana – seus estilos e rituais – porque mistura e funde ações com tempos diferentes (considere a efemeridade da performance artística e o horizonte de tempo aberto da pesquisa) e distingue competências profissionais, nomeadamente aquelas do mundo da arte mundial e da academia. Terceiro, é inovadora em virtude do *ethos* – "compreensão com ação" – que inspira a pesquisa, dado que esta requer ativação das faculdades sensoriais, do julgamento estético e as capacidades cognitivas e de raciocínio tanto do pesquisador quanto dos participantes da pesquisa.

3. *O poder organizacional para a emancipação* dos atores – individuais e coletivos – *e também para a sua sujeição* a culturas organizacionais.

Estética é uma diferença individual primeiro e antes de tudo, mas é também o que agrega ou dispersa coletivos em ambientes organizacionais, tanto por meio do compromisso pessoal quanto da manipulação organizacional dos sentimentos individuais. Gostos, estilos de vida profissionais, missões, talentos, inventividade e habilidade são todas fontes de poder organizacional baseados em estética, embora raramente sejam examinados juntamente com aquelas baseadas em normas, economia, ou posição tecnológica e investigadas em relação à sua ambivalência emancipatória ou subjugatória. Estética é poder organizacional que opera tanto reativamente, como testemunha da expressão "eu/nós não gosto/amos", quanto proativamente por meio da afirmação de um estilo operacional, do design de um produto, ou de um senso de humor. Isso pode ser bem compreendido se se considera o controle sobre as zonas de incerteza da organização (Crozier e Friedberg, 1977) exercido por atores organizacionais complexos consistindo de pessoas e artefatos inter-relacionados. Estas são áreas de interação que a organização considera importantes, se não cruciais: por exemplo, a área controlada por alguém com um bom sentido do olfato, o "nariz", em uma casa produtora de perfumes, ou alguém com um bom olho que dirige uma coleção internacional de fotografias, ou, ainda, alguém com uma paixão por escrever *softwares* e que cria uma comunidade virtual. O poder da estética, portanto, tem sua raiz principal na dimensão tácita do conhecimento (Polanyi, 1962) essencial para as práticas organizacionais e a formação de comunidades de prática nas organizações. Em outras palavras, ela está enraizada naquela forma de conhecimento organizacional por meio da qual os atores sabem como fazer as coisas e são capazes de descrever suas habilidades nos termos evocativos da linguagem metafórica referentes à compreensão estética, mas não em termos lógico-analíticos. Ela também tem outra raiz: o controle organizacional exercido por meio do *pathos* dos artefatos organizacionais que compõem a paisagem simbólica da organização (Gagliardi, 1990), e por meio do disciplinamento da corporeidade (Hancock e Tyler, 2000) e da estetização anestesiante (Marquard, 1989) antes mencionada.

4. A *dinâmica entre a semiotização do trabalho, as práticas organizacionais e o conhecimento sensível*. A semiotização das atividades em ambientes organizacionais seguiu-se ao advento da educação em massa e à difusão dos textos escritos nas sociedades industrializadas. Agora suportada pelas tecnologias da informação e comunicação, tem supostamente reduzido a extensão das percepções sensoriais e dos julgamentos estéticos ativados quando as pessoas trabalham nas organizações. Mas este não é o caso, pois, se observarmos programadores de *software* trabalhando, nota-se sua relação privada evidente com o código que está sendo escrito, uma relação baseada no gosto pessoal e no afeto que dá origem a "brigas sobre quais são os programas mais bonitos, quais são as melhores linguagens de programação e quem tem direito a dizer alguma coisa nessas discussões" (Piñeiro, 2004). Neste caso, também, a arte é valiosa porque nos lembra que ler um poema "é equivalente a entrar em *contato*:

experimentando seu sentido como inseparável de sua verbalidade. Ler um poema é verificá-lo tactilmente; é uma experiência sensual. Envolve uma *física do sentido*" (Cortellessa, 2006, p. XXII). A consciência é particularmente significativa para a estética do discurso organizacional, uma vez que a semiotização é dominante nas práticas de pesquisa organizacional e na sua representação.

5. *Desafiar o conhecimento lógico-analítico* a fim de criar espaços metafóricos para o diálogo. A compreensão estética e a compreensão lógico-analítica se alternam entre si: elas se sobrepõem, se fundem, se anulam. Elas existem não uma apesar da outra, mas em um desafio recíproco, no qual a compreensão estética tem forças numerosas. Vou me debruçar sobre duas delas em particular. A primeira realça as áreas onde a compreensão estética é particularmente apropriada, mas a analítica não é. A segunda é o caso em que a investigação estética revela fenômenos organizacionais de particular importância para a teoria organizacional – fenômenos os quais a investigação analítica também investiga adequadamente na sua própria maneira. O primeiro caso é exemplificado pelas formas de conhecimento organizacional que a estética equipa com a linguagem para sua expressão, como acontece na dimensão tácita do conhecimento nas organizações: em virtude do processo evocativo de que é capaz, a compreensão estética não viola a característica tácita desse conhecimento, enquanto a compreensão lógico-analítica o faz. O segundo caso pode ser exemplificado pela materialidade das organizações e pelas relações pós-sociais que tecem juntas suas vidas cotidianas. Este é o estudo dos "artefatos simbólicos" (Gagliardi, 1990; Rafaeli e Pratt, 2005) aos quais a compreensão estética atribui uma capacidade para a ação em muitos aspectos, como aqueles atribuídos a "elementos não humanos" na compreensão lógico-analítica (Latour, 2005). Claro, o discurso organizacional opera em vários níveis; mas é notável que nesses mesmos anos o "objeto" tenha mudado seu *status* teórico tanto em estudos analíticos quanto em estudos estéticos, tornando-se no primeiro um actante, ou um intermediário capaz para ativar cursos de ação organizacional; e, no segundo, o artefato simbólico cujo *pathos* ativa o conhecimento organizacional.

CONCLUSÕES

Neste capítulo, procurei ilustrar a justificativa para estudar as relações entre a organização e a estética. Nestas conclusões, gostaria de acrescentar uma consideração final incitada pela seguinte questão teórico-metodológica: Por que deveríamos continuar a estudar a estética na vida cotidiana das organizações? Minha resposta não é científica, mas estética: "porque é prazeroso". Enquanto for assim, e enquanto o prazer estético e emocional for o propósito principal deste ramo dos estudos organizacionais, a análise das relações entre arte, estética e vida cotidiana em organizações vai manter as suas raízes na estética, e derivar suas características da estética. Estudar estética organizacional *pelo prazer de fazê-lo* não é atribuir essa investigação com o propósito teleológico de determinar qual forma de compreensão organizacional é melhor, mais profunda, mais completa ou mais útil – isso diz respeito a esforços com objetivos de conhecimento inspirados nos princípios do bom e do verdadeiro, mas não do belo.

O capítulo propôs alguns "fragmentos" do discurso organizacional estético a fim de desenvolver conhecimento e aprendizagem dialógicos em estudos organizacionais. Eles não são destinados a fornecer a base para um discurso sistemático, exaustivo e completo para dar tranquilidade emocional e apoio científico para estudiosos organizacionais e estudantes da vida organizacional. Eles são apenas fragmentos e, para compreendê-los totalmente, devemos confiar na arte e no que nós aprendemos a partir de estudos sobre arte. O discurso organizacional sobre a arte e estética no cotidiano das organizações é uma construção simbólica coletiva realizada socialmente ao mover-se "em direção a um fim indeterminado" (Menger, 2006, p. 62), mas fazendo-o propositadamente, selecionando entre as muitas oportunidades que vemos e aquelas que intuímos sem realmente entendê-las.

CAPÍTULO 7

Saber em um sistema de conhecimento fragmentado[1]

Attila Bruni, Silvia Gherardi e Laura Lucia Parolin[2]

Saber é uma atividade situada. Adotando uma abordagem baseada em prática, este capítulo descreve um ambiente de trabalho caracterizado por práticas tecnologicamente densas como um cenário em que atores humanos e objetos tecnológicos trabalham "juntos". O caso da consulta cardiológica remota é paradigmático de como as tecnologias de informação e comunicação (TIC) entram nos locais de trabalho e os remodelam como "sistemas de conhecimento fragmentado", isto é, espaços de aprendizagem nos quais as pessoas, os símbolos e as tecnologias trabalham em conjunto para construir e reconstruir a compreensão da ação social e organizacional. Trabalho à distância, portanto, requer a aquisição de habilidades relativas à mobilização do conhecimento fragmentado e ao alinhamento deste em uma prática de trabalho plena. O saber na prática é realizado por meio práticas discursivas: *framing* (enquadramento) e *postscripting* (pós-escrita), como práticas que geram um "espaço" de significação para a ação subsequente; *footing*, como a dialética que permite às pessoas se alinharem dentro de um enquadramento predeterminado e romper suas coordenadas; e a *delegação para os não humanos*, como a capacidade dos seres humanos de delegar o desempenho da prática clínica para sistemas não humanos, que passam a ser considerados sujeitos ativos na consulta à distância.

Tecnologias da informação e comunicação (TIC) alteraram substancialmente as práticas de trabalho nos últimos anos, exigindo que os trabalhadores e as organizações aprendam maneiras diferentes de trabalhar, usar informações

[1] Publicado originalmente: Bruni A, Gherardi S, Parolin L. Knowing in a system of fragmented knowledge. Mind, Culture and Activity. 2006; 14(1-2): 83-102.

[2] Este capítulo é o resultado de um esforço inteiramente colaborativo dos três autores. Se, no entanto, por motivos acadêmicos, responsabilidade individual deve ser atribuída, Silvia Gherardi escreveu a introdução, a primeira seção e a conclusão; Laura Lucia Parolin escreveu as seções 2 e 3, e Attila Bruni escreveu a seção 4.

e se comunicar. A expertise em desenvolvimento em torno do trabalho com as novas tecnologias vai além do mero desempenho de trabalho mediado por computador, e requer que os trabalhadores aprendam a implantar o conhecimento prático e a traduzir o conhecimento codificado em saber prático. Por conseguinte, é necessário não só estudar o que as novas tecnologias "são" (em termos de design) e como introduzi-las de forma adequada nos locais de trabalho, mas também perguntar o que elas "fazem" em relação ao desempenho do conhecimento em práticas de trabalho situadas.

Os artigos no livro de Engeström e Middleton (1996) analisaram o trabalho como atividade situada na prática e mediada por artefatos tecnológicos. Numerosos estudos posteriores têm se baseado neste trabalho. O conhecimento prático tem sido estudado como conhecimento distribuído entre indivíduos e entre humanos e artefatos (Cole e Engeström, 1993; Conein *et al.*, 1993; Hutchins, 1993; Gherardi, 2014a). Embora os artefatos desempenhem um papel fundamental na mediação da ação, eles estão conectados de uma forma complexa com as práticas de trabalho e com as atividades de conhecimento dentro delas. A grande atenção que tem sido dada à prática e ao saber prático, e que liga diversas tradições de pesquisas como a abordagem cultural da aprendizagem, a teoria da aprendizagem situada, a teoria da atividade e a teoria ator-rede, significa que o conhecimento prático não é mais visto, em termos cognitivistas, como um conjunto estável e bem definido de tarefas, mas sim como uma realização coletiva que os grupos de trabalho buscam por meio de práticas materiais-discursivas. Podemos dizer que o saber é uma atividade situada e – adotando uma abordagem baseada na prática – descrever os locais de trabalho caracterizados por práticas "tecnologicamente densas" (Bruni, 2005) como contextos em que os atores humanos e os objetos tecnológicos trabalham "juntos" (Heath e Button, 2002; Schmidt, 2000). Esses novos contextos incluem não só os espaços físicos, mas também os mentais e os sociais, nos quais os mesmos atores se envolvem tanto em práticas tradicionais quanto em novas práticas que flanqueiam ou penetram as já existentes. Neste caso, as perguntas de pesquisa que surgem são as seguintes: como os seres humanos e não humanos se associam ao desempenhar o saber prático conjuntamente? Como o conhecimento é desempenhado e transformado na atividade de conhecer?

No caso empírico aqui apresentado, as TIC forneceram a infraestrutura para um novo tipo de atividade na qual as práticas do exame médico e da consulta ao especialista foram redefinidas pelas novas oportunidades de interação oferecidas pela consulta à distância. Os especialistas, um cardiologista e um clínico geral, interagem ao transmitir ECGs *online* e, ao discuti-los por telefone, determinam o estado de saúde do paciente. A atividade observada neste ambiente de trabalho era substancialmente diferente das práticas médicas convencionais: não era um exame cardiológico, nem era um exame médico geral, tampouco uma iniciativa de formação de um especialista. Pelo contrário, era um híbrido dessas práticas. A consulta remota é um novo tipo de prática médica que obriga os dois especialistas a aprenderem novas formas de trabalho e de ação, nos sistemas social e material no qual estão imbricadas. O cenário de trabalho produzido pelas TIC exige que os dois especialistas aprendam como mobilizar os conhecimentos imbricados em uma rede heterogênea onde os corpos, os artefatos materiais, os símbolos, os procedimentos organizacionais e os vários tipos de expertise devem ser reunidos e alinhados de modo a sustentar a interpretação do estado de saúde do paciente.

O caso da assistência médica à distância descrito pareceu-nos paradigmático de como as TIC entram nos locais de trabalho e os remodelam como "sistemas de conhecimento fragmentado", isto é, espaços de aprendizagem nos quais as pessoas, os símbolos e as tecnologias trabalharam em conjunto para construir e reconstruir a compreensão da ação social e organizacional. Trabalhar nesses espaços significa aprender a agir a distância em um contexto material-social, utilizando práticas discursivas para alinhar materiais heterogêneos.

Nas seções seguintes, definimos o que se entende por "sistema de conhecimento fragmentado", descrevendo os lugares onde reside o conhecimento: não só em pacientes e profissionais, mas também em regras e em artefatos. Em seguida, focamos os processos pelos quais esse conhecimento fragmentado é mobilizado e desempenhado por meio de práticas discursivas que dão sentido à ação coletiva, e servem para organizá-la.

SABER NA PRÁTICA COMO REALIZAÇÃO COLETIVA

A abordagem baseada em prática para teorizar conhecimento surge a partir de múltiplas perspectivas e correntes de pesquisa que, atravessando as fronteiras de várias disciplinas, estão convergindo para uma compreensão (e metodologia) pragmática do saber que reenquadra a pesquisa tradicional de aprendizagem organizacional (Gherardi, 2000a; Schatzki *et al.*, 2001). O conceito de prática fornece uma maneira de teorizar o *knowing at work* histórica e culturalmente, de modo a captar tanto a materialidade corrente das formas específicas de saber (*o saber daquele trabalho*) quanto para indicar a indeterminação dessa forma de saber – ou seja, que ela irá, por sua vez, se desenvolver (*o trabalho daquele saber*). A vantagem dessa conceituação, ao analisar a vida organizacional, é que ela permite que o trabalho, a aprendizagem, a inovação, a comunicação, a negociação, os conflitos sobre metas, a interpretação das metas e a história coexistam uns com os outros (Gherardi, 2014b). A prática articula a espacialidade do saber (onde é feito) e a sua enação (como é feito). Tal como acontece com a teoria da enação de Weick (1979), a teoria da estruturação de Giddens (1984), a aprendizagem expansiva de Engeström (1987), o conceito de saber na prática transmite a ideia de construção social do conhecimento em atividades de trabalho mundanas e dentro de estruturas sociais que são tanto a produção das atividades humanas quanto o contexto para elas.

A metáfora do conhecimento como enação transmite a ideia de uma rede que está socialmente tecida em torno de um domínio de conhecimento. Esta metáfora baseia-se em uma sensibilidade ator-rede e em conceitos como "saber como deslocamento" (*knowing-as-displacing*) (Law, 2000), ou de aprendizagem em face do mistério (Gherardi, 1999). No seu cerne está a ideia da enação como "algo, como uma ocasião em um local, um conjunto de ações com uma série de efeitos" (Law, 2000, p. 349). O conhecimento, os sujeitos e os objetos do conhecimento podem ser entendidos como mutuamente produzidos dentro de uma prática situada.

O valor heurístico do conceito de prática, portanto, reside na possibilidade de articular a espacialidade (o locus do conhecimento) e a enação (a produção situada do conhecimento). O saber pode, portanto, ser concebido como uma atividade situada, uma atividade que é repetida, estabilizada e institucionalizada, mas que é enagida uma e outra vez enquanto a prática de trabalho é repetidamente desempenhada. Quando concebemos o conhecimento como substância, nós o vemos como materializado em objetos; quando o concebemos como uma propriedade, nós o vemos como possuído por indivíduos. Quando olhamos para o saber prático, nós o definimos como a mobilização do conhecimento incorporado em humanos e não humanos desempenhando práticas de trabalho.

Uma prática como a consulta remota pode ser definida como o modo – relativamente estável no tempo e no espaço, e reconhecido socialmente – de ordenar elementos heterogêneos em um conjunto de atividades sustentadas normativamente por uma comunidade de praticantes. Praticar pode ser definido como o desempenho situado de uma prática dentro da rede de humanos e não humanos simetricamente associados na enação em curso.

Uma das mais importantes direções tomadas pela abordagem baseada em prática na pesquisa é o estudo da organização prática do conhecimento na forma de métodos de raciocínio e ação na associação de elementos humanos e não humanos. Na seção seguinte, assumimos uma relação de equivalência entre o saber e o praticar, no sentido que praticar é saber em prática, quer o sujeito esteja ciente disso ou não. Agir como um praticante competente é sinônimo a saber como se conectar exitosamente com o campo de práticas assim ativado.

CONSULTA REMOTA COMO A ENAÇÃO DE UM SISTEMA DE CONHECIMENTO FRAGMENTADO

As TIC estão cada vez mais mudando a natureza dos locais de trabalho por meio da introdução da distância, desconectando assim tempo e espaço, o que implica mudanças em práticas de trabalho consolidadas, e requer que os grupos de trabalho aprendam coletivamente maneiras de trabalhar à distância. Para analisar como isso acontece, e para mostrar como trabalhar com as TIC significa saber na prática como alinhar pedaços de conhecimento fragmentado, consideramos a consulta à distância como uma prática que enage um sistema de conhecimento fragmentado (SCF).

Um SCF é constituído pelas relações entre os elementos heterogêneos que incorporam conhecimento, os quais são mobilizados por práticas de trabalho e transformados em saber prático. É um conceito que nos permite representar a espacialidade do saber na prática ao traçar limites em torno dos elementos que entram em relações recíprocas, quando uma prática de trabalho os associa. O saber na prática pode, portanto, ser representado como a associação exitosa de todo o conhecimento que está fragmentado e imbricado em um SCF, tendo em mente que a ação de associar os elementos cria o conhecimento formado na própria ação, e por meio dela.

Nós preferimos o adjetivo "fragmentado" em relação a "distribuído" porque ele distancia uma abordagem baseada na prática da tradição dos estudos de cognição distribuída. Somos gratos a estes últimos por muitas razões e, na verdade, eles abriram o caminho para a mudança do saber como cognição (visto como uma atividade mental) para o saber como realização situada, que é algo que as pessoas fazem juntas. Na verdade, retornando às origens, podemos notar que os estudos sobre a chamada interação humano-computador assumiram um conceito simplificado de cognição que subestimava o valor das competências do senso comum, as quais orientam a ação nas circunstâncias reais da vida cotidiana. A noção de comunicação com as máquinas nos estudos sobre a interação humano-computador não tinha a dimensão interativa e negociada da comunicação e da ação. Suchman (1987) posteriormente se baseou na etnometodologia de Garfinkel (1967) para mostrar que o trabalho interpretativo e cognitivo em contextos sociais é guiado pela interpretação das pistas fornecidas pelo contexto de interação. Quase simultaneamente, a crítica à concepção individualista e descontextualizada da cognição foi aprofundada por Lave (1988), que argumentou que a cognição é um fenômeno social complexo, e que, se o observamos em práticas cotidianas, descobrimos que é distribuído – esticado sobre, e não dividido entre – mentes culturalmente organizadas, corpos, atividades e contextos. O trabalho de Lave destaca o caráter distribuído da cognição não apenas entre os indivíduos, mas também entre os artefatos e objetos presentes no contexto. A extensão da noção de agência para incluir também atores não humanos, no sentido proposto pela teoria ator-rede (Latour, 2005), permitiu que a atenção analítica focasse diretamente os processos sociais da associação e alinhamento de elementos heterogêneos. Esses são processos que podem ser observados diretamente, sem ter de atribuir uma prioridade lógica e ontológica aos atores humanos e seus processos cognitivos. Dentro da sociologia da organização, a tradição etnometodológica centrada na prática se presta melhor à análise do conhecimento como uma atividade mundana e social, e, portanto, dentro de uma abordagem que conjuga conhecimento com poder, e alivia a suspeita de que o adjetivo "distribuído" se refira a uma representação mental de uma realidade compartilhada de forma harmoniosa. O uso da expressão "fragmentado" destina-se também a ressaltar que a posse dos pedaços de conhecimento necessários para uma prática compartilhada é um problema coletivo, independentemente da vontade ou da capacidade de juntá-los. Para ilustrar o potencial heurístico do conceito de SCF, nós descrevemos um exemplo de sua aplicação.

Os dados apresentados aqui dizem respeito a um projeto de pesquisa mais amplo sobre aprendizagem organizacional em contextos de trabalho virtual pela Research Unit on Communication, Organizational Learning and Asthetics – RUCOLA. A investigação centrou-se em uma série de estudos de caso no campo dos serviços de saúde à distância (Gherardi e Strati, 2004), em que as características do contexto mesclam uma pluralidade de pertencimentos organizacionais, profissionais e ocupacionais. A pesquisa foi realizada em uma unidade remota de cardiologia no norte da Itália, a Rede Telemática da Saúde, que foi criada em 1998 e é hoje um dos centros de cardiologia remota mais avançados na Itália. A unidade é composta de cardiologistas que analisam eletrocardiogramas enviados a eles telematicamente por clínicos gerais (CGs) de várias regiões. O CG registra o eletrocardiograma (ECG) do paciente com um aparelho portátil. As gravações podem ser feitas no consultório do médico ou na casa do paciente, pois o aparelho é capaz de armazenar cerca de dez exames (checar com um médico quando chamam exame e quando chamam linha) que podem ser transmitidos em um momento posterior. O *call center* coordena o processo de referimento ao estabelecer os contatos entre CGs e cardiologistas, na medida em que controla a transmissão dos ECGs. Os exames são enviados pelo médico, baixados no *call center* usando um *software* especial, e distribuídos entre os cardiologistas, que podem lê-los em suas telas de computador. Os exames são discutidos por telefone com os CGs e, em seguida, enviados de volta para eles por fax com o relatório anexado. O CG geralmente envia o exame imediatamente após a gravação e utiliza o serviço de consulta remota ao examinar o paciente. Neste caso, o serviço toma a forma de um "exame cardiológico à distância" realizado pelo cardiologista com a mediação do CG. Em outros casos, geralmente os não urgentes, o CG registra vários ECGs e, então, os transmite em um lote para o cardiologista.

ONDE RESIDE O CONHECIMENTO EM UM SCF?

A consulta à distância pode ser definida como o resultado de uma prática colaborativa que alinha todos os conhecimentos relevantes imbricados no SCF projetado para realizá-la. O conhecimento é fragmentado e reside nos corpos, máquinas, imagens, avaliações, rotinas, técnicas de laboratório, e é enagido por práticas materiais-discursivas. Mapear os elementos que se considera que incorporem conhecimentos relevantes e as relações entre eles é o primeiro passo ao determinar quem e o que está envolvido em uma consulta à distância "exitosa" (como julgada pelos médicos). O curso de ação vai ativar alguns elementos e não outros: alguns serão significativos pela sua presença, outros pela sua ausência. O conceito de SCF é um quadro referencial-interpretativo, útil para o mapeamento em termos de repositórios de conhecimento, de elementos interdependentes que, por um lado, constituem o contexto para a consulta à distância e, por outro, fornecem os recursos para o desempenho da prática.

O CONHECIMENTO ESTÁ IMBRICADO NOS PACIENTES

No contexto analisado, a percepção dos pacientes sobre seu corpo e sentimentos, e suas razões para consultar seus CGs, constituíam um repositório de conhecimento situado. Neste caso, o conhecimento relevante era a capacidade de perceber uma "anomalia" e traduzi-la em elementos relatáveis por meio da linguagem e da narração de sintomas. Esta descrição preliminar e o estoque de conhecimento eram suportados pelo conhecimento do próprio CG, que traduzia o conhecimento subjetivo do paciente – presumida e fortemente influenciado por fatores individuais e, portanto, pouco confiável – em conhecimento científico expresso em terminologia médica.

O CONHECIMENTO ESTÁ IMBRICADO NA COMUNIDADE MÉDICA

Como mostrado por Cicourel (1986), a expertise médica consiste na transformação de expressões cotidianas e populares de pacientes e suas características externas em conhecimento "objetivo" por meio do uso sistemático de vocabulário médico. A característica distintiva dos serviços de saúde é a aplicação de expertise para o senso comum. Ao estudar as interações entre médico e paciente e entre um médico experiente e um novato, Cicourel descobriu que os médicos fazem referência constante a elementos do senso comum (expressões, emoções e sensações táteis e auditivas). O que é distintivo da formação médica, na verdade, é a grande proporção de conhecimento prático adquirido a partir de longos períodos de estágio e residência hospitalar, além da longa duração da aprendizagem formal. A expertise médica também consiste no uso competente das regras e noções formalizadas e reconhecidas que constituem um corpo de conhecimento padronizado, parte do qual é codificado em protocolos escritos destinados a orientar a ação médica e apoiar a tomada de decisão.

O CONHECIMENTO ESTÁ IMBRICADO NAS REGRAS E NOS HÁBITOS ORGANIZACIONAIS

As organizações podem ser concebidas como sistemas de conhecimento distribuído (Tsoukas, 1996) e, em particular, como burocracias profissionais que usam padronizações de habilidade como uma forma de coordenação (Mintzberg, 1989). Portanto, ao contratarem especialistas, elas internalizam corpos de conhecimento previamente codificados, ao mesmo tempo que codificam outros corpos de conhecimento mediante a institucionalização de modelos de comportamento em normas ou rotinas padronizadas. A organização estabelece as normas que regulam a ação médica prescrevendo comportamentos e ações competentes a serem desempenhados em condições particulares, cuja "correção", tal como endossado pela comunidade médica, significa ser significativo. Como instrumentos de padronização de habilidades, os protocolos são definidos pela comunidade médica: assim, eles atravessam as fronteiras das burocracias profissionais – hospitais, por exemplo – cujas necessidades os geraram. Os protocolos são baseados na segmentação da terapia e da intervenção em uma lista de microações ordenadas em uma sequência correta, resultante de uma racionalização do conhecimento médico, e são destinados a privar os atores individuais das margens de arbítrio. A racionalização do conhecimento médico (Berg, 1997) tem por finalidade limitar a margem de erro causada pelo fator humano no raciocínio médico racional. Os protocolos, afirma Michael Lynch (2002), têm sido objeto de interesse para a sociologia porque são relatos de raciocínio individual e ação social, mas na prática médica todos os atores envolvidos produzem o conhecimento médico por meio de suas ações na prática.

De acordo com Lynch (1997), podemos argumentar que os protocolos padrão devem ser interpretados em relação ao contexto, e o conhecimento necessário para sua definição e uso competente devem ser identificados no contexto. Essa consideração nos permite enfatizar que um SCF delimita o espaço onde as prescrições dos protocolos se fundem com as práticas situadas e requerem tanto reescrita local e alteração quanto competência já consolidada por parte dos usuários.

O CONHECIMENTO ESTÁ IMBRICADO NOS ARTEFATOS

O conhecimento reside não apenas nos humanos e nas regras, mas também nos artefatos – ferramentas, textos e objetos – que participam do contexto e o constituem. Há ferramentas (como os protocolos) que desempenham ação e interação por meio das regras embutidas nelas. Isso significa que os artefatos, as ferramentas e as tecnologias devem ser concebidos como práticas sociais, ou como "realizações coletivas" (Garfinkel, 1967) de formas particulares de ordem e de ação. Além disso, de acordo com Barnes, as práticas sociais são

> *realizações prontamente alcançadas pelos membros agindo conjunta e rotineiramente esperadas deles, mas que, mesmo assim, têm de ser produzidas em todas as ocasiões, por agentes preocupados todo o tempo em manter a coordenação e o alinhamento uns com os outros a fim de realizá-las. (2001, p. 25)*

No caso aqui tratado, por exemplo, o cardiologista deve elaborar um prontuário de paciente como um instrumento de relatabilidade organizacional que defina a sequência e o conteúdo das questões que o cardiologista geralmente dirige ao clínico geral. As interações telefônicas entre o cardiologista e o CG apresentavam uma estrutura muito semelhante, pelo menos nas trocas preliminares, àquela do prontuário do paciente. Este conjunto de perguntas preestabelecidas não apenas moldava a interação entre o cardiologista e o clínico geral, mas também refletia as formas de conhecimento consideradas relevantes na situação. Além do prontuário do paciente, havia outra ferramenta no contexto que dava forma ao conhecimento médico por meio das restrições e regras que impunha. O *software* de referência utilizado pelo serviço impunha restrições na elaboração de relatórios sobre a consulta à distância, assim não apenas facilitando a interação com o CG, mas também moldando a racionalidade que reconstruía a ação médica *a posteriori*.

Os artefatos utilizados em um SCF incorporam não apenas o conhecimento dos seus designers e sugestões para o uso, mas também cursos potenciais de ação resultantes de um conhecimento de uso. A adoção do eletrocardiógrafo foi um reconhecimento implícito da validade do conhecimento necessário para a sua concepção e utilização, que permite ao artefato transformar os impulsos emitidos pelo corpo humano em representações da sua atividade. Ao mesmo tempo, entretanto, a representação do paciente fornecida pelo artefato ECG assumiu valor de acordo com a narrativa da qual ele fazia parte, ou seja, de uma forma situada, em conformidade com as relações da rede. De fato, o conhecimento incorporado nos artefatos deriva apenas parcialmente da visão de mundo dos designers, o significado das inscrições pode mudar assim como as relações na rede mudam.

O CONHECIMENTO ESTÁ IMBRICADO EM UMA INFRAESTRUTURA TECNOLÓGICA

Práticas de teleconsulta são viabilizadas por uma infraestrutura tecnológica que permite a interação. Aparatos tecnológicos, textos, linguagem, atores humanos, rotinas organizacionais e práticas *ad hoc* conectam os CGs e os cardiologistas, e mediam a interação entre eles.

Esta infraestrutura é composta não apenas de aparatos tecnológicos como computadores, telefones, cabos de telefone e máquinas de gravação de ECG, mas também das linguagens e códigos necessários para uni-los. A infraestrutura é a rede telemática constituída de cabos e terminais, mas também são as linguagens de programação e conexão que gerenciam o sistema e regulam os fluxos de informação. A tecnologia de transmissão de pacotes, o sistema de codificação e o formato de compressão usado para transmitir o ECG são elementos que constituem a infraestrutura que media entre o corpo físico (o coração do paciente) e a representação do funcionamento do órgão (o ECG) que o cardiologista recebe.

Esta infraestrutura é invisível no sentido de que é "tida como garantida" (*taken for granted*); ela é "simplesmente presente" ou apenas "transparente" (Star, 1999) e forma o pano de fundo da interação. Este pano de fundo só emerge em momentos de ruptura, quando o seu mau funcionamento forçosamente enfatiza a sua existência.

O CONHECIMENTO É IMBRICADO EM UMA ORGANIZAÇÃO DEDICADA

Os intermediários entre o paciente e o cardiologista não são apenas as tecnologias e as linguagens que representam e codificam o seu uso. Existe também uma organização dedicada, criada *ad hoc*, que torna a interação possível e condiciona a sua forma: o *call center*, que representa um centro de coordenação (Suchman, 1997), constituído por pessoas especializadas, as operadoras de telefonia, com suas tarefas, funções e ações, e os acordos e as expectativas entre os atores que regulam o serviço.

A prática de telecardiologia é um evento "aqui e agora", cuja realização requer uma série de acordos e ações anteriores que o tornam possível no espaço e no tempo. É o *call center* que recebe a chamada telefônica e o ECG telemático, contata o cardiologista de plantão, envia-lhe o exame, e o coloca em contato com o CG que espera na linha. O serviço de *call center* é o intermediário entre os CGs e os cardiologistas, e assim se torna um componente crucial na nova prática médica de telecardiologia. Assim como a infraestrutura tecnológica, a organização *ad hoc* que gerencia o serviço e o torna possível é transparente. Ela não é visível quando o serviço está sendo entregue corretamente, mas se torna o ator principal no SCF quando as rupturas ocorrem, porque imbricado no serviço está o conhecimento pressuposto pela atividade de mediação.

Esta breve descrição dos pedaços e fragmentos de conhecimento incorporados no SCF destacou que o conhecimento necessário para a consulta remota é fragmentado entre entidades simbólicas e materiais heterogêneos, e que a sua enação pode ser vista como uma prática situada. A fim de realizar uma "consulta à distância", todos os elementos relevantes devem estar alinhados.

Um SCF pode ser definido, portanto, como a rede heterogênea de elementos associados a conhecimento, poder e processos de ordenação, que devem ser traduzidos em um conjunto de elementos sociotécnicos adequadamente alinhados para que se tornem estáveis e capazes de suportar o movimento das coisas e pessoas por meio do tempo e do espaço. Embora o SCK represente a espacialidade de uma prática em andamento, o alinhamento representa a enação dessa prática. Na próxima seção, vamos ilustrar como, na consulta à distância, o alinhamento é desempenhado por meio de práticas materiais discursivas.

PRÁTICAS DISCURSIVAS COMO O ALINHAMENTO DE UMA REDE HETEROGÊNEA

Descrevemos nesta seção como o conhecimento é mobilizado e alinhado em um SCF por meio de práticas materiais-discursivas. Os dados analisados foram coletados por meio da escuta das gravações de todas as ligações telefônicas feitas para o centro durante um mês (novembro de 2002) em um total de pouco mais de 1.000 chamadas.

A duração média de uma conversa foi em torno de dois e meio minutos. De um ponto de vista metodológico, os telefonemas fornecem uma excelente oportunidade para analisar uma prática desde o seu início até o seu fim. A forma da interação era altamente padronizada, tanto por causa dos protocolos utilizados na cardiologia (que homogeneízam os dados e os critérios aos quais os dois médicos se referem) quanto porque os cardiologistas devem elaborar um prontuário de paciente para cada consultoria de ECG e, portanto, fazem questões padrão aos CGs, quase sempre na mesma ordem.

Os resultados das teleconsultas foram divididos em cinco categorias: apenas 5,8% dos atendimentos foram concluídos com a expedição do paciente para urgências e emergências; 20,4% concluíram com a prescrição de exames complementares; 60,3% resultaram em nenhuma ação específica a ser tomada; 1,1% conduziram ao adiamento da avaliação do estado de saúde do paciente; e em 1,6% dos casos nenhuma consulta técnica foi realizada (o traço estava ilegível ou a consulta foi declarada inválida). Nós analisamos não tanto o conteúdo das questões e/ou das respostas que caracterizam uma teleconsulta, mas as práticas discursivas de alinhamento dentro do SCF utilizadas pelos atores.

Os telefonemas seguiam um padrão invariável: o cardiologista abria a conversa, o CG explicava o motivo da chamada e descrevia o caso, o cardiologista solicitava informações adicionais, e o CG respondia.

20021102-103643 (1:34)

	C:	Pronto?
Abertura	CG:	Alô, aqui é ...
(5")	C:	Aqui é ..., oi, me diga ...
	CG:	Eu fiz esse eletrocardiograma basicamente como controle.
		Vi esse paciente agora há pouco ...

Descrição		Encontrei uma hipertensão inicial … ele está dispneico…
do paciente		dispneico, levemente, especialmente … quando estressado …
(5” – 23”)		ele tem sobrepeso e é um fumante pesado. É uma checagem mais do que qualquer outra coisa …
Solicitação de	C:	Ele toma medicação?
informação adicional	CG:	Não, não.
(23” – 38”)	C:	Espera até eu receber o restante do exame, então, me diz … você prescreveu alguma coisa para a pressão, ou …
CG responde com	CG:	… não, não, é uma verificação, porque eu fiz … eu comecei …
informação adicional		eu também fiz ele fazer exames hematoquímicos… para ver …
(38” – 53”)		se, você sabe, se tem …
Interrupção quando	C:	… Entendo. Escuta, ele tem um ritmo sinusal, uma entrega …
o ECG é recebido		arterioventricular dentro do normal. Ele tem um bloqueio …
(53” – 1’24”)		incompleto no ramo direito. O resto do exame é perfeitamente normal. Não tem nada mais, pelo que eu posso ver.
	CG:	Eu concordo
Fechamento	C:	Eu te mando o exame, então … tchau.
(1’24” – 1’34”)	GP:	Certo … sim … sim, obrigado … tchau.

Como mostra a transcrição, a estrutura de conversação é afetada pelo fato de que, quando começa a consulta, o cardiologista geralmente ainda não recebeu o ECG (que leva em torno de 50 segundos para transmitir/receber). Enquanto espera, o cardiologista pergunta ao CG sobre o paciente e então interrompe (mais ou menos bruscamente) quando o exame é recebido. A atividade de interpretação parece não ser problemática, e o telefonema dura o tempo necessário para encerrar a conversa. Consequentemente, a presença de um ECG telemático e o tempo que se deve esperar por ele dão aos dois médicos a chance de “teleconsultar”; o ECG é um elemento ativo que é lido, mas que também tem a sua própria “voz” na interação. Embora o ECG seja certamente um elemento importante, não é o único objeto na consulta. O discurso dos dois médicos geralmente coloca em jogo e ativa uma rede de elementos (avaliações objetivas, referências a outros exames, fatores de risco, terapia farmacológica), o alinhamento dos quais contribui para determinar o resultado da consulta à distância e, em consequência, a "trajetória" do paciente. Enquanto as consultas "funcionam", a infraestrutura tecnológica, o trabalho realizado pelos operadores do *call center* e os hábitos e as regras imbricados no contexto organizacional permanecem invisíveis. Todos os outros repositórios de conhecimento permanecem em silêncio e invisíveis quando eles estão alinhados sem problemas com os médicos, com o paciente (que às vezes toma parte nas práticas discursivas) e o *call center*. Caso contrário, eles precisam que um trabalho de alinhamento seja realizado.

Isso é particularmente evidente nas situações (frequentes) nas quais não há correspondência automática entre o estado de saúde do paciente como mostrado pela avaliação clínica e o ECG, de modo que os dois médicos são obrigados a construir um discurso que segue outros caminhos e redefine o significado da situação, envolvendo outros objetos.

20021106-125929 (2:57)

(Saudações)

CG: Eu fiz esse ECG em um paciente já afetado com cardiopatia isquêmica crônica, porque ele se sentiu mal enquanto comia, ele sentiu que ia desmaiar e sentiu um peso no estômago ...

C: Mah! o exame não parece ... como ele está agora?

CG: Ele está deitado agora ... Ele se sente fraco ... ele não tem dispneia, absolutamente não ... Ele ainda sente esse peso ... Eu acho que é uma indigestão. Quero dizer, ele precisa vomitar ... mas, você sabe ... Eu preferi fazer o ECG ...

C: Eu diria que ... não há qualquer alteração evidente ... claro, você tem que olhar para o [exame] clínico ... porque essas coisas às vezes ... essas coisas são um pouco complicadas ... No momento eu ficaria de olho nele ... Há um desvio axial esquerdo ... Há ... alguma extrassístole ventricular ... ele está tomando Cardioaspirina?

CG: Não, na verdade eu queria prescrever para ele ...

C: ... Ele tem um histórico de cardiopatia isquêmica ... mas ele não teve episódios agudos?

CG: Não, não. Talvez ... 5 anos atrás, houve alguma coisa ... quando foi diagnosticada a isquemia crônica!

C: ... Eu esperaria mais um pouco ... que idade ele tem?

CG:	85.
C:	Os riscos estão claramente aí. Se a coisa não se resolver por si mesma, eu o faria ser examinado, apenas por precaução ..., mas, no momento, o exame não mostra nada ...
CG:	... fora do comum ...
C:	... embora os exames às vezes possam ser negativos ... (...)
CG:	... certo ... de fato ... Isso é verdade, você não pode confiar sempre no exame...
C:	... Não, não, há uma boa porcentagem de infartos do coração com exames normais ... exceto que esse ... bem ... quero dizer ... aos 80 anos, é claro, algum problema sempre aparece!
CG:	Sim, eu vou dar a ele um antiácido e depois a gente vê ...
(Saudações)	

Esse telefonema mostra que, quando o ECG e o paciente não se alinham (por exemplo, o ECG é normal, mas o paciente se sente doente), vários elementos são discursivamente mobilizados, e o exame se move para o fundo do cenário, perdendo seu *status* de um objeto privilegiado. Parafraseando Latour (2002), é como se o exame se tornasse um "labirinto" no qual os dois médicos devem encontrar seu caminho. Assim, ECGs anteriores, relatórios de outros exames, medicamentos e históricos de família tornam-se elementos que devem ser discursivamente ativados e alinhados de modo a restabelecer significado para a situação. O cardiologista e o CG parecem quase estar sugerindo interpretações um ao outro, como em uma dança em que dois atores devem se apoiar um no outro para encontrar um ponto de equilíbrio que permita o seu movimento. A ação do cardiologista e do CG, de fato, não ocorre em um espaço vazio, mas dentro de uma prática médica mais ampla. É, por conseguinte, a esta última que eles recorrem na ausência de pontos de contato entre o paciente e o ECG.

Na transcrição anterior, por exemplo, os médicos colaboram para desacreditar discursivamente a capacidade preditiva e a confiabilidade de um ECG, mobilizando elementos que, embora contrastantes, são significativos na prática médica diária. O cardiologista abre uma prática discursiva típica da medicina (Cicourel, 1986), mostrando que existe uma base científica para a depreciação do valor do exame ("há uma boa porcentagem de infartos do coração, com traços normais...") e, em seguida, fundamenta sua afirmação com uma observação do senso comum ("aos 80 anos de idade, é claro, sempre algum problema aparece!"). O CG, por sua vez, adere à mesma prática, concordando que um ECG (sozinho) é incapaz de assegurar a estabilidade dos elementos ("isso é verdade, você não pode confiar sempre no exame...") e identificando uma solução de senso comum (um antiácido) como capaz (momentaneamente) de "alinhar" o caso do paciente.

Enquadramento e pós-escrita

Durante a teleconsulta, é essencial que os médicos empreguem discursos que tornem o exame e o paciente compatíveis. Para que isso ocorra, pode acontecer (como no caso visto anteriormente) que o CG e o cardiologista se alinhem em torno de um discurso cuja função é depreciar a importância do ECG, de modo a evidenciar a prática médica cotidiana, mas o inverso também pode acontecer: os médicos, alternativamente, desacreditam os sintomas do paciente, ativando a partir da primeira troca, como no caso apresentado a seguir, cumplicidade na não confiabilidade deste último.

20021111-182817 (2:22)

(Saudações)

CG: Oi. Ela é uma garota que sempre tem essas dores ... Ela já foi examinada por um cardiologista, mas ... (Risos)

C: ... (Rindo) Não há nada que você possa fazer ... Ela está convencida de que vai morrer amanhã ...

CG: ... Certo ... mas eu não posso morrer por ela ...

(Ambos riem)

C: Parece que tudo está bem aqui, um ritmo sinusal, entrega atrioventricular normal ...

... Há um ligeiro atraso na condução do ramo direito. Há um bloqueio incompleto do ramo direito ... Isso é quase normal, especialmente em mulheres, e mesmo assim não há alteração isquêmica, e não existem alterações significativas na repolarização.

CG: OK ...

C: ... Eu diria que está tudo bem ...

CG: ... Pelo menos a fizemos feliz ...

C: ... Nós a fizemos feliz ... acho que não ... Para mim, ela estaria mais feliz se nós lhe disséssemos que ela tem alguma coisa ...

CG: Tudo bem, então vamos dizer a ela ...

(Saudações com risos).

Quando ele começa a descrever a paciente, o CG já apresenta elementos que apontam para uma leitura não problemática do exame. Primeiramente, o CG não descreve a dor da paciente, mas dá uma interpretação genérica, sugerindo que a natureza da dor é quase uma característica da paciente ("ela é uma garota que sempre tem essas dores..."), ao ponto que outros especialistas não foram capazes de resolver seu "problema" ("ela já foi examinada por um cardiologista, mas..."). O ECG é, portanto, invocado como um elemento de relatabilidade (Garfinkel, 1967; Heath e Luff, 2000; Timmermans e Berg, 1997), que supre o CG com argumentos "objetivos" e "científicos" para transformar o problema da paciente em um problema administrável em termos de rotinas cotidianas ("Eu não posso morrer por ela..."). Além disso, está explícito na última troca que é o desempenho da consultoria em si (independentemente do resultado da leitura do exame) que resolve o problema do paciente, quando a sugestão irônica do cardiologista ("Para mim, ela estaria mais feliz se nós lhe disséssemos que ela tem alguma coisa...") é prontamente assumida pelo CG ("Tudo bem, então vamos dizer a ela...").

Mas é sobretudo a atividade inicial de enquadramento que produz o alinhamento discursivo dos atores. Pollner e McDonald-Wikler (1985) usaram os termos "enquadramento" e "pós-escrita" para designar aquelas situações em que os atores constroem um cenário, antes ou depois da ação, no qual a ação é então interpretada. Como no caso acabamos de ver, as características da situação (como a não confiabilidade da paciente), acionada antes de o evento ocorrer (a remessa do ECG), em seguida, retornam para dentro do próprio evento e delimitam suas fronteiras de sentido de modo que um "bloqueio incompleto do ramo direito" possa se tornar "quase normal". Que toda a consulta é marcada por uma atividade de enquadramento é mais uma vez evidente nos movimentos finais da conversa, quando o cardiologista compartilha e reforça o enquadramento do CG, ao sugerir a ele uma resposta mais coerente com o contexto do que com o ECG em si.

Assim, embora o enquadramento seja usado *ex-ante* para gerar um "espaço" de significação para a ação (posterior), pós-escrita corresponde a "comandar o já foi feito" (Pollner-Wikler e Mcdonald, 1985, p. 245) e, portanto, a reprodução retrospectiva de significado para o evento. Exemplos desse mecanismo de ativação são facilmente encontrados em casos (como o que se segue) em que, embora o ECG não sinalize algum problema, os sintomas do paciente adquirem significado em relação à sua importância dentro da prática médica.

20021122-121225 (2:07)

(Saudações.)

CG:	O paciente nasceu em 62 ... Umas duas horas atrás, ele teve um episódio lipotímico acompanhado de sudorese. Agora ele tem dor esternocostal mas em correspondência com as juntas... irradia à palpação... Ele tem dor na região subescapular direita...
C:	... Mas ele é cardiopata?
CG:	Não... Este episódio durou cinco minutos, eu acho...
C:	Ele não é cardiopata? Ele perdeu a consciência?
CG:	Sim, ele teve esse episódio lipotímico e foi atendido, em seguida, ele se recuperou.
C:	Mas ele perdeu a consciência?
CG:	Sim, por 5 minutos.
C:	Então, ele teve uma síncope?
CG:	... Um evento sincopal, com certeza...
C:	Mah, aqui o exame é normal... mas alguém que teve uma síncope deve ser mantido sob observação...
CG:	Certo, então o exame é normal...
C:	O exame é bom... mas ele sofre de alguma doença?
CG:	Não, ele só tem excesso de peso... Ele não toma medicação...
C:	Você acha que ele deveria ser internado?
GP:	Sim, eu considerei isso... O que você aconselha?
C:	Síncope é por definição algo bastante importante...
GP:	Certo, então eu vou fazer uma checagem... obrigado.

(Saudações.)

Neste caso, o cardiologista e o CG encontram dificuldade em construir um contexto significativo para o evento, ao ponto que eles trocam de papel por um momento, com o cardiologista pedindo conselho ao CG sobre o que deveria ser feito ("Você acha ele deveria ser internado?"). A saída resulta de uma prática de pós-escrita: o cardiologista responde ao "conselho" do CG deslocando a atenção do significado do ECG para o significado de uma síncope dentro da prática médica e, portanto, "por definição", oferece uma solução para o problema.

Footing

Enquadramento e pós-escrita são muitas vezes acompanhados por outra prática discursiva: o *footing* (Goffman, 1974, 1980), ou a dialética que permite às pessoas se alinharem dentro de um quadro predeterminado e quebrar a sua moldura; uma vez "no ritmo dele", eles são capazes de perturbar esse ritmo e desviar seu caminho.

20021112-185537 (2:11)

(Saudações.)

CG:	A garota sempre esteve em boas condições, sua avó morreu recentemente... Ela tem uma familiaridade com diabetes muito grave ... e seu pai teve um derrame. Ela disse que teve episódios noturnos, quando ela sentiu o coração disparado... e que estava batendo irregular. Eu a aconselhei a fazer alguns exames de tiroide... mas não deve ser nada grave.
C:	O traço é absolutamente normal...
CG:	... Certo!
C:	Exatamente, o eletrocardiograma é absolutamente normal... Não há taquicardias, não há extrassístoles... Também porque ela é jovem, essa mulher...
CG:	... Mas, na verdade foi ela quem me pediu para fazê-lo... Percebi que ela estava passando por um momento difícil ... e eu fiz o que ela queria ... mas reconheço que isso tem mais a ver com a tireoide do que um problema cardíaco...
C:	... Também porque uma mulher desta idade ... pensar em uma cardiopatia ...
CG:	... Eu nunca teria pensado nisso. Foi ela quem me pediu (risos) ...
C:	... Exatamente ...
CG:	... Mais em nível psicológico ... para tranquilizá-la ...
C:	... para tranquilizá-la ...

(Saudações.)

Nessa conversa, o alinhamento discursivo entre o CG, o cardiologista e o ECG parece ser o resultado emergente da própria interação entre os dois médicos. O cardiologista intervém no discurso do CG, alinhando-se com relação à normalidade do exame, mas ele introduz uma mudança de "ritmo", referindo-se à idade da paciente, a qual já deveria ter induzido o CG a descartar problemas cardiológicos ("o eletrocardiograma é absolutamente normal ... Também porque ela é jovem"). Neste ponto, o CG tem de entrar em sintonia com o discurso do cardiologista, uma operação realizada por meio da distinção feita pelo CG entre as práticas médicas cardiológicas, a que alude o especialista, e aquelas de um médico generalista, que conhece seus pacientes e compreende suas necessidades ("Eu percebi que ela estava passando por um momento difícil ... e eu fiz o que ela queria"). Esta última mudança de ritmo na conversa permite que o CG, mais uma vez, desvie o curso do discurso, e toda a conversa entre o médico e o cardiologista, assim, readquire sentido como uma prática médica (discursiva) destinada a tranquilizar a paciente ("para tranquilizá-la").

DELEGAR AOS NÃO HUMANOS

A última prática discursiva implantada pelos médicos para fazer com que exame e paciente coincidam se centra na capacidade dos dois atores para delegar o desempenho da prática clínica aos não humanos, que eles constroem como sujeitos ativos dentro da teleconsulta.

20021122-124650 (3:12)

CG: A paciente já teve dois ECGs feitos com outros médicos, mas ela diz que eles não conseguiam ler o V1. Ela tem que fazer uma cirurgia e ela precisa ter um ECG. Vamos tentar com o meu...

C: O traço não é muito bom, de fato, mas a V1 é clara e tem um bloqueio incompleto do ramo direito. Tem baixas tensões na precordiais... Ela é robusta?

CG: Não.

C: Isso aqui é, certamente, em razão da posição dos eletrodos...

CG: ... Eh... Eu sei... exceto que... onde devo colocá-los? Quero dizer, se isso os coloca...

C: ... Eu não sei...

CG: ... Eles provavelmente vão muito baixo no sentido de que...

C: ... Não, não, certamente não é isso. A razão é esta... provavelmente ... assim, a posição de qualquer maneira é estranha, porque este tipo de rotação com o ... de V1 a V5, tem um R muito baixo, e isso você consegue com rotações no sentido horário, por exemplo, em um paciente com broncopneumopatia. Se ela não é uma, ou se ela é magra, talvez com um coração em forma de gota, deveríamos ter uma rotação normal. Aqui, provavelmente ou é a posição dos eletrodos, ou ela é tão magra que você pegou uma costela ... e uma costela é desastroso.

GP: Ehm... é isso que eu suspeito.

C: Sim, isso às vezes acontece, e é provavelmente a posição dos eletrodos... É como se todas as gravações fossem feitas a partir da frente ... Provavelmente, ou o eixo elétrico está girado torto ou há um problema de aderência com os eletrodos. De qualquer forma, do ponto de vista prático, o traço é compatível com a idade jovem da mulher... Tem uma frequência de 65 e um bloqueio incompleto do ramo direito... Eu vou reportar uma progressão lenta da onda R, mas sem significado patológico...

GP: ... Certo...

(Saudações.)

Que os não humanos desempenham um papel ativo na prática médica, e mais geralmente em contextos organizacionais, está bem estabelecido na literatura (Berg e Mol, 1998), e isso já estava evidente nas chamadas telefônicas anteriores, em que (por exemplo), aos medicamentos foi atribuída algumas vezes a capacidade de substituir e/ou fundamentar a ação clínica. A transcrição recém-apresentada, no entanto, mostra uma delegação mais radical e, além disso, uma delegação que envolve um objeto que não faz parte normalmente da prática médica, mas sem o qual a teleconsulta não seria possível: o aparelho que registra os traçados do ECG.

O trabalho de enquadramento com que o CG retrata a paciente como não problemática (ela precisa do exame para a cirurgia, não por problemas cardiológicos) permite ao cardiologista reconhecer as anomalias no exame como devidas não a fatores patológicos, mas a erros no posicionamento do aparelho, o qual assim se torna o foco do discurso. Os dois médicos discutem a altura em que o aparelho deve ser colocado, a aderência dos eletrodos no corpo da paciente, seu tórax fino, a interferência causada pelas costelas, a forma do coração – como se todas essas coisas pudessem influenciar a gravação do eletrocardiograma. De um certo ponto de vista, é como se o discurso dos médicos construísse o corpo da paciente em paralelo com o "corpo" do aparelho, em um esforço para alinhar pedaços e fragmentos humanos e não humanos (costelas, eletrodos, coração, onda R, e assim por diante). É interessante que esta construção paralela de "corpos" manifesta a mistura de conhecimento tácito e estético que forma o plano de fundo para a prática médica (Capítulo 2 deste livro). O físico da paciente (magra/robusta), a rotação "estranha" do eixo elétrico, as costelas que são "desastrosas", as gravações que parecem ter sido "feitas a partir da frente": todas estas são expressões que não impedem o avanço da conversa; na verdade, elas parecem facilitá-lo.

Assim, construir uma narrativa capaz de alinhar todos esses elementos diversos permite ao cardiologista concluir que o traço é "compatível" com a idade da paciente, e informar ao CG em tons neutros e quase espontâneos (no final da conversa) uma "progressão lenta da onda R, mas sem significado patológico". Levando-se em conta que uma progressão lenta da onda R pode ser facilmente associada com infarto, percebe-se que todo o discurso do cardiologista faz sentido como uma tradução discursiva do significado possuído pelos vários elementos e suas relações "de um ponto de vista prático" (como enfatiza o cardiologista) – isto é, a partir de conhecimento e ação médicos profissionais. Esses últimos não mais dizem respeito apenas a corpos humanos, mas também a aparatos técnicos, e já não consistem em práticas materiais apenas, mas em discursivas também.

CONCLUSÕES

O que as TIC "fazem" quando modificam uma prática de trabalho já existente? No caso dos exames cardiológicos remotos analisados, a modificação da prática médica envolvia:

- Distância entre o paciente e o cardiologista;
- Um ser humano, o CG, como intermediário para a reconstrução do "corpo ausente" do paciente;
- Uma tecnologia específica, o eletrocardiograma, como intermediário na representação do "corpo ausente";
- A infraestrutura tecnológica formada por um telefone, um fax e um computador, e as TIC integradas;
- Um *call center* – uma organização dedicada – que oferece um serviço e coordena pacientes, cardiologistas, clínicos gerais e ECGs por meio de protocolos, cartões de arquivo, *software* de referência, e regras e hábitos organizacionais.

Se todos esses elementos interdependentes, cujas relações recíprocas constituem um SCF, vão se tornar expertise reconhecida (e se o cardiologista vai atribuir significado ao ECG na tela de seu computador e ser capaz de dizer que dominou uma nova prática – a consulta cardiológica remota), eles devem estar alinhados e mantidos juntos. Ou seja, desempenhados dentro do SCF. Isso requer que todos os elementos heterogêneos que compõem o sistema e incorporam fragmentos do conhecimento necessário devem ser mobilizados e transformados de "conhecimento" (como objeto) em "conhecimento prático" (como atividade). Esta atividade não exige a produção consciente e intencional, em vez disso surge a partir da coconstrução emergente que alinha os elementos heterogêneos do SCF, por meio de práticas materiais-discursivas situadas. Nossa análise tem em primeiro plano as práticas discursivas entre os dois médicos, sugerindo que a materialidade de sua prática é invisível no contexto da consulta (a ficha do paciente, o *software*, o conhecimento profissional, tácito e o trabalho de intermediação de conseguir conexão) desde que as suas relações recíprocas se mantenham. Quando, por qualquer razão, essas relações não se sustentam, aquelas entre os elementos do SCF devem ser realinhadas. Isso significa que, no SCF considerado, algumas interdependências são fundamentais e constituem o núcleo da prática – o ECG que representa o paciente, a expertise profissional e o eletrocardiograma por si mesmo como um artefato médico –, enquanto os outros elementos permanecem invisíveis, suas relações recíprocas se mantêm. Na materialidade das práticas de trabalho, os objetos podem ser definidos como "objetos de filiação" (Suchman, 2005, p. 379), no sentido de que eles são capazes de manter relações porque "os objetos não são inocentes, mas cheios de significado para as relações que eles materializam" (Suchman, 2005, p. 379). Não apenas eles "trabalham juntos" uns com os outros, mas também trabalham em conjunto com os humanos e, ao fazê-lo, ajudam a estabilizar a rede. Em outras palavras, objetos afiliados incorporam um conjunto de relações que dão durabilidade ao SCF e, portanto, constituem não apenas o contexto da prática, mas também os recursos materiais para o seu desempenho.

Como um conceito teórico, o SCF pode utilmente mudar o foco para a rede de elementos interdependentes na qual o conhecimento necessário para o desempenho de uma prática está imbricado. O SCF, como um mapa empírico das relações situadas, representa a espacialidade do conhecimento (onde o conhecimento reside). Como um dispositivo interpretativo, permite ao pesquisador investigar os modos de ordenar elementos e suas interdependências, associações, ou não associações e o trabalho que deve ser desempenhado por humanos e não humanos, a fim de colocar o conhecimento em prática.

Propusemos um quadro referencial teórico para a análise de um ambiente de trabalho virtual baseado no saber como uma realização coletiva. Uma prática de trabalho, como uma atividade situada normativamente sustentada por uma comunidade de praticantes, acontece no tempo e no espaço (ou seja, dentro dos limites de um SCF), e se desenrola por meio da mobilização do saber na prática.

Descrevemos uma variedade de maneiras em que a mobilização do conhecimento (ou seja, o alinhamento dos elementos em uma SCF) é realizado por práticas discursivas:

- Enquadramento e pós-escrita, como práticas que geram um "espaço" de significação para a ação subsequente, ou para a reprodução retrospectiva de sentido.
- *Footing*, como a dialética que permite às pessoas se alinharem dentro de um quadro predeterminado e a romper a sua moldura.
- Delegação aos não humanos, como a capacidade dos humanos de delegar o desempenho da prática clínica aos não humanos, que eles constroem como sujeitos ativos no âmbito da consulta remota.

O caso descrito estimula uma reflexão mais geral sobre como as TIC modificam as práticas de trabalho e locais de trabalho, especialmente como tecnologias de comunicação remota alteraram o tempo e o espaço do local de trabalho tradicional. O principal efeito das TIC consiste em um redesenho do espaço de trabalho como um sistema de conhecimento fragmentado imbricado nas pessoas, nos artefatos, nas regras e hábitos organizacionais, apoiados por uma infraestrutura. Trabalhar à distância, portanto, requer a aquisição de competências relativas à mobilização de conhecimento fragmentado e ao alinhamento deste em uma prática de trabalho completa. Os recursos utilizados para este fim são recursos do senso comum. Destes, os atores têm pouca consciência, e os ativam por aproximação gradual: eles transformam o conhecimento em potencial em um conhecimento prático (saber).

O objetivo deste estudo sobre consultas à distância em cardiologia foi o de contribuir para o corpo de pesquisa em telemedicina (Aanestad e Hanseth, 2000; Berg, 1997; Rajani e Perry, 1999) que analisa como a tecnologia e seus usuários constantemente modificam uns aos outros ao procurarem estabelecer um alinhamento durável e constituem, como dizem Aanestad e Hanseth (2000), um "coletivo híbrido". Gerenciar um sistema de telemedicina se assemelha a cultivar um "coletivo", cujos membros (como o próprio coletivo) podem aprender a melhorar seu desempenho. A telemedicina pode ser considerada um processo tecnológico baseado na negociação prática do uso resultante da sua estabilidade tecnológica ainda precária, e sua tradução incompleta em um conjunto "normal" de práticas. Nossa contribuição para o debate consiste em propor um quadro referencial teórico e metodológico fundamentado em dados primários, que pode ser usado para delinear o lugar e as práticas dessa negociação, um quadro referencial que também pode ser empregado quando os operadores de um sistema de telemedicina estiverem sendo treinados.

PARTE Três

Métodos para estudar a prática

CAPÍTULO 8

Quando ele dirá "Hoje as placas estão moles"? A gestão da ambiguidade e as decisões situadas[1]

Silvia Gherardi

Um dos fundamentos da idade moderna é o mito da univocidade: as ciências exatas, a sociologia e a política, invariavelmente, insistem em linguagem rigorosa, em terminologia não ambígua, em discurso padrão e universalmente compreensível. Os heróis da luta contra a ambiguidade foram Galileu, Descartes e Newton, que fundaram a ciência moderna sobre o discurso unívoco, a definição científica de categorias e a formulação de teorias. Expressões indiretas, metafóricas e alegóricas foram consideradas provisórias, subordinadas, como ornamentação; ou então foram abandonadas como formas expressivas que pertencem aos domínios da poesia, da literatura, da filosofia – das ciências humanas em geral – e que só enfraqueciam a investigação científica.

Intrínseco à história das ideias no Ocidente moderno é o que Morin (1974) chamou de "racionalismo mórbido" tornado manifesto no esforço para fazer o real coincidir com o racional, para descartar o evento porque representa o desconhecido, e para rejeitar a linguagem rica, polissêmica e polifônica, porque ela é incerta: "as coisas de letrados" não dos "homens cabeça-dura [*sic*] da ciência". Mas isso não foi sempre assim na história do pensamento humano. De fato, o "voo da ambiguidade", como denominou Levine (1985), é um processo moderno, que recebeu seu ímpeto principal da Ascenção da burocracia ocidental. Recentemente, no entanto, o conceito de ambiguidade tem sido um benefício considerável para os

[1] Publicado originalmente: Gherardi S. When will he say: "today the plates are soft"?: Management of ambiguity and situated decision-making. Studies in Cultures, Organizations and Societies. 1995; 1(1):9-27.

estudos organizacionais e, especialmente, para a teoria da decisão, porque lança luz sobre novos aspectos de velhos problemas. A este respeito, os trabalhos de Cohen *et al.* (1972), March e Olsen (1976), Weick (1979) e Daft e Weick (1984) são clássicos que de várias maneiras revelam as fontes de ambiguidade organizacional no processo de decisão: a ambiguidade de preferências, de relevância, da história, das interpretações. Eles identificam como fontes de ambiguidade organizacional diversos fenômenos, tais como a alta mobilidade de pessoas, a redução do nível de desempenho aceitável, as mudanças súbitas na autoridade ou nas descrições de emprego, ou outras características maldefinidas ou definíveis do trabalho.

No entanto, é nos estudos culturais que o conceito de ambiguidade adquiriu *status* especial (com a "virada linguística") e onde é conceituada como um problema epistemológico e não como uma propriedade inerente a fenômenos que ocorrem no mundo exterior. A ambiguidade surge na relação que os sujeitos estabelecem com o mundo e com outros sujeitos; na relação entre o sujeito, sua linguagem e formas culturais; e na relação entre o sujeito, suas ações, reações e ações coletivas. Além disso, há o fato de que a produção de conhecimento por qualquer estudioso implica a mediação simbólica da ambiguidade entre a interpretação do mundo social estudado e a representação dessas interpretações dentro de um sistema interpretativo especialista.

Apesar de sua grande variedade, os estudos culturais compartilham o reconhecimento de que os fenômenos organizacionais não têm significado unívoco. Eles são constituídos por e por meio de múltiplas interpretações feitas tanto por atores organizacionais como por pesquisadores e pela comunidade acadêmica. Múltiplas interpretações representam uma ampla gama de problemas para o conhecimento porque contradizem os pressupostos do positivismo e desafiam a metodologia empirista. Os estudos etnográficos constituem uma tradição neste sentido, mas aqui também os problemas de como coletar dados, como lidar com múltiplos níveis de interpretação e como representar o conhecimento produzido são tanto teóricos quanto metodológicos (Rosen, 1991; Linstead, 1994).

A pesquisa cultural que define a ambiguidade em relação à cultura e a considera uma fonte de riqueza prosseguiu em uma variedade de direções. Rosen (1985) analisa o comportamento informal em festas e relata as emoções geradas pela ambiguidade. Levitt e Nass (1989) estudam a publicação de livros-texto e consideram a ambiguidade uma característica desta indústria (e talvez de outras indústrias culturais também). Meyerson (1991), Feldman (1991) e Lanzara (1993) estudaram, respectivamente, assistentes sociais, analistas políticos e trabalhadores de saúde mental a fim de mostrar a difusão de ambiguidade nessas ocupações, e como a metáfora é usada para comunicar ambiguidade (Gherardi, 2000b). Martin (1990) e Hatch e Ehrlich (1993) analisaram histórias ou expressões de humor espontâneo a fim de evidenciar a copresença de contradições, incongruências e incoerências que sustenta uma variedade de formas culturais. Martin (1992) destaca de maneira muito reveladora três perspectivas na pesquisa da cultura: os pontos de vista de integração, diferenciação e fragmentação, cada um dos quais é caracterizado por uma atitude específica com relação à ambiguidade. A abordagem de integração considera a cultura um sistema de significados compartilhados e ignora ou exclui a ambiguidade. A abordagem de diferenciação descreve a cultura como algo que é internamente inconsistente, enquanto subculturas constituem ilhas de coerência interna que emergem do mar de ambiguidade, assim a ambiguidade é eliminada da subcultura por consenso limitado. Finalmente, sob a abordagem de fragmentação, a ambiguidade é a essência da cultura organizacional, e consenso e dissenso são específicos dos acontecimentos e flutuam constantemente (mesmo dentro de subculturas).

Em termos de esquema de Martin, a minha concepção de cultura organizacional pertence à abordagem de fragmentação. Usei essa abordagem para estudar oito comunidades ocupacionais e culturas (Gherardi, 1990): duas comunidades de chão de fábrica que trabalhavam em uma linha de montagem de baterias, cinco comunidades de colarinho branco (uma em um escritório comercial e quatro em escritórios técnicos) em uma gráfica trabalhando com vários tipos de produtos e linhas de produção, e uma comunidade de secretárias dos escritórios. Dentro de cada subcultura ocupacional, estudei o sistema de discricionariedade operacional, sendo a minha ideia base que a discricionariedade era tudo o que os sujeitos definissem como tal. Descrevi a cultura ocupacional de cada comunidade em termos das premissas de decisão que um estranho teria que assumir a fim de compreender e adaptar-se ao quadro referencial de "estar trabalhando" naquela comunidade.

Eu estava interessado em examinar o conhecimento local desenvolvido e zelosamente guardado por cada comunidade, em particular o conhecimento sobre os aspectos técnicos dos empregos, as interações estratégicas com outras pessoas significativas, e sua avaliação ética e estética do trabalho. Minha metodologia de pesquisa contou com várias técnicas. A técnica de entrevista projetiva foi usada para a coleta de dados; o mapeamento cognitivo me permitiu reinterpretar um texto coletivo; e a teoria fundamentada foi a base para a análise de dados e a elaboração de uma teoria mais geral. Meu interesse na gestão da ambiguidade cresceu. Como observadora participante, fiquei impressionada pela forma como a ação ou omissão coletiva era desencadeada por expressões ambíguas, tais como: "hoje as placas são moles", "o cliente está aqui" ou "o chefe está tenso hoje".

Eu defino ambiguidade em termos de indeterminação identificável na ambiguidade linguística. Isso envolve o significado mais ou menos unívoco das palavras, imprecisão, obscuridade, polissemia, metáfora, a criação de significados enigmáticos ou vocabulários idiossincráticos. A ambiguidade da vida tem a ver com o fato de que uma situação pode ter dois ou mais significados, ou ela pode simplesmente não ser clara ou confusa, as pessoas têm expectativas contraditórias, as consequências são vagas, as opiniões são confusas e coloridas por sentimentos contrastantes. Há uma variedade de facetas para a ambiguidade da vida: ambiguidade empírica como ambivalência, ambiguidade como a indeterminação ou a contradição de informações, sua inexatidão, escassez e elevado grau de incerteza, como o recurso psicológico que aumenta a flexibilidade cognitiva e melhora a visão inovadora (Levine, 1985). Emoção, cognição e ação estão interligadas e ativadas pela ambiguidade, tanto individual quanto coletivamente.

Este capítulo não é, contudo, um resumo de todas as minhas pesquisas. Em vez disso, sugiro um método para estudos etnográficos e uma interpretação do processo cognitivo de tomada de decisão como uma atividade situada, além disso, forneço uma descrição interpretativa da "restrição de cota" – para ilustrar o processo de gestão da ambiguidade. Meu exemplo é uma comunidade de operários trabalhando na área de montagem de uma empresa produtora de baterias. A cultura do trabalho desta comunidade é representada pelas instruções dadas pelo Sr. Rossi para um pesquisador atuando como seu dublê. A pesquisadora, por sua vez, representa um sistema de microdecisões necessárias para descrever e interpretar os processos de ação coletiva de "fazer o número" e o que acontece quando este não é o caso.

FAZER O NÚMERO

Imagine que você é dublê do Sr. Rossi e você deve tomar o lugar dele no trabalho amanhã sem ninguém descobrir a troca. Agora, o Sr. Rossi lhe diz como se comportar:

1. Você é um trabalhador na área de instalação de uma empresa que produz baterias. Você deve se apresentar para o trabalho às 6:00 da manhã e trabalhar sem parar até 9:15.
2. Quando você entrar para tomar meu lugar, a primeira coisa a fazer é verificar a placa grande no final da fábrica para descobrir que tipo de bateria está sendo montada naquele dia e a cota. Então você vai ao encontro do seu companheiro de trabalho. Você revezará com ele entre soldar os terminais nas baterias e bater as placas.
3. Quando você for o batedor, coloque os separadores na bancada, as placas negativas à esquerda, as placas positiva no centro e os separadores à direita. Em seguida, coloque os separadores em cima das placas negativas e as placas positiva em cima deles. Repita a ação várias vezes para construir as unidades. Em seguida, coloque as unidades na bancada para o seu companheiro apanhar e soldar os terminais.
4. Como batedor ou soldador, você vai notar que a qualidade dos materiais é muito variável, por exemplo, as placas podem ser rígidas ou moles demais.
5. Se elas forem muito moles, você tem de falar para o supervisor.
6. Qualquer separador que tenha mais de três elementos esmagados você tem de jogar fora.
7. Se você encontrar uma caixa de separadores com defeito você tem de chamar o controle de qualidade.
8. Se você encontrar terminais colocados muito baixos, tente levantá-los com um alicate, mas se os terminais forem muito curtos, jogue-os fora. Mais importante: use apenas um pouco de solda quando você está soldando, pois esta também deve ficar bonita.
9. Problemas sérios devem ser comunicados à gestão, mas somente quando você realmente tiver de fazê-lo, quando você perceber que tem um problema grande que vai causar lentidão e impedi-lo de "fazer o número" (ou seja, cumprir sua cota de baterias completas).

10. No entanto, é melhor resolver os problemas pedindo ajuda aos seus colegas, não chamando os chefes, porque isso desperdiça tempo.
11. Se você chamar o chefe, você tem de tirar suas luvas, sair e telefonar para ele e depois esperar por aí, porque ele não pode ser encontrado, ou ele está ocupado, ou ele leva muito tempo para vir.
12. E então isso depende de quem está disponível. O Sr. X é ágil, o Sr. Y é incompetente e o Sr. Z é acelerado.
13. Você deve chamar o chefe em apenas dois casos: quando algo quebra e o mecânico tem de ser chamado, e quando você não tiver feito a sua cota e tem de dizer isso ao chefe.
14. Qualquer redução na produção você decide com seus colegas de trabalho; o assunto circula, você pergunta aos outros o quanto eles podem produzir e então você decide fazer um pouco menos.
15. Então você chama o chefe para mostrar a ele como são os materiais, mas ele nunca procura resolver o problema, ele só diz que você tem de continuar a trabalhar, mesmo que a qualidade diminua.
16. Você deve se lembrar que é a quantidade que conta; é apenas o número de produção diária que importa para os chefes. A regra é: tanto de produção em tanto tempo, mesmo se a qualidade for afetada.
17. Você tem de suar a camisa, de modo que possa manter a última hora livre: nas primeiras horas, você mantém uma boa taxa de trabalho, revezando-se entre bater e soldar a cada quatro lotes com seu colega de trabalho.
18. É o mais velho da dupla quem define o ritmo de trabalho, quando ambos concordam.
19. Quando você tiver trabalhado duro por três horas e a cota diária já está tranquila, você pode diminuir o ritmo, fazer uma pausa de dez minutos a cada hora e sair para um cigarro, um café ou um bate-papo.
20. Após a pausa para o almoço, você não trabalha como fez no período da manhã: você termina a sua cota, recupera um pouco se tiver ficado para trás e tenta terminar cedo de modo que possa limpar o seu posto de trabalho e gozar de um bem merecido descanso. É importante trabalhar rápido na parte da manhã para que você não precise se preocupar com a sua cota diária e possa relaxar à tarde.
21. Se vocês perderem mais de meia hora, entram em acordo e diminuem a produção.

22. Para fazer isso, é vital se dar bem com os colegas de trabalho e, acima de tudo, ter um parceiro que trabalha da mesma forma que você. É melhor trabalhar sempre com a mesma pessoa, porque vocês desenvolvem um bom entendimento e não discutem.
23. Se amanhã você pegar o Mário, não tem problema porque vocês dois têm o mesmo sistema, mas se for o Antônio vai ter problema.
24. Há algumas pessoas que pegam leve, pois sempre querem trabalhar na mesma velocidade.
25. Aqui um cara bom é alguém que alcança a sua cota, pelo menos os patrões pensam assim!
26. Aqui você aprende a praguejar. A desorganização dá nos nervos, os materiais são de baixa qualidade, os problemas são sempre os mesmos, e você ainda tem de fazer a sua cota. O antigo supervisor costumava dar um jeito no que não funcionava e mantinha os trabalhadores felizes.
27. Se você não está feliz, não faça nada extra; apenas cumpra sua cota, e pronto.
28. Se receber materiais de baixa qualidade, você trabalha mal, se irrita, para o trabalho com mais frequência e sua execução é ruim.
29. Então, os trabalhadores da linha de montagem começam a reclamar. Há atrito entre nós e os trabalhadores da linha porque eles têm de manter-se no ritmo das máquinas e têm de trabalhar o tempo todo em vez das seis horas que nós trabalhamos. Então, eles têm inveja das nossas pausas e da última hora tranquila.
30. Eu não estou interessado em mudar de emprego, porque eu já aprendi meu ofício e não quero passar para uma categoria superior.
31. Para progredir, você tem de se mexer, aprender vários trabalhos, tornar-se visível e mostrar aos chefes que você não é um vagabundo.

Como dublê do Sr. Rossi, você também deve saber algo sobre o que aconteceu anos atrás e foi herdado dos trabalhadores mais velhos como um mito da classe trabalhadora. Só assim você vai entender por que o Sr. Rossi quer alcançar sua cota, mas só trabalha seis das sete horas da jornada, e guarda a última hora para relaxar. Na verdade, a "zona de tempo livre" é um legado da batalha travada pelos trabalhadores da montagem contra a poluição por chumbo dez anos atrás. A gestão reestruturou a área e os trabalhadores saíram vitoriosos das negociações sobre os padrões de produtividade. O símbolo de sua resistência era a hora livre no final do dia, quando ostentavam a sua independência. Posteriormente, porém, outros trabalhadores foram admitidos, a gestão mudou a estratégia e consultores foram chamados.

COLETA, INTERPRETAÇÃO E REPRESENTAÇÃO DE DADOS

Sr. Rossi não é uma pessoa em carne e osso, que descreve seu mundo do trabalho em uma entrevista para o benefício do entrevistador, e por meio da transcrição, para o leitor. Ele é uma invenção, um artefato criado pela pesquisadora que, após um processo de dissecação analítica, retorna à linguagem natural para recompor a fala situada de parte de uma comunidade ocupacional e para comunicar a análise ao leitor, dando-lhe a sensação de estar presente. Sr. Rossi é um trabalhador "composto", construído a partir de entrevistas com os 20 trabalhadores na área. Ele é representativo do grupo de trabalhadores com a hegemonia cultural na área, mas, como ele mesmo diz, há um segundo grupo que quer "pegar leve" e que tem uma visão diferente de trabalho. Eles são os trabalhadores mais jovens, que não participaram da ocupação da fábrica, e que são mais simpáticos à preocupação da administração em melhorar a produtividade. A "zona de tempo livre" não é importante para eles. Como eles são uma minoria dissidente – ou uma contracultura dentro de uma subcultura –, eu preferi descrevê-los indiretamente por meio das imagens atribuídas a eles pela maioria. Esta, por sua vez, era espelhada pelo grupo de dissidentes. Este processo – que eu chamei em outro lugar de "jogo de espelhos" (Gherardi e Strati, 1990) – é de grande ajuda para o pesquisador para levantar o véu de segredo sobre aquilo que os entrevistados querem manter escondido. Na verdade, o segredo que esconde o conhecimento local sempre foi um dos maiores obstáculos tanto contra o etnógrafo, que busca para se tornar um *insider*, quanto contra a gestão esforçando-se para exercer o controle. E é nesse sentido que descrevo agora as técnicas que usei para criar o artefato Sr. Rossi, pois creio que elas possam servir como ferramentas úteis para os etnógrafos, que frequentemente não especificam as técnicas que usam para coletar dados, nem aquelas que usam para analisá-los (Gherardi e Turner, 1987).

Desenvolvi uma técnica de entrevista projetiva – "a entrevista com o dublê" – para reunir os dados, com base na experiência anterior (Oddone *et al.*, 1977) adquirida por psicólogos do trabalho, que realizaram uma série de entrevistas em um contexto de capacitação. Minhas entrevistas com o dublê duravam de 30-45 minutos em média, de acordo com a competência linguística dos entrevistados (os trabalhadores de escritório falavam mais do que os trabalhadores do chão de fábrica) e a sua capacidade de lidar psicologicamente com uma configuração que exigia que eles produzissem um monólogo. O entrevistado era solicitado a realizar o que alguns descreviam como uma tarefa "bizarra":

> *Agora que eu já analisei o seu trabalho, quero entendê-lo ainda melhor. Quero imaginar como seria fazê-lo eu mesma. Quero me imaginar como o seu dublê, completamente o mesmo que você, e que amanhã de manhã devo ir ao trabalho em seu lugar. Como devo me comportar, o que devo fazer para que ninguém descubra a troca?*

No meu papel de entrevistadora, eu, então, verificava se o entrevistado tinha compreendido a situação. Para fazer isso, trocávamos os papéis e eu dava ao entrevistado um exemplo do trabalho que ele realizaria como meu dublê. Começaria mais ou menos assim:

> *Amanhã você vai para a universidade, mas não antes das 9:30, porque todo mundo ficará surpreso ao vê-lo, já que eu não sou uma pessoa matinal. Em vez disso, é melhor ficar até mais tarde, até às 8:00 algumas vezes. Diga bom-dia a todos, mas não pare para conversar, porque eu sou mal-humorada no período da manhã.*

O exemplo continha um convite implícito para se concentrar sobre as minúcias da vida cotidiana, sobre relacionamentos e sentimentos, em vez de sobre aspectos técnicos do trabalho uma vez que estes já haviam sido analisados. Ao entrevistado era dado todo o tempo que ele precisava, e era dito que o entrevistador não interviria "de forma a não interromper a sua linha de pensamento". No final da entrevista, o entrevistado era solicitado a fazer uma lista de instruções dispostas em ordem de importância.

Do ponto de vista teórico, esta técnica baseia-se em uma série de pressupostos. Primeiro, ela assume o conhecimento recíproco entre entrevistado e entrevistador (o trabalho de campo durava em média dois anos), que deve incentivar uma relação de confiança e, portanto, aumentar a implicação de responsabilidade na entrevista (Antaki, 1985). O fato de que a entrevista é uma interação social, e não uma coleta "objetiva" de dados, implica três premissas:

a *construção* social do tópico do discurso, do sujeito falante e da interação; a *contextualidade* tanto da situação interlocutória quanto do contexto mais amplo no qual a entrevista se realiza; e a *linguagem* como o meio de interação.

A linguagem, na verdade, não descreve uma realidade objetiva a qual corresponde: em vez disso, organiza um discurso sobre a verdade de uma maneira parcial e partidária. Também a teoria da atribuição dá importância a fatores sociais e contextuais, e as atribuições feitas pelos indivíduos são vistas como uma expressão de sua relatabilidade para seus pares e outros interagentes no seu mundo social (Semin e Manstead, 1983). As descrições geradas pelas entrevistas com o dublê dependem do contexto interativo, e esses relatos são o resultado de negociações complexas conduzidas dentro da conversação, tanto da conversação real com o entrevistador quanto da conversação potencial com outras pessoas relevantes.

Um segundo pressuposto é que o entrevistado está disposto a aceitar a técnica projetiva. Esse termo subsume uma variedade de procedimentos que compartilham a característica comum de uma tarefa altamente ambígua, nova, e às vezes até mesmo bizarra, da qual o significado ou interpretação é determinado pelo entrevistado, que deve estruturá-la e torná-la significativa (Branthwaite e Lunn, 1985). A principal vantagem das técnicas projetivas é que elas produzem interpretações que refletem os interesses e as preocupações do entrevistado e superam as barreiras da autoconsciência e da racionalidade, das influências sociais e da repressão inconsciente, provocando, em vez disso, associações imaginativas e incomuns e conjecturas hipotéticas ("como se"). As técnicas projetivas dão ao pesquisador acesso às formas de os entrevistados imporem ordem sobre a realidade. Elas tornam a ambiguidade algo que os entrevistados podem apreender e ao mesmo tempo preservar, a fim de ocultar as contradições e os segredos que eles não possam ou não queiram desambiguar.

A pesquisadora absteve-se de interromper o entrevistado, a fim de observar a estrutura narrativa usada para organizar seu relato. Sob a hipótese da etnografia da fala (Bauman e Sherzer, 1989), a práxis da fala é uma performance, no sentido de que o uso situado da linguagem comunicativamente constitui a vida social e cultural. Além disso, o tipo de tarefa atribuída (explicar o que fazer e como se comportar a fim de ...) causava um uso particular "performativo" da linguagem: instruir, recomendar, sugerir e dar razões. Como uma entrevista seguia-se de outra, o entrevistador gradualmente começou a ver aquela parte da fábrica a partir do ponto de vista do *insider* e começou a raciocinar como um detetive seguindo dicas e juntando pistas verbais. Finalmente, o entrevistador realizou uma sessão de *feedback* com o grupo, não no sentido de validar os resultados, mas para ganhar mais conhecimento por meio do retorno da análise (Bloor, 1983).

Se o pesquisador não se contenta em transformar dados qualitativos em quantitativos, então ele deve usar a análise de conteúdo para enfrentar o problema da realização de análise qualitativa de dados qualitativos. A subjetividade da análise é uma característica inerente à interpretação de dados qualitativos e será influenciada pelos interesses e preconceitos dos pesquisadores (Gherardi e Turner, 1987). Consequentemente, "a perspectiva adequada para avaliar as tarefas projetivas é como uma ferramenta para o pesquisador aumentar o seu contato e *insight* sobre o problema em questão" (Branthwaite e Lunn 1985, p. 114).

Para produzir este tipo de análise de dados qualitativos, eu processava a transcrição de cada entrevista de duas maneiras. Primeiro, representava graficamente cada entrevista em uma folha grande de papel utilizando a técnica de mapeamento cognitivo (Jones, 1985), a fim de considerar toda a entrevista como uma unidade, para respeitar a coerência entre linguagem e conceitos, e para distinguir mais claramente entre o que eu considerava importante e secundário, respectivamente. Então, inspirei-me na metodologia da teoria fundamentada (Glaser e Strauss, 1967; Turner, 1981; Strauss, 1987) para construir as categorias com as quais analisar a discricionariedade de "estar trabalhando".

Meu uso do mapeamento cognitivo não vem do que se tornou a técnica convencional, em vez disso, continua a tradição iniciada pelo grupo de Bath (Eden *et al.*, 1983) e utilizada mais recentemente por Eden (1992). Em vez de representar o pensamento como as abordagens convencionais tentam fazer, na tradição de Bath, os mapas cognitivos permitem a expressão e a reflexão pelos sujeitos sobre o que dizem que pensam. Do meu ponto de vista, o mapeamento cognitivo foi uma ferramenta para analisar as entrevistas, um suporte gráfico que me permitiu comparar as entrevistas e isolar padrões de pensamento recorrentes, contraditórios, centrais, ou periféricos, porque, na análise de dados, tanto as respostas comuns quanto as raras podem iluminar mecanismos subjacentes. Posteriormente, retornei à linguagem natural, buscando reutilizar os termos da comunidade estudada e recriar uma entrevista "simulada" com o trabalhador típico naquela comunidade, o Sr. Rossi, que incorporou as opiniões mais comuns e encapsulou as sugestões feitas mais frequentemente.

Os dados coletados desta maneira podem ser processados de muitas maneiras. Meu interesse, no entanto, estava nas microdecisões e na discricionariedade dos indivíduos e das comunidades ocupacionais na elaboração do significado local de "estar trabalhando". Assim, eu construí um conjunto de categorias de tomada de decisão. Para realizar essa abstração progressiva de conceitos de primeira ordem para conceitos de segunda ordem, ao construir uma teoria fundamentada nos dados, eu coloquei as entrevistas de todas as comunidades estudadas em conjunto (90 no total). Na próxima seção, apresento as microdecisões do Sr. Rossi. A numeração utilizada para separar a entrevista permite ao leitor traçar a correspondência entre os conceitos de primeira ordem (dos entrevistados) e os de segunda ordem (da entrevistadora).

LIDANDO COM O REFERENCIAL DA TOMADA DE DECISÃO SITUADA

Agora imagine que você é um pesquisador tentando entender como o Sr. Rossi constrói um mundo com significado em conjunto com outros membros de sua comunidade profissional. Isto é, você quer ver como ele lida com a ambiguidade em sua vida diária. Você é um pesquisador que leva em consideração Glaser e Strauss e Barry Turner e, depois de diligentemente aplicar a metodologia da "teoria fundamentada", de repente você se encontra em uma "viagem sem drogas", para a qual as microdecisões do Sr. Rossi são a chave para a compreensão. Em sua viagem sem drogas, você tem uma visão: o Sr. Rossi não quer se afogar no mar azul existencial da indecidibilidade. Ele constrói suas jangadas de coerência e salta de uma para outra sem presumir que ele eliminou a ambiguidade ou que ele tem uma teoria filosófica coerente do mundo. Ele está bastante satisfeito com atingir sua cota e terminar o dia.

Qual é o segredo do Sr. Rossi? A pesquisadora vislumbra um padrão de microdecisões do jeito que o Sr. Rossi cognitivamente destaca figuras do fundo e escolhe as pessoas, as coisas e as relações mais significativas para ele, enquanto relega tudo de menor importância para uma realidade mais remota.

Dentro da assim chamada organização onde ele trabalha, o Sr. Rossi cria o seu próprio espaço relacional e dá uma visão dele descrita a seguir e na Figura 8.1 (os números entre parênteses referem-se a observações feitas pelo Sr. Rossi na entrevista com o dublê descrita anteriormente).

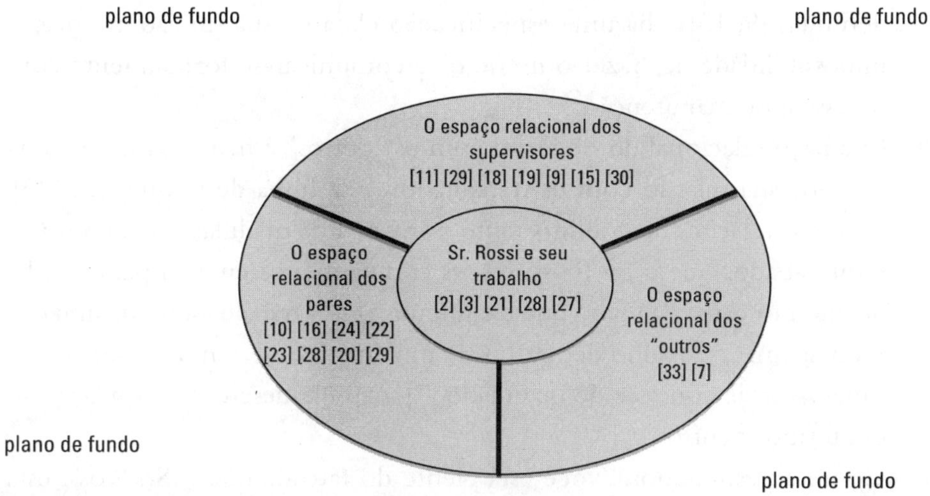

Figura 8.1 Espaço relacional do Sr. Rossi.

- O relacionamento mais próximo do Sr. Rossi é a sua interdependência recíproca [3] com seu parceiro de trabalho [2] dentro de um quadro referencial normativo (tanta produção em tanto tempo [19]) compartilhado por trabalhadores e chefes e que confere comando por antiguidade [21]. Este quadro referencial normativo é regularmente violado e deslegitimado [27] por aqueles que têm uma visão diferente do mundo [28].
- O espaço relacional dos pares do Sr. Rossi é traçado pelas relações dele com os colegas de trabalho ao pedir ajuda [10], ao decidir conjuntamente reduzir a produção [16, 24], ao manter uma alta taxa de trabalho [20], ao garantir que as metas de produção sejam alcançadas [22], e ao relaxar [23]. Mas a comunidade de pares do Sr. Rossi compreende pelo menos dois tipos de indivíduos, de acordo com a tipificação que ele usa: há aqueles que trabalham rápido [20] e aqueles que pegam leve [28]. De qualquer forma, a regra para ser "OK" é cumprir sua cota no final do dia [29].
- O espaço relacional dos supervisores do Sr. Rossi é traçado por sua caracterização das relações com "os chefes". Quem quer que eles sejam [11],

tais indivíduos devem ser evitados porque eles desperdiçam tempo, não resolvem os problemas [18], e só estão interessados em quantidade [19]. No entanto, a tipologia dos chefes varia ao longo [18] de um *continuum* de competência. Um chefe é "OK" quando ele é capaz de manter seus trabalhadores felizes [30]. As regras para chamar os chefes estão bem definidas [9, 15] e há uma especificação clara de sua função: ratificar a impossibilidade de "fazer o número" e comunicar-se formalmente com o pessoal de manutenção.

- O espaço relacional do Sr. Rossi com os "outros" é mais restrito e compreende sua relação com os trabalhadores da linha de montagem [33]. Estas são relações de conflito, tanto por causa da qualidade dos produtos semiacabados que o Sr. Rossi e seus companheiros enviam para a linha quanto por causa da inveja que ele imputa a esses trabalhadores da linha de montagem. O trabalho do Sr. Rossi também o coloca em contato com o supervisor de controle de qualidade [7], mas ele descreve essa relação só em termos neutros.

Como a pesquisadora, você está ciente do fato de que o Sr. Rossi está exibindo o mundo dele para o seu benefício, e que este texto pode ser lido em termos do que diz abertamente, do que isso implica e do que deixa de dizer. A diferença entre você/pesquisador e o Sr. Rossi é que você vê o plano de fundo, como as figuras são destacadas dele e como o palco está montado para você como um espectador, enquanto o Sr. Rossi não vê mais o plano de fundo, ele o toma como garantido. Sr. Rossi é em grande parte inconsciente de seu papel ativo na construção de seu espaço relacional e das microdecisões que ele tomou a fim de viver dentro de uma realidade escolhida. O que ele descreve é um mundo "dado" – um mundo no qual você, como pesquisador, mapeia a área mais ampla de discricionariedade em torno de um padrão de microdecisões definidas como um "espaço relacional" e um "contrato *com* o trabalho". O contrato com o trabalho é tanto individual quanto coletivamente criado pela comunidade profissional. Devemos primeiro examiná-lo como um empreendimento coletivo.

Sr. Rossi expõe a sua estratégia preferida para o seu dublê: mantenha uma taxa alta de trabalho no início do turno de modo que você possa ter certeza de "fazer o número", então diminua gradualmente o ritmo, limpe sua estação de trabalho e relaxe na última hora. Ele disse [33] que os trabalhadores da linha de montagem tinham de trabalhar todo o turno, e você sabe que isso dura cerca de sete horas e meia, "em vez das seis horas que nós fazemos". O Sr. Rossi também mencionou [20] "manter a última hora livre" e também que ele faz uma pausa de dez minutos a cada hora. Esta "zona de tempo livre" só pode ser criada e defendida coletivamente. Se não fosse coletiva (sendo gasta principalmente jogando cartas), um símbolo de resistência institucionalizada coletiva, seria sem sentido. A pesquisadora vai descobrir mais tarde que aqueles que "pegam leve" [28] pertencem a uma geração mais jovem e que a velha guarda vai reclamar se houver apenas 20 minutos livres sobrando ao final do turno. Há, portanto, dois modelos de contrato com o trabalho que estão competindo de forma latente e que poderiam em breve dar origem a conflitos culturais.

Para obter uma melhor compreensão do trabalho do Sr. Rossi, você foca o processo pelo qual a relação entre o Sr. Rossi e seu trabalho modela o próprio Sr. Rossi:

> *Se você não está feliz, não faça nada extra; apenas cumpra sua cota, e pronto [31]. Se receber materiais de baixa qualidade, você trabalha mal, se irrita, para o trabalho com mais frequência e sua execução é ruim [32].*

O Sr. Rossi ajusta sua relação com seu trabalho tomando uma série de decisões (veja a Figura 8.2):

Figura 8.2 Contrato do Sr. Rossi com o seu trabalho.

- A imagem de seu eu que trabalha. Foi dada a ele a oportunidade de trabalhar bem? O Sr. Rossi tem uma ideia de si mesmo no trabalho como "um daqueles que trabalha rápido" [20] e seus parâmetros de avaliação são a qualidade dos materiais [32], a satisfação da razão "chefe/solução de problemas/sua própria contribuição" [30], trabalhando em parceria com um "irmão cultural" ou não [27].
- *Os limites de seu trabalho.* O Sr. Rossi conceitua os limites do que "ele deve fazer" em termos de "fazer o número"; o que é "negociado" é a quantidade de esforço que ele está disposto a fazer para reduzir o número de descartes [6] [7] [8]. Ao contrário de seus colegas de trabalho, o Sr. Rossi não tem uma área de "disponibilidade", ou seja, uma área adicional na qual ele está disposto a estender os limites do seu trabalho, a fim de lidar com eventos excepcionais ou pedidos bem justificados de seus chefes.
- *A comensurabilidade do desempenho com uma ideia de justiça.* O Sr. Rossi certamente não é o tipo de pessoa que quer "fazer mais" do que a cota afixada no quadro de avisos [2]. O que o Sr. Rossi não diz ao seu dublê é que esta cota é a produção mínima que a gestão quer, enquanto para ele este é o máximo. Mas também o Sr. Rossi não recua e "faz menos". Fazendo o que é certo significa "fazer o número", talvez reduzir a produção, mas apenas porque os materiais de má qualidade desperdiçam seu tempo [24]. A contabilidade social da justiça tem suas próprias unidades de medida.
- *O contravalor esperado.* As expectativas do Sr. Rossi refletem o modo como ele chega a uma avaliação global "de como as coisas são aqui" [30] e "quem é OK" [29]. Ele está, portanto, desinteressado em mudar de emprego, ou em uma carreira [34]. Logo, ele não implementa as estratégias apropriadas [35], mas restringe-se a cumprir sua cota.

DISCUSSÃO

Agora que o leitor já aprendeu o que estar trabalhando significa para o Sr. Rossi, podemos passar para conclusões mais gerais a serem tiradas a partir da análise desta comunidade ocupacional: conclusões que poderiam ser aplicadas a outras.

A técnica etnográfica projetiva nos permitiu concentrar-nos em um quadro referencial cognitivo "estar trabalhando", que pode mudar de uma comunidade para outra, ou dentro desta, mas o qual, como uma estrutura complexa de significados, pode ser considerado um construto central na cultura ocupacional daquela comunidade. Como esses significados são criados? Basicamente, eu argumento que eles são produzidos via tomada de decisão cognitiva, tanto individual como coletiva, centrada em duas áreas de discricionariedade: o mapeamento do espaço relacional e a estipulação do contrato com o trabalho. Cada área é constituída por um conjunto de microdecisões que podem ser independentes umas das outras (como no caso do espaço relacional em que os sujeitos e objetos significativos são produzidos de acordo com as regras de relevância), ou inter-relacionadas (como no caso do contrato com o trabalho que molda a relação entre a atividade e o sujeito de acordo com uma série de decisões interdependentes).

Cada comunidade ocupacional desenvolve seu próprio conhecimento local, tanto tácito quanto explícito, técnico, relacional, ético e estético, que permite aos seus membros tomar microdecisões com base no conhecimento da situação social, dos atores envolvidos, e dos objetivos de sua ação. O pesquisador ganha acesso a este conhecimento local por meio da compreensão do significado local de "estar trabalhando". Esta pode não ser uma descrição completa da cultura do trabalho, mas, não obstante, fornece uma chave útil para ela, especialmente para aqueles que desejam realizar um estudo etnográfico. No entanto, antes que possamos estar totalmente satisfeitos com a metodologia descrita aqui, há um outro problema teórico e metodológico com o qual lidar: como se passa da análise da dimensão individual de pensamento, de tomada de decisão, de ação para a dimensão coletiva?

Obviamente, não podemos ficar satisfeitos com técnicas de colagem mais ou menos sofisticadas, ou com outros resumos ou relatos de ação coletiva. Observação participante, por um observador que já possua uma certa quantidade de conhecimento local também é necessária. Neste caso, um tipo particular de ambiguidade simbólica, ou seja, a afirmação simbólica "hoje as placas estão moles" como um regulador ou inibidor da ação coletiva estava envolvido.

Este tipo de ambiguidade é central para a avaliação qualitativa feita pelo grupo de trabalho do Sr. Rossi porque ela estabelece a fronteira entre a mole e não mole, como uma questão de *connoisseurship* (Turner, 1988). No entanto, como veremos na próxima seção, a expressão "hoje as placas estão moles" é um símbolo local, uma etiqueta críptica (Bougon, 1992), que permite a ação ou a inação coletiva, de acordo com como a ambiguidade é gerenciada localmente.

Tendo recebido um conjunto de regras do Sr. Rossi sobre como passar despercebido, e tendo reduzido a sua distância cognitiva do mundo do Sr. Rossi, a pesquisadora começa agora a sua observação participante.

LIDANDO COM A AMBIGUIDADE COMO UM PROCESSO DE NEGOCIAÇÃO

Tendo aprendido alguns dos códigos desta comunidade ocupacional, a pesquisadora observa o processo de negociação social que se desenrola de forma ritual. Depois de algum tempo, a pesquisadora usa o seu conhecimento tácito para detectar os sinais de irritação, aumento do ruído e a eletricidade no ar, que leva ao anúncio explosivo "hoje as placas estão moles". Às vezes, o anúncio é uma verdade revelada que é autoevidente para todos, às vezes há um coro de negações, às vezes o botão liga/desliga é pressionado várias vezes antes do ritual começar.

A pesquisadora descobre que nem todas as vozes falam com a mesma autoridade ao dizer "hoje as placas estão moles", ou que a maciez das placas depende da voz do anunciador. A pesquisadora percebe que foi dada uma resposta à pergunta "quão moles são as placas moles?", já que a ambiguidade do problema foi tratada pela rede de relações de poder preexistente e por meio de negociações sobre o que é "mole" e "não mole". Mas o que significa tudo isso? O significado pragmático é que o termo "placas moles" simboliza "redução de cota", e a pesquisadora assiste enquanto a fase de redução de produção se inicia.

Alguém vai buscar o supervisor, o convence a analisar o material, entra em acordo com ele de que é impossível atingir a cota, negocia a redução e orquestra o coro de apoio. Os chefes também conhecem este ritual e desempenham seus papéis: tentam se fazer invisíveis, envolver o responsável pelo controle de qualidade, minimizar o evento e sucumbir com dignidade.

Pode parecer que o anúncio "hoje as placas estão moles" é simplesmente um dispositivo para reduzir a cota e para exercer controle social sobre aqueles que poderiam ultrapassá-lo e, simultaneamente, sobre os gerentes e supervisores. Esta é uma interpretação correta, mas redutora, no entanto. Considere a dinâmica de poder que gira sobre o grau de maciez das placas:

(a) a reputação individual, a estima dos colegas de trabalho, a competência dos trabalhadores, a celebração da habilidade pessoal estão em jogo;

(b) tais relações interpessoais como diferença de *status* entre trabalhadores jovens/trabalhadores antigos, devem ser mantidas e reproduzidas;

(c) a salvaguarda do grupo de trabalho como um ator coletivo deve ser mantida e reproduzida. Na verdade, dentro do grupo, o conflito entre a visão de mundo daqueles que querem a zona de tempo livre e aqueles que querem pegar leve (ou trabalhar com o que eles definem como um ritmo constante) é legítimo, mas tem seus limites já que ambos os grupos de trabalhadores reconhecem que o grupo é um recurso e um bem coletivo;

(d) o contrapoder contra os supervisores e a gestão deve ser mantido e equilibrado como direito de codeterminar a cota e, quando este foi realizado, direito de tratar o tempo de trabalho restante como tempo livre, tempo dos trabalhadores, tempo apropriado do chefe.

Assim, quando o sinal é dado, mas o ritual descrito anteriormente não acontece, a falta de ação pode ter vários significados. Antes de mais nada, a menos que a matéria-prima seja obviamente impossível de trabalhar, caso em que qualquer um tem o direito de definir a situação (e geralmente é o primeiro trabalhador a perder a paciência e que está disposto a buscar o chefe), ou a menos que o anúncio seja feito por um ou dois líderes indiscutíveis dos trabalhadores, antes do anúncio "oficial", há uma operação silenciosa de testar o terreno para ver quem concorda e se a operação pode começar. Quando o sinal falha em iniciar o roteiro, a atmosfera pode ser uma de brincadeiras pesadas e provocações, com piadas sujas e trocadilhos sobre o termo "mole". Ou então a atmosfera pode ser tensa porque os dois grupos estão avaliando qual deles tem o direito de definir a situação, ou porque estão calculando quantas vezes naquela semana a cota foi atingida, ou não atingida e, portanto, negociando se reduzir a cota ou se desistir de seu tempo livre.

Quando o grupo decidiu que "hoje as placas estão moles", então o interlocutor externo é chamado (um interlocutor externo não necessariamente aparece ao longo da linha da ordem hierárquica). O supervisor às vezes é chamado porque ele é o porta-voz do grupo, mas às vezes ele é considerado um adversário, e às vezes o "salto de hierarquia" ocorre. A justificativa para a escolha do interlocutor encontra-se nas condições "objetivas" do material (quanto menos ambígua a tarefa de estabelecer o grau de dureza/maciez, mais o supervisor é um aliado), na pessoa do supervisor (como mais ou menos um aliado de classe), e na relação pessoal entre o supervisor de turno e quem vai buscá-lo.

A escolha de qual gerente chamar segue uma lógica semelhante, mas curiosamente o grupo nem sempre faz a opção suave, mas decide comprar uma briga. Comprar uma briga – expressar hostilidade e flexionar os músculos coletivos – é um dos objetivos não explícitos da negociação sobre a redução da cota. Independentemente de chegar-se ao acordo de que a cota não pode ser alcançada, e qualquer que seja a redução decidida, o argumento coletivo, o desacordo acalorado, a expressão de hostilidade são catárticos. Deixa o grupo se sentindo satisfeito tenha ele ganhado ou perdido. Este, na verdade, é um ritual dentro de um ritual o qual reproduz a identidade dos grupos em uma base rotineira. É o que Durkheim (1912) chamou de um ritual positivo que confirma um valor e facilita sua expressão.

A interpretação dos gestores sobre a situação confirma que o grupo reforça a sua identidade coletiva por meio do ritual de comprar uma briga. Os gestores reagem com tédio e apatia, para eles é "a mesma velha história". Eles relatam, de fato, que constantemente "têm de encontrar a energia para discutir", enquanto os trabalhadores saem revigorados do encontro. A pesquisadora suspeita que isso algumas vezes pode ser um jogo em si mesmo, jogado apenas por prazer.

As dinâmicas de poder e negociação implícitas nas discussões sobre redução de cota formam um tema recorrente na sociologia do trabalho e da organização (Roy, 1969; Burawoy, 1979) onde elas têm sido frequentemente estudadas como um fenômeno cultural. A presente pesquisa confirma em grande parte o que já foi encontrado em termos da produção de uma ordem negociada, embora destaque o aspecto menos evidente do papel desempenhado pela ambiguidade em tornar possíveis os jogos de produção, e ilustre as séries de microdecisões para a resolução de ambiguidades necessárias para produzir e coordenar a ação coletiva.

É crucial para a comunidade ocupacional do Sr. Rossi manter a ambiguidade da relação entre a qualidade do material e o cumprimento ou não cumprimento da cota. Ao mesmo tempo, no entanto, nenhuma decisão sobre a "redução da cota" pode ser tomada em condições de ambiguidade, a desambiguação dessa relação é necessária para a ação. No entanto, a ambiguidade aumenta a flexibilidade de ação, permitindo que um curso de ação seja escolhido dependendo de como a definição da situação resolve sua ambiguidade substituindo um termo polissêmico com um unívoco. Quando um curso de ação é escolhido, a ambiguidade foi reduzida, mas não necessariamente desapareceu. Assim como uma cultura exige um mínimo de partilha de valores e significados, a ação coletiva requer a partilha de um conjunto mínimo de relações de significado unívocas.

A observação de como a comunidade do Sr. Rossi resolve a ambiguidade semântica a fim de iniciar a ação (e vice-versa) fornece um modelo de decisão de aplicabilidade mais geral. A análise das microdecisões que permitem a sua comunidade ocupacional lidar com a ambiguidade das placas moles revela um processo de negociação de três estágios:

1. *Lidar com a ambiguidade das interpretações*: a decisão de chamar as placas de "moles" é tomada individual e coletivamente.
2. *Lidar com a ambiguidade de implicação*: a enunciação "hoje as placas estão moles" pode ter muitos significados. Pode ser uma maneira de começar uma conversa, de expressar cansaço ou tédio, uma declaração de fato, uma piada irônica, um código secreto, e assim por diante. Mas quando o Sr. Rossi faz o anúncio, seus colegas de trabalho sabem a relação entre "placas moles" e "reduzir a produção" e decidem que um implica o outro.
3. *Lidar com a ambiguidade de implementação*: Quem inicia o roteiro "redução de produção" e como? Pode ser o trabalhador que fez o anúncio, ou pode ser um coro de duas ou três pessoas. Alternativamente, o processo pode envolver algum tipo de tomada de turno (alternância). Em qualquer caso, a coordenação tácita rápida ocorre e a ação em vez da inação é escolhida.

A comunidade ocupacional do Sr. Rossi segue um roteiro que relaciona a quantidade de produção com a qualidade dos materiais, e que direciona o comportamento individual e coletivo. Este roteiro – que se entrelaça com outros esquemas cognitivos e estratégias de ação, como "você trabalha com calma e de forma constante durante todo o dia" ou "você intensifica o ritmo de trabalho no início, você desacelera aproximando-se do final, e a última hora é sacrossanta" – não é necessariamente compartilhado por todos, e não o é sempre. Não é o compartilhamento de um esquema cognitivo que desencadeia a ação, mas o processo de tomada de decisão, o qual dissolve a ambiguidade, que suspende a vontade e escolhe um curso de ação.

CONCLUSÕES

Uma tentativa de interpretar a cultura do outro é, como Geertz (1973) diz, um exercício de hermenêutica, e o texto etnográfico é, portanto, sempre uma ficção onde a verdade é totalmente parcial (Clifford, 1986). Uma explicação etnográfica é sempre parcial, e é significativa somente se parece plausível em relação ao nosso próprio conjunto de pressupostos explícitos ou implícitos sobre o processo social (Douglas, 1975).

Plausibilidade é o critério de validade para a pesquisa etnográfica, mas, porque a autoridade de uma interpretação é sempre relativa, é de responsabilidade do autor destacar o significado de seus dados e métodos para a atividade de investigação. No entanto, a menos que consideremos a linguagem como transparente, todos os significados derivam da interpretação, e todo ato interpretativo é um ato que suspende a ambiguidade intrínseca da linguagem, atribuindo um significado unívoco para a indecidibilidade substancial de significado (Derrida, 1967b). Todas as linguagens são, basicamente, metafóricas, e todos os significados são indecidíveis, mas há limites para a interpretação (Eco, 1990). O fato de que em certas circunstâncias o significado é indecidível não é sinônimo do fato de que o significado é sempre indeterminado. Produzir e traduzir significados em ação significa viver e lidar com a ambiguidade da linguagem e da vida.

Eu escolhi construir o exemplo do Sr. Rossi de modo a falar sobre a ambiguidade da linguagem e da vida porque há, aparentemente, pouco ou nada de ambíguo no trabalho do Sr. Rossi. O conhecimento exigido dele é, à primeira vista, completamente não sofisticado, nem ele pertence a um sistema comunicativo ou tecnológico complexo. Ele confronta ambiguidade puramente "normal" em suas interpretações, interações e apresentação do eu. Como todos nós, o Sr. Rossi, às vezes enfrenta o problema de usar a linguagem univocamente, às vezes goza o prazer do discurso ambíguo, e às vezes se esconde atrás da ambiguidade.

Ao apresentar os meus dados, sacrifiquei em parte a rica ambiguidade da linguagem natural pela linguagem usada para organizar a ação. A não transparência da linguagem e a consciência de que os relatos registrados pelo pesquisador resultam de uma complexa negociação dentro e por meio da conversa, induziram-me a flanquear o método tradicional da observação participante com uma técnica projetiva. Isso provou ser extremamente útil, pois várias descrições e interpretações do mesmo evento puderam ser combinadas dentro de um contexto específico, que me permitiu tratar os relatos expressos como negociações de significado e não como respostas individuais a um problema cognitivo. Eu era, portanto, capaz de ler a entrevista como um relato retórico destinado a persuadir o interlocutor da razoabilidade de certos construtos, desacreditar outros, e ainda esconder outros.

O método de mapeamento cognitivo posteriormente utilizado na análise inicial das entrevistas tinha a intenção de aprofundar a compreensão dos relatos dos entrevistados pelo pesquisador. Foi aqui que o uso retórico da linguagem ambígua provou ser crucial na criação de uma conversa virtual sobre temas considerados importantes por cada entrevistado, pelo entrevistador e por aqueles que foram citados como aliados ou adversários. A comunidade de pessoas e discursos foi evocada na elaboração retórica do eu e do próprio mundo para o dublê. A linguagem ambígua, indireta, polissêmica é deliberadamente obscura, porque o interlocutor não é totalmente confiável, uma vez que ele é externo à comunidade e está em contato com outras comunidades, como os trabalhadores da linha de montagem, os gestores e outros grupos que podem ser internos à comunidade, mas "que pensam diferente". A linguagem ambígua é usada para comunicar-se em interações psicologicamente ambivalentes caracterizadas socialmente por um conflito de interesses.

Na discussão do construto "hoje as placas são moles" procurei enfatizar as funções sociais da frase simbólica. A frase funciona internamente dentro da comunidade como um símbolo que produz identidade coletiva e vínculo social, e externamente para controlar as relações de poder com a gerência. A indeterminação do símbolo o protege e transmite sua polissemia intrínseca. Mas também e igualmente permite a interpretação unívoca que desencadeia a ação coletiva (e a inação) decorrente de um processo social que define a situação. Para a ação ou a inação ocorrer, um pleno acordo sobre valores e significados não é necessário; um acordo mínimo instável pode ser suficiente na medida em que deriva de um processo de negociação que gere a ambiguidade:

(a) inerente ao processo social de interpretação;
(b) da implicação de uma interpretação para os outros; e
(c) da implementação da ação.

De acordo com seu significado etimológico, a tomada de decisão é um quadro interpretativo que conduz da indeterminação à determinação. Ela fecha uma província de significado e faz um compromisso com a ação. Eu concebo a atividade de tomada de decisão não como um problema de otimização ou como uma escolha entre alternativas, mas como uma produção discursiva de tópicos para discussão e de estruturas de decisão que permitem que um mundo (dentro do possível) seja realizado, enquanto outros permanecem em potencial (Gherardi, 1985). Decidir significa pensar, negociar, querer, escolher um "estado das coisas".

Na ambiguidade de interpretações da vida "compartilhada", várias áreas de discricionariedade podem ser identificadas, cujas premissas de decisão fornecem indicadores descritivos satisfatórios da cultura de uma comunidade ocupacional e que, na minha experiência, podem ser usados para comparar diferentes comunidades. Um esquema interpretativo da cultura do trabalho pode ser proposto, que entende a cultura em sentido restrito e parcial como um "conjunto de premissas de decisão" que preenchem as seguintes áreas de discricionariedade com significado e conhecimento local:

1. a construção social do espaço relacional no qual a comunidade em questão se localiza dentro da organização, identifica os outros sujeitos significativos e temas relevantes subjetivamente;
2. a elaboração baseada em processos, contextual e contingente de um contrato com o trabalho que individual e coletivamente regula a relação entre o indivíduo, a comunidade, o trabalho e as expectativas de reciprocidade e de justiça;
3. as estratégias que a comunidade desenvolve, individual e coletivamente, de modo a lidar com a racionalidade da organização. Seja o trabalhador "percebendo" a ineficiência praticada do burocrata, ou outras formas menos universalmente conhecidas de resistência à lógica da exploração, de evasão da linguagem do dever, ou a elaboração de formas culturais

de autoafirmação, cada comunidade inventa seus próprios subterfúgios e procura escondê-los com a convicção íntima de ser a primeira ou a única a ter pensado neles.

O paradoxo da singularidade (Martin *et al.*, 1983) é o que essencialmente permite aos etnógrafos fazerem o seu trabalho: enquanto os sujeitos organizacionais estão empenhados em descrever a singularidade do seu ponto de vista ou a competência distintiva da sua organização, e o demonstram a fim de convencer a si próprios e impressionar o pesquisador, este último, por sua vez, tem a intenção de desconstruir sua reivindicação de singularidade enquanto explora sua práxis. A diferença entre pesquisador e sujeitos organizacionais reside na retórica usada para compreender, explicar e representar a cultura que ambos ajudam a definir.

CAPÍTULO 9

"Você faz coisas belas?": estética e arte em métodos qualitativos de estudos organizacionais[1]

Antonio Strati

Estudos e pesquisas sobre a dimensão estética da vida organizacional apareceram pela primeira vez com a "virada cultural" nos estudos organizacionais que ocorreu durante a década de 1980. Essas análises se preocupam com uma ampla gama de assuntos, desde as arquiteturas internas e externas das organizações até a disciplina imposta sobre os corpos das pessoas que trabalham nestas ou em seu nome. Elas exibem uma característica distintiva: enquanto estudam a dimensão estética da organização em causa, desenvolvem a consciência estética dos fenômenos organizacionais. Dito de outro modo, a pesquisa sobre a estética organizacional é fundamentada, ao mesmo tempo, em um "estilo estético" nos métodos de pesquisa usados para estudar organizações. Este capítulo descreve a qualidade estética de tais estudos em termos de uma nova consciência metodológica contida na análise crítica do trabalho e das práticas de gestão nas organizações. Tal análise é conduzida usando quatro abordagens – arqueológica, empático-lógica, estética e artística – e é atravessada por dois temas principais: o da estética (entendida como conhecimento sensível e julgamento estético) e vida organizacional; e o da arte e gestão.

COMPREENSÃO ESTÉTICA COMO UMA NOVA CONSCIÊNCIA METODOLÓGICA NO ESTUDO DA VIDA ORGANIZACIONAL

Apenas recentemente surgiu a consciência de que pode ser feito uso da estética, assim como da compreensão cognitiva na análise empírica e no estudo teórico das organizações. Isso diz respeito às metodologias de análise

[1] Publicado originalmente: Strati A. "Do you do beautiful things?": Aesthetics and Art in qualitative methods of organization studies. In: D. Buchanan and A. Bryman (eds.), The SAGE Handbook of Organizational Research Methods. London: Sage. 2009. P. 230-245.

organizacional; e, portanto, também, em muitos aspectos, tanto seu objeto privilegiado de estudo quanto a epistemologia de pesquisa e os paradigmas teóricos em que esta nova consciência metodológica encontra o gosto pelo estudo misturado de modo variado com os pressupostos básicos e as premissas de valor.

Uma recente consciência metodológica centrada na Europa

Por cerca de 10 anos – o mais recente na história secular das teorias organizacionais e dos estudos de gestão –, os estudos de campo e as reflexões teóricas sobre a dimensão estética das organizações, os métodos utilizados para estudá-la e a natureza "estética" de abordagens para o estudo organizacional têm sido discutidos em convenções e seminários internacionais, e têm aparecido com frequência crescente em periódicos internacionais e publicações de prestígio. Isso tem sido observado por vários estudiosos (Minahan e Cox, 2007) e, entre eles, por Pasquale Gagliardi em seu capítulo sobre estética organizacional no *Handbook de Estudos Organizacionais*, revisado para sua segunda edição. Durante os dez anos desde a primeira edição do *Handbook*, os estudos sobre o tema têm se proliferado e a estética organizacional não é mais uma área negligenciada dos estudos organizacionais. Há, pelo contrário:

> *Um crescente corpo de literatura sobre temas estéticos, um em que uma reflexão sistemática é conduzida sobre as relações entre estes e a organização (Dean et al., 1997; Strati, 1999) e entre a arte e a gestão (Guillet de Monthoux, 2004); existem antologias de pesquisa, bem como números especiais de periódicos (Organization 3/2, 1996; Linstead e Höpfl, 2000; Human Relations 55/7, 2002), que resultaram de seminários e conferências expressamente consagrados à análise das implicações metodológicas de assumir uma abordagem estética para o estudo das organizações. A estética da organização está, portanto, tomando forma como um campo distinto de investigação dentro dos estudos organizacionais [...]. (2006, p. 702)*

Eu considero que a pesquisa da estética organizacional não é apenas uma série de teorias e tratamentos metodológicos, mas sim um fenômeno pós-social coletivo em que os estudiosos organizacionais investigam as capacidades para a ação das pessoas e dos artefatos na organização ao nível do *pathos* do conhecimento sensível e do julgamento estético. Este é um ramo da análise organizacional com o seu "baricentro" na Europa – como Ramirez (2005, p. 31) nota – porque os "principais escritos sobre o tema foram feitos por estudiosos europeus, em particular da Itália, Escandinávia e França". Assim, as principais características dessa "nova consciência metodológica" podem ser resumidas como segue:

- Ela não foi sujeita à forte influência de estudiosos organizacionais norte-americanos de teorias organizacionais e de estudos de gestão.
- É crítica da postura normativa e prescritiva aparente em teorias organizacionais e estudos de gestão e, assim, reprisa as metodologias de análise organizacional que surgiram com a "virada cultural" da década de 1980.
- Trava uma polêmica contra as metodologias positivista e neopositivista de análise organizacional e contesta a separação nítida entre ciência, arte e pensamento mítico, portanto, exibindo continuidade com os estudos simbolistas das organizações (Strati, 1998b), bem como com a sua própria especificidade teórico-metodológica.
- Também refuta fortemente as metodologias interpretacionistas que privilegiam explicações causais da vida organizacional – como os mapas cognitivos causais utilizados pela abordagem cognitivista para o estudo das organizações – embora compartilhe seu paradigma interpretativo subjacente.
- Ela se esforça para divulgar o novo humanismo nas organizações que se opõe aos processos alienantes e de manipulação.

Escolhas metodológicas e controvérsia paradigmática

Se um relato adequado deve ser dado à conscientização metodológica da estética nas teorias organizacionais e nos estudos de gestão, deve-se relacionar escolhas metodológicas – dos métodos de pesquisa empíricos à construção de teoria, à comunicação dos resultados da pesquisa – às questões epistemológicas e às controvérsias paradigmáticas. Marcante a este respeito é o que chamei em outro lugar (Strati, 2013) de "a maturidade dos começos" do discurso estético sobre as organizações: a saber, o fenômeno coletivo que, no final da década de 1980:

- Lançou as bases para a definição do que se entende por "estudo organizacional". Arte e estética, e as noções de beleza e *pathos* deram valor teórico e significado científico ao evocativo processo de criação de conhecimento – obscurecido pela dominância do processo lógico-analítico –, e a arte adquiriu legitimidade teórico-metodológica, em vez de restringir a um tipo de universo específico.

- Redefiniu a organização ao enfatizar a "materialidade" como sua característica distintiva. A corporeidade de pessoas no trabalho, a fisicalidade e/ou impalpabilidade estética dos artefatos organizacionais, os sentimentos e as emoções dão materialidade às organizações.
- Levantou a questão metodológica de como a pesquisa empírica pode compreender a dimensão estética de uma organização como um todo, bem como a estética das práticas de trabalho e organizacionais realizada dentro dela.
- Trouxe à luz o fenômeno estético constituído pela gestão organizacional, dado que os membros das organizações são pessoas, não conceitos ou instrumentos e, consequentemente, sabem e agem por meio dos seus sentidos, formulando juízos estéticos.
- Salientou o conhecimento pessoal e as diferenças entre os atores organizacionais em oposição à manipulação organizacional destinada a padronizá-los esteticamente, por meio da arte e do gosto.
- Destacou a dinâmica coletiva de agregação com os outros e/ou distinção dos outros via a estética tanto do conteúdo quanto da forma de trabalho.
- Reformulou o *status* dos objetos, mostrando sua capacidade para a ação sutil e intensa ao socializar as pessoas em culturas de trabalho e culturas organizacionais, e também no que diz respeito ao controle sensível, estético e emocional exercido pelas culturas organizacionais dominantes. Naqueles mesmos anos, no final da década de 1980, mas em quadros referenciais teóricos muito diferentes, essa capacidade de ação foi atribuída aos objetos por outros estudos que reexaminaram o próprio *status* do ator organizacional, notavelmente os *Workplace Studies* (Hindmarsh e Heath, 2007) e aqueles inspirados pela Teoria Ator Rede (Latour, 2005).

No entanto, isso não implica que a nova consciência metodológica é fundamentada em uma definição unívoca de estética, ou seja, uma "única lente" por meio da qual as organizações podem ser examinadas. Embora o conceito de estética remonte apenas a meados do século XVIII, quando o termo foi usado pela primeira vez para designar uma disciplina relativamente unitária compreendendo a estética do sensível, a estética do sentimento do belo e o espaço de aparição de obras de arte e da reflexão sobre a arte, poesia e arte, o belo e o sublime têm sido debatidos por milênios e em diversas culturas e civilizações. Mas mesmo que não se retroceda além da filosofia estética desenvolvida cerca de três séculos atrás, já se encontra debates e controvérsias sobre o que constitui a estética. Ora, qual é a filosofia estética que fundamenta a pesquisa sobre estética dentro do campo de Estudos Organizacionais? É o corpo de pensamento produzido de Aristóteles a Immanuel Kant, de Plotino a Susanne Langer, ou de Dewey a Luigi Pareyson. É, portanto, uma doutrina para a qual numerosos filósofos têm contribuído, mas preeminentes entre eles são Giambattista Vico (1725) e Alexander Gottlieb Baumgarten (1750-1758):

- O primeiro por causa de seu antagonismo contra a tradição cartesiana racionalista, e sua proposta de "uma nova ciência", fundada em uma "lógica poética", em que raciocinar por metáforas, a imaginação, o conhecimento evocativo e o pensamento mítico são formas legítimas de compreender o mundo e a vida social.
- O último por causa de sua ênfase no conhecimento sensível e no julgamento sensível-estético gerados pelas faculdades perceptivas da visão, audição, olfato, paladar e tato, que produzem a arte da analogia da razão, auxiliares desta última mas independentes dela.

Estas duas filosofias estéticas focam em formas de conhecer e agir que não são enraizadas em métodos de análise imbricados na cognição ou na racionalidade analítica, embora estejam sempre em diálogo – e muitas vezes em disputa – com elas.

Consciência metodológica no plural

As filosofias estéticas de Vico e Baumgarten enfatizam que a estética não tem sido confundida com a arte no debate sobre os fundamentos teóricos e epistemológicos da pesquisa em estética organizacional em qualquer dos quadros referenciais metodológicos desenvolvidos. Estes apresentam uma variedade de nuances e detalhes metodológicos e substantivos, que dão sentido para a compreensão estética das organizações como pesquisa qualitativa. Eles são a seguir brevemente descritos – e moldados – em termos das quatro principais abordagens estéticas para o estudo da vida organizacional: arqueológica, empático-lógica, estética e artística.

A abordagem arqueológica

A *abordagem arqueológica* (Berg, 1987) é a primeira delas, tanto no tempo quanto em sua capacidade de ação e persuasão. A referência à arqueologia denota a operação metafórica pela qual, ao adotar esta abordagem, o acadêmico assume a roupagem de um arqueólogo e/ou historiador de arte e observa a estética organizacional em relação às culturas organizacionais e simbologias que elas trazem à luz.

Por exemplo, a estética das arquiteturas dos prédios organizacionais – argumentam Per Olof Berg e Kristian Kreiner (1990) – constituem os "traços" usados pelos pesquisadores para mostrar os valores predominantes da filosofia gerencial, em razão da sua capacidade de evocar memórias individuais e coletivas. Observando a estética dos edifícios e construções que abrigam as organizações, bem como as suas arquiteturas internas, os pesquisadores são capazes de demonstrar o condicionamento simbólico exercido por aquelas estéticas na ação organizacional, na medida em que elas colocam valor em criatividade, transparência, conectividade e abertura, ou, inversamente, em normalização, hierarquia, poder formal e prestígio em razão do *status*. Além disso, a estética das características arquitetônicas é capaz de sinalizar, por meio do edifício, de sua fachada, de uma sala de reunião ou de um local de trabalho, o valor institucional da organização como um "totem", isto é, como um símbolo unificador que se destaca como um referente organizacional central para os símbolos e as culturas organizacionais.

Esta abordagem tem se desenvolvido dentro dos estudos simbolistas convencionais sobre as culturas organizacionais (Strati, 1998b; Turner, 1990) e ainda forma uma ponte entre o estudo estético e o simbolismo organizacional. Ela tem sido amplamente adotada e adaptada às exigências da pesquisa de campo, em muitos casos implicitamente em vez de explicitamente. Ela não aborda a questão da metodologia exceto nos termos convencionais de projeto de pesquisa (Bryman, 1989, p. 28-30) na pesquisa qualitativa.

A abordagem empático-lógica

A abordagem *empático-lógica* (Gagliardi, 1990, 2006) tem tido grande impacto, porque destaca o controle organizacional exercido esteticamente, a começar pelo *pathos* dos artefatos organizacionais que constituem a paisagem simbólica da organização tangível. Esta abordagem tem estudado "os objetos que são utilizados na gestão – instalações [...], as suas mobílias [...], equipamentos de escritório [...], materiais de relações públicas [...], e produtos de todos os tipos" – escreve Ramirez (2005, p. 31) – observando "que um esforço considerável foi gasto para torná-los atraentes [...] que as manifestações físicas do trabalho eram sistematicamente utilizadas como meios para fornecer o apelo estético de cooperação".

A atenção dada pelo pesquisador para a estética das arquiteturas organizacionais, no entanto, não foca diretamente e quase exclusivamente sobre os símbolos organizacionais, e nisto difere da abordagem arqueológica. O estudo de Witkin (1990) da estética de salas de reunião de uma grande multinacional ilustra como o arranjo físico induzia a uma compreensão bidimensional da realidade e embotava a compreensão tridimensional desta.

Dito de outro modo, o *pathos* daquele artefato organizacional exerceu uma influência ao nível da compreensão estética dos membros da organização: ou seja, no nível do que é sensorialmente perceptível antes dos sistemas simbólico-valorais. Pela sua própria natureza – escreve Gagliardi (2006, p. 714) – as premissas perceptivas fogem ao controle pela mente, ao mesmo tempo que constituem um nível adicional de controle organizacional que aumenta e se combina com os (i) da ordem diretamente transmitida; (ii) dos programas e procedimentos; e (iii) das premissas ideológicas da ação organizacional identificadas por Charles Perrow (1972).

Ao contrário da abordagem arqueológica, esta divide a pesquisa em três fases principais:

(a) Na primeira, o pesquisador mergulha a si mesmo empaticamente na vida organizacional e interroga os sentimentos despertados nele ou nela pelos artefatos organizacionais e lhes dá nomes. Assim, a imersão na interação organizacional e o exame do sentido estético da experiência conclui esta fase de pesquisa de observação de fenômenos organizacionais.

(b) A segunda fase envolve a interpretação do que foi observado, dando nomes às experiências adquiridas, e equilibrando a "intuição" passiva decorrente da imersão na textura das interações organizacionais com a análise "ativa" incitada pelo desapego delas. No entanto, esta fase não deve ser vista como claramente distinta das outras duas, dada a natureza qualitativa desta abordagem que – ao contrário do que acontece em estudos quantitativos – não separa uma fase das outras, mas está em busca de diálogos contínuos entre elas.

(c) Na terceira fase, a empatia dá lugar ao rigor lógico-analítico com o qual a pesquisa é "eloquentemente" relatada, escreve Gagliardi (2006, p. 720), "sem qualquer pretensão de produção de artefatos literários destinados a comunicar apenas ou principalmente no plano estético".

A abordagem estética

Também a abordagem *estética* (Strati, 1992, 1999) influenciou na formação do discurso estético sobre as organizações. A abordagem estética mostra como as estéticas a partir das quais a organização adquire sua forma são negociadas. Ela enfatiza a construção, a reconstrução e a destruição cotidiana da estética específica do contexto organizacional estudado. Ela se centra na organização das estéticas e estuda como as categorias estéticas – do feio ao sublime, do cômico ao sagrado, do pitoresco ao *prestissimo* ou *adagio* das categorias agógicas – marcam as especificidades organizacionais das práticas sociais examinadas.

Por exemplo, os julgamentos estéticos sobre beleza expressados pelos funcionários e colaboradores de uma prestigiada empresa italiana de fotografia (Strati, 1999; trad. em português 2007, p. 213-230) trouxe ao foco numerosos aspectos e dimensões organizacionais por meio dos quais a beleza de sua organização adquiriu sua forma: (i) a natureza da empresa de como microcosmo em fluxo e entrelaçado de relações belas no trabalho cotidiano; (ii) a sua "abertura de portas" para interlocutores externos e outras organizações, fazendo as pessoas com as quais interage "sorrirem"; (iii) melhorando, com sua produção e promoção de um estilo fotográfico, a qualidade de vida das pessoas na sociedade externa; (iv) sendo uma das belas coisas italianas; (v) mostrando uma vitalidade renovada em comparação com o passado; (vi) tornando-se um mito se fechasse. Aqui foi a categoria da beleza que deu esta forma específica para a organização. No entanto, não é sempre assim. De fato, a categoria estética do feio, do grotesco, ou do nojento muitas vezes surge da pesquisa empírica. Seu significado organizacional foi mostrado, por exemplo, por Patricia Martin (2002), que ilustra como sentimentos estéticos, mesmo aqueles despertados pelos odores desagradáveis de pessoas e de quartos em asilos para idosos, organizavam – embora não de forma inequívoca – a vida organizacional, e que isso dependia do estilo de organizar as estéticas em uso no lar das pessoas idosas.

Ao contrário da abordagem arqueológica, a abordagem estética não considera a estética como auxiliar para a compreensão simbólica das culturas organizacionais, mas sim como uma característica distintiva de uma forma específica e autônoma de compreensão organizacional. E, ao contrário da abordagem empático-lógica, ela não procede por meio de três principais fases – observação/imersão, interpretação e relatório "eloquente" – nem muda da compreensão empática da observação para a compreensão analítica que surge da interpretação e caracteriza a descrição dos resultados. A abordagem estética capta a dinâmica do poder organizacional na negociação da estética organizacional e destaca como o pesquisador "faz" estética. O processo de investigação criticamente dirige a atenção dos estudiosos da organização para o fato de que muitas vezes, embora nem sempre, o pesquisador:

(a) escolhe um tema, estilo e objeto de análise de acordo com o seu gosto e preferências pessoais para o método e teoria;

(b) ativa suas faculdades sensoriais e julgamento estético ao imergir a si mesmo na textura das interações organizacionais e empatizar com os atores organizacionais enquanto eles agem e interagem;

(c) observa as interações entre os atores organizacionais e, quando apropriado, também assume o papel de um observador participante imaginário, isto é, usando o processo de criação de conhecimento empático (Weber, 1922), que envolve "colocar-se no lugar de e experimentar sensorialmente, mas sempre imaginariamente, fragmentos da vida organizacional sob consideração";

(d) escuta por ênfases e matizes nas construções de sentido dos atores organizacionais e reflete criticamente sobre o poder que acompanha sua atratividade;

(e) quando os materiais coletados e processados – o que não é uma fase específica e autônoma de pesquisa, mas em vez disso é confundida com outros aspectos do estudo estético – permite que as experiências recolhidas no decurso da pesquisa reemerjam de modo que possam ser revividas sensorialmente e rejulgadas esteticamente;

(f) ao comunicar os resultados da pesquisa usa o processo de conhecimento evocativo, inspirando-se na arte e na filosofia estética, empregando metáforas, deixando contradições e ambiguidades não resolvidas, recorrendo a relatos vívidos da dinâmica organizacional e processos estudados. De modo que aqueles que leem e/ou ouvem os resultados devem ativar suas próprias faculdades perceptivo-sensoriais e julgamento sensível-estético de modo a interpretar e dar sentido àqueles resultados.

A abordagem artística

A abordagem *artística* (Guillet de Monthoux, 2004) tem sido influente ao propor pontos de vista da organização por meio dos olhos – desencantados – do artista e/ou do promotor de arte, dono de galeria, diretor de museu ou condutor de orquestra. Mais do que as outras três, esta abordagem centra-se criticamente na experiência da arte durante o processo de organização.

Compreende a experiência sensível-estética das abordagens empático-lógica e estética, e a experiência simbólico-cultural que caracteriza todas as três outras abordagens – especialmente a arqueológica. A performance artística é a sua preocupação central, como destacado pela sua estreita atenção aos estilos de liderança nas organizações, suas fusões para além dos dualismos que separam arte e ciência, sua transmutação em estilos de "*lieder*ança" – de *lieder*[2] na música clássica – evocativa da importância crucial de ter "voz" na comunicação organizacional (Putnam *et al.*, 1996; Thyssen, 2011). É, no entanto, uma abordagem crítica da "noção popular americana de 'economia da experiência' (Pine e Gilmore, 1999) (na qual as empresas tentam produzir ofertas emocionalmente intensas para aumentar os lucros), argumentando que demasiadas vezes esta noção ignora, e até mesmo nega, o potencial criativo mais profundo que a tensão entre o racional e o artístico oferece" (Ramirez, 2005, p. 32).

Se a abordagem estética pergunta ao entrevistado "Você faz coisas belas?", ou "O que é belo na sua organização?" – e, portanto, investiga como as práticas sociais dentro da organização e a organização em si são interpretadas e representadas com base no juízo estético –, a abordagem artística, por sua vez, pergunta: "O que é arte para você?", "Quem é o artista, então?", "Como você concebe a 'empresa de arte' fundada por você?". Pierre Guillet de Monthoux (2004, p. 352-353) faz essas perguntas na consciência de seu caráter exploratório-coloquial em sua seção sobre a 'Cittadellarte' (Cidade da Arte), uma fundação artística criada por Michelangelo Pistoletto – um artista de renome internacional e defensor da *Arte Povera* – e sua parceira Maria Pioppi. "'Mas o que é arte para você, Michelangelo?' eu perguntei, estupidamente, e ouvi John Dewey rir de mim no fundo da minha cabeça", escreve Guillet de Monthoux (2004, p. 352), e por meio dessas perguntas reúne informações

[2] Nota de tradução: *Lieder*: em alemão, canções tipicamente arranjadas para um único cantor e piano.

sobre o estilo empresarial da Cittadellarte, um estilo que constitui esta empresa artística como "uma ação concreta para um novo tipo de arte socialmente sensível-responsável" e a vê como "uma versão moderna dos estúdios dos artistas do Renascimento, em que a ciência, a produção e a economia estavam inextricavelmente ligadas com a imaginação, a filosofia e a espiritualidade" (Guillet de Monthoux, 2004, p. 353).

No entanto, um estudo pode examinar a pesquisa sobre o papel da linha reta na arte perspectiva para deduzir sua influência sobre os primeiros escritos da teoria da organização e gestão. "Pode parecer estranho para alguns discutir pinturas como meio de compreender estudos de gestão e organizações, mas muitas vezes eles nos oferecem uma visão que é de alguma forma mais vívida", sustenta Ian King (2007, p. 226). É a exploração de novas formas de pesquisa acadêmica e enquadramento capazes de se configurarem inspirando-se – argumenta Daved Barry (2008, p. 40) – tanto nas hipóteses subjacentes quanto nas "qualidades vivazes" da arte contemporânea, de modo a tornar o trabalho e a prática organizacional da pesquisa "um trabalho feito de formas deliciosas, imaginativas". Quando as questões estéticas são examinadas, a forma estética é um meio tanto de usar "métodos artísticos para explorar experiências sensoriais" – escrevem Steven Taylor e Hans Hansen (2005, p. 1223-1224) – quanto de comunicar os resultados da pesquisa, representando-os em formas que recorrem à vasta gama de gêneros e estilos de expressão artística, isto é, de desempenho artístico (Scalfi, 2007; Steyaert e Hjorth, 2002).

O objeto estético de estudo para os métodos artísticos consiste nas formas artísticas "usadas para apresentar a experiência cotidiana sensória direta nas organizações", continuam Taylor e Hansen. Estes são altamente promissores no que eles capturam a sensação do evento ou do processo organizacional que está sendo analisado e, ao mesmo tempo, "trabalham com a tradicional análise intelectual para dar uma compreensão mais rica, mais plena, mais incorporada", especificam Taylor e Hansen (2005, p. 1224), como no caso do trabalho de Laura Brearley (2001b) "sobre a experiência de transição na vida organizacional. Ela rastreou as experiências dos gestores enquanto eles passavam por uma fusão difícil. Parte de seu processo de pesquisa é a criação de poemas, canções e faixas multimídia a partir de dados de entrevistas e imagens que os gestores criaram".

Esta abordagem, assim como a abordagem arqueológica e ao contrário da empático-lógica, não procede por meio de fases de pesquisa; nem articula o processo de pesquisa em várias atividades entrelaçadas, como faz a abordagem estética. Pelo contrário, esta abordagem prevê a hibridização da energia criativa artística com a capacidade de raciocínio na condução performativa tanto da pesquisa quanto da organização. Ela se inspira indiscriminadamente em métodos de compreensão artística e naqueles utilizados pelas ciências sociais. Ela não é, de fato, particularmente preocupada com a questão da metodologia qualitativa de análise organizacional, ao contrário das abordagens empático-lógica e estética. Em vez disso, ela "pragmaticamente supera" a questão da metodologia mais adequada para o estudo estético das organizações por meio da mistura de sensibilidade artística e racionalidade cognitiva. Ela projeta o acadêmico na brincadeira, improvisação e sensualidade da experiência de pesquisa, e no desempenho distintivo do processo de pesquisa até a divulgação dos resultados.

Questões de método atravessando a pesquisa da estética organizacional

Todas as quatro abordagens assumem uma postura crítica em relação à distinção tradicional entre a utilidade da pesquisa e o prazer de fazê-la, bem como do gosto pela transgressão das tradições de estudo acreditadas em teorias organizacionais e estudos de gestão. Também compartilhada por todas as quatro abordagens é a crítica de assumir um ponto de vista gerencial. A rejeição do ponto de vista empresarial, de fato, constitui a especificidade da pesquisa europeia sobre a dimensão estética da vida organizacional. Essa preocupação com emancipação é particularmente acentuada no debate europeu por causa dos efeitos estetizantes (Hancock e Tyler, 2000; Pelzer, 2002; Marquard, 1989) que a arte e a estética exercem sobre a sensibilidade, e sobre a capacidade de ativar as faculdades perceptivo-sensoriais e o julgamento estético que distinguem o conhecimento pessoal dos atores organizacionais. Além disso, todas as quatro abordagens conduzem a uma polêmica epistemológica contra a crença absoluta na racionalidade e contra o predomínio do cognitivismo e do positivismo nas teorias organizacionais e nos estudos de gestão.

"Muito do trabalho inicial em estética organizacional" – escrevem Steven Taylor e Hans Hansen (2005, p. 1219) – "principalmente baseia-se na conceituação epistemológica da estética para argumentar pela importância e razoabilidade de uma abordagem estética das organizações". A questão metodológica é interna à epistemológica, e tem sido expressamente abordada em diversas obras. Mas tem sido tratada de diversas maneiras, de modo que os estudos que refletem sobre os métodos qualitativos empregados – observa Samantha Warren (2008, p. 564) – se alternam com outros que "permanecem estranhamente silenciosos sobre as complexidades das metodologias empregadas para fazer isso – subsumindo-as sob a bandeira de "estudo de caso" ou "etnografia".

A Tabela 9.1 mostra as características distintivas de cada abordagem, suas diferenças em estilo de pesquisa e o que constitui as suas ênfases, pontos fortes e limitações. Uma breve discussão é exigida sobre estas últimas, enquanto os outros pontos já foram tratados. Cada uma das quatro abordagens tem limitações, que dizem respeito a áreas diferentes do discurso metodológico.

A limitação da abordagem arqueológica reside nos estudos simbólicos e culturalistas das organizações. Dentro desse domínio teórico e metodológico que constituiu o seu *húmus* original, ela continua a produzir estudos e pesquisas. A abordagem arqueológica não é a única a estender as suas raízes no simbolismo organizacional para o estudo das organizações. O mesmo acontece com ambas as abordagens empático-lógica e estética – mas não tanto com a artística, porque, ao contrário das outras três abordagens, dá a mesma importância para debates sobre como fazer, promover, gerir e ensinar arte. No entanto, essas duas abordagens encaram a compreensão estética como um ramo autônomo do estudo qualitativo da vida organizacional. A escolha metodológica de perseguir o rigor lógico-analítico já na segunda fase de análise, e, em seguida, especialmente na terceira, é o conjunto de limitações da abordagem empático-lógica. Neste sentido, a compreensão estética da vida organizacional não é liberada da supremacia do pensamento racional, mas é, em vez disso, limitada por este. *Connoisseurship* (perícia) é a limitação da abordagem estética, porque a perícia estética é o seu objeto de estudo e também, ao mesmo tempo, são as habilidades necessárias para estudá-lo. Isso dá uma qualidade evasiva tanto para a experiência estética nas organizações quanto para as práticas de pesquisa em uso. Finalmente, a deficiência da abordagem artística é o seu uso da arte como um estímulo e inspiração para a compreensão da vida organizacional e para a comunicação de tal compreensão.

Tabela 9.1 As quatro abordagens da pesquisa organizacional estética

Abordagem de pesquisa	Estilo do pesquisador	Ênfase	Forças	Limitações
Arqueológica (Berg, 1987)	Jeito de um arqueólogo e/ ou historiador da arte usando desenho e métodos de pesquisa qualitativos	O simbolismo da arte e da estética na vida organizacional	O lado estético das culturas organizacionais e da gestão simbólica das organizações	Estética é auxiliar ao simbolismo
Empático-lógica (Gagliardi, 1990)	Imersão empática seguida de interpretação empática e lógica, e de uma ilustração lógico-analítica dos resultados	O *pathos* dos artefatos organizacionais	Conhecimento pré-cognitivo das organizações e o controle organizacional baseado no *pathos* dos artefatos	Estética é traduzida em descrições lógico-analíticas
Estética (Strati, 1992)	Compreensão empática, observação participante imaginária, julgamento estético, processo evocativo de conhecer, "texto aberto" para comunicar os resultados	A negociação coletiva cotidiana da estética organizacional	A materialidade da vida organizacional cotidiana e também das interações do pesquisador tanto com os atores organizacionais quanto com os estudiosos de organizações	Estética está fundamentada na perícia (connoisseurship)
Artística (Guillet de Monthoux, 2004)	Hibridização da energia criativa artística com a capacidade de raciocínio	A criatividade e o divertimento das interações organizacionais	A performance artística em gerenciar os processos organizacionais	Estética é "restrita à arte"

Essas quatro abordagens levantam questões de método que, em certa medida, atravessam a pesquisa da estética organizacional em sua totalidade:

- A questão do método tem "um sabor de mofo modernista" mais na abordagem artística das organizações do que nas outras. Esta questão é discutida com intenção transgressora e provocação teórica na abordagem estética; com intenção exploratória e para entender a vida organizacional na empático-lógica; e toma a forma de uma questão que atravessa todo o corpo de análise das organizações como culturas e construtos simbólicos na abordagem arqueológica.

- A distinção entre a construção de conhecimento estético sobre as organizações e o estudo da estética organizacional com vista a intervir nos contextos organizacionais e na gestão organizacional é simplesmente um *nonsense* na abordagem artística, ao mesmo tempo em que dá preeminência para a compreensão na abordagem estética, e tem o sentido de "intervir apenas se tiver sido entendido" na abordagem empático-lógica, e de "gestão simbólica" na arqueológica.

Essas são as principais características da pesquisa sobre estética organizacional. Agora segue-se uma discussão mais detalhada de certos aspectos seus, começando com um compartilhado por todas as quatro abordagens do estudo estético das organizações: a controvérsia epistemológica centrada no objeto que essas abordagens estudam.

OBJETO DE ESTUDO, PONTO DE VISTA E JULGAMENTO SENSÍVEL-ESTÉTICO

Esta seção ilustra e discute as relações que ligam a conotação "estética" das quatro abordagens descritas anteriormente com o objeto de estudo privilegiado pela pesquisa empírica e teórica, e com o ponto de vista do pesquisador no estudo estético das organizações.

A polêmica inerente ao objeto de estudo das abordagens estéticas

Inquirir sobre o que constitui o objeto estudado por um sistema teórico-metodológico é quase uma prática rotineira nas ciências sociais e na teoria organizacional. No entanto, isso tem o mérito de destacar as características específicas das teorizações geradas pelo estudo daquele objeto. Claro que isso não significa que o objeto de estudo "determina" tanto a metodologia de pesquisa quanto a teoria organizacional. Só implica que, refletindo sobre o objeto de estudo, é possível caracterizar e, em parte, descrever aspectos importantes da contribuição metodológica feita pelas abordagens estéticas para a análise organizacional.

O objeto estudado pela pesquisa estética organizacional é a dimensão estética da vida organizacional. No entanto, o que é essa "dimensão estética" exatamente? Além disso, por que isso provoca controvérsia epistemológica entre os estudiosos da organização?

Se abordarmos as duas questões conjuntamente, seremos forçados *a excluir* que a "dimensão estética" significa *apenas* o que é belo em uma organização. A beleza é certamente essencial à dimensão estética, mas por que ela daria origem à controvérsia epistemológica? Estudar a beleza do design de um produto de uma organização – por exemplo, o design para um automóvel Alfa Romeo produzido pela agência Pininfarina, ou a arquitetura do edifício da Universidade de Cleveland desenhado por Frank Gehry – em si não envolve uma controvérsia epistemológica, mas sim uma escolha entre metodologias concorrentes. Mas, se a beleza está ligada à estética, e se capta as suas reflexões em filosofia, história da arte e semiótica,·assim como em sociologia, antropologia, psicologia e economia, então a controvérsia epistemológica emerge.

Isso é evidenciado pela etimologia da palavra "estética", que deriva do Grego Antigo da raiz *aisth* e verbo *aisthánomai*, o que enfatiza o conhecimento sensível como "ação" desempenhada por meio dos sentidos da visão, audição, olfato, paladar e tato, e o qual não é sinônimo nem de "artístico" nem de "belo". Essas são faculdades perceptivo-sensoriais, e não meros sensores terminais de alguma consciência soberana; eles são "lugares da carne onde a carne do mundo se torna visível", escreve Rosella Prezzo (2004, p. 8), ao comentar sobre o trabalho do filósofo fenomenólogo francês Maurice Merleau-Ponty. Ou seja, eles são maneiras para os indivíduos ser sensíveis ao mundo em meio às suas interações sociais e pós-sociais em ambientes organizacionais. Saber é, portanto, ação sensível, como argumentado – do ponto de vista da filosofia pragmática deweyana – por Shusterman (2008) com sua proposta de uma filosofia de somaestética. Note, porém, que isso também está sujeito ao processo evocativo de criação do conhecimento ativado pela imaginação. A arte conceitual forçosamente nos lembra disso, tanto com sua produção artística quanto com sua alegação teórica de que, se é legítimo mostrar um objeto comum – se pensa nos *ready-mades* de Duchamp – como uma obra de arte, é igualmente legítimo apresentar uma ideia abstrata, de preferência tirada da vida cotidiana, como a origem e o conteúdo de uma experiência artística. Isso é o que nos faz sentir uma emoção, ou a presença dela, como quando imaginamos o raspar de giz em um quadro-negro. Isso nos faz mergulhar, por meio da imaginação, na experiência já sentida, não apenas no nível cognitivo, mas também no experiencial, de modo que ouvimos novamente o som do giz no quadro-negro e nosso corpo sensorialmente revive a sensação estridente. Esta é a maneira pela qual – como coloca Rancière (2003) – certas configurações do perceptível e do imaginável, ou formas particulares de experienciar e habitar o mundo sensível, definem a si próprias. Para concluir, o objeto de estudo constituído pela corporeidade do sentimento por meio dos sentidos, e pelo julgamento que se segue, põe em questão, por um lado, a predominância dos processos mentais, das normas racional-legais e da lógica analítica e, por outro, o ponto de vista instrumental de corporeidade no qual pessoas e artefatos são meios para atingir fins organizacionais.

A corporeidade impalpável da estética

Agora serão examinadas as principais características do objeto de estudo na pesquisa estética organizacional, tendo em mente a controvérsia epistemológica que ele provoca. As organizações têm a sua própria materialidade específica feita da corporeidade das pessoas e dos artefatos, mas que também compreende algo impalpável e invisível que pode ser emblematicamente denotado aqui como "a atmosfera da organização" – como sugerido por expressões corriqueiras nas organizações como "tem alguma coisa no ar", "o clima está pesado", "maus ventos sopram", "ver para que lado sopra o vento" ou "renovar os ares". A atmosfera de uma organização é um objeto de estudo, que:

- É mundano, é "de todos" – exceto em organizações sem pessoas – e é pervasivo na vida organizacional. Constitui esta e pertence, em princípio, àqueles que participam na vida organizacional. Ele não caracteriza processos, tarefas, níveis ou funções organizacionais particulares, mas é distintivo do trabalho cotidiano e das práticas organizacionais nas organizações.
- É sentido e julgado ao ser experienciado. Isto é, não por meio do processo de conhecimento cognitivo ou racional, mas por meio da sensação de estar imerso no ar que está sendo respirado, com todos os sentidos e a capacidade de julgamento sensível-estético que permite a identificação da beleza, da feiura e do grotesco por meio das categorias estéticas da linguagem em uso na organização.

- Tem corporeidade, mesmo quando é evocado pela linguagem da organização com imagens, metáforas ou julgamentos como "tinha uma atmosfera pesada na reunião".
- Nunca é idêntico, porque o ar respirado nas organizações nunca é o mesmo, nem mesmo quando é "velho". Ele é constantemente alterado por ser respirado, ou quando uma janela é aberta, um computador, uma máquina ou um carro são ligados. De fato, se considerarmos o momento em que as duas corporeidades – aquela das habilidades sensoriais de uma pessoa e aquela do ar – se encontram, ali surge uma conexão em ação entre eles que assume a forma de um processo de mudança interativo. Pois, assim como nós mudamos o ar ao respirá-lo a cada vez, somos transformados pelo que o ar traz consigo: prazer na sua frescura, desgosto em seus maus cheiros e os humores ruins da sua tensão.
- É um objeto híbrido de estudo, em vez de um puro. Emitimos artefatos organizacionais no ar organizacional que respiramos. Nossa respiração mistura os nossos aromas, os odores dos tecidos que estamos usando, o couro dos nossos sapatos e bolsas, a pintura nas paredes, os materiais e os instrumentos de trabalho que estamos usando – em uma sala de reunião, por exemplo, a madeira das mesas, o metal das cadeiras, o calor dos projetores, a tinta dos marcadores de quadro, o papel impresso e as fotocópias.

O ar respirado nas organizações é um objeto de estudo que adquire e muda de sentido, significado e valor no curso de interação organizacional: não é objetivamente belo ou feio, nem o é sempre subjetivamente para aqueles que o respiram. Nem há uma relação mecânica, determinista, unidirecional por meio da qual a beleza ou a feiura do ar respirado nas organizações afeta todos os seus membros da mesma forma e nos mesmos termos. Tudo depende da sensibilidade – e, portanto, novamente na corporeidade das faculdades sensoriais – daqueles que respiram o ar, que podem sentir suas qualidades estéticas mais ou menos intensamente. A corporeidade de conhecimento pessoal também dá origem à situação paradoxal em que a frescura de ar primaveril dá aos que sofrem de alergia a sensação de sufocar, em vez de respirar: eles abrem uma janela, inspiram o ar profundamente e começam a chorar e tossir. Um cenário organizacional atraente pode ser igualmente sufocante para aqueles que são particularmente sensíveis: ele os aborrece até a morte com seu tédio; ele é tão lindo que "é de tirar o fôlego". Assim como "estamos sufocados" quando estamos sobrecarregados com o trabalho e não podemos "tomar um fôlego".

Assim, se o objeto de estudo da pesquisa estética organizacional é a atmosfera das organizações, ele é um objeto de estudo "comum" que destaca as condições subjetivas do processo de conhecimento organizacional. O ar respirado nas organizações é julgado sensorial e esteticamente. É julgado em termos do gosto daqueles que o respiram e de sua sensibilidade, ou, em outras palavras, pela ação sensível do sujeito que conhece nas interações pós-sociais que caracterizam a organização. Além disso, esse sujeito que conhece é tanto o ator organizacional quanto o pesquisador, o que desloca nossa atenção para o ponto de vista assumido na pesquisa estética nas organizações, e na comunicação de seus resultados.

Ponto de vista e compreensão estética

Como vimos, o objeto estudado pela pesquisa estética organizacional é a conexão em ação entre o conhecimento pessoal dos indivíduos – adquirido, forjado e desempenhado nas interações organizacionais que os mergulha na sociabilidade da ação coletiva e em uma multiplicidade de relações com artefatos – e a ação dos artefatos no nível de *pathos*. Essa conexão dá relevância ao gosto do pesquisador, o fazendo na determinação material do sentimento estético. Gosto, julgamento de gosto ou julgamento estético sobre as experiências estéticas nas organizações direcionam a atenção do estudioso da organização para as condições subjetivas da construção das teorias organizacionais, na medida em que envolvem "conhecimento pessoal" (Polanyi, 1958) ativado pelo pesquisador enquanto ele se engaja no estudo estético da organização em questão.

Formação sensorial e estética

A questão do ponto de vista – isto é, da posição no complexo de relações pós-sociais entre atores organizacionais, e entre eles e o estudioso da organização –, portanto, não concerne o lugar de cada um em um processo contínuo, como se fosse uma estrada; mas, em vez disso, é a construção dessa estrada, não sozinho, mas coletivamente, na interação organizacional pós-social. É um "formar" sensorial e estético em meio às interações pós-sociais da vida organizacional.

O filósofo existencialista italiano Luigi Pareyson (1954, p. 23) escreveu que cada "operação humana é sempre formativa, e até mesmo um processo de pensamento e uma realização prática demandam o exercício de formatividade". Toda interação compreende invenção de como proceder: "não se pode pensar ou agir sem formar" e cada ação "não pode ser ela mesma sem formar-se". Aqueles que conduzem pesquisas empíricas nas organizações estão familiarizados com a *formatividade* descrita por Pareyson em seu ensaio sobre a estética: eles observam o que pode ser observado, eles saltam de um fenômeno organizacional para outro e passam a explorar um evento organizacional do começo ao fim para assistir a trechos de outro evento. Há também situações de pesquisa nas quais a comunicação com os atores do processo sob investigação cessa abruptamente. Se considerarmos a pesquisa de campo, ela mais frequentemente prossegue aos trancos e barrancos do que em uma progressão linear produzindo a sensação de completude. No entanto, o pesquisador constantemente "dá forma" por meio daquele que ao fazer inventa o método:

> *A força produtiva e a capacidade inventiva são, portanto, exigidas pelo pensamento e pela ação, porque operações especulativas e práticas consistem em uma atividade formativa que, em um campo específico, faz coisas ao mesmo tempo em que inventa como elas devem ser feitas. (Pareyson, 1954, p. 23)*

Formar e "dar forma" têm sido tratados pelo sociólogo Georg Simmel em suas reflexões sobre a arte (1916; trad. em inglês: 2005, p. 155): ele escreve que "não há trabalho humano, além da pura imitação, que não seja, simultaneamente, modelar e criar". Isso também foi enfatizado por Rafael Ramirez (2005, p. 32), com base na filosofia estética de Susanne Langer:

> *É de fato muito difícil pensar em organizações sem pensar em forma – as pessoas nas organizações* performam; *os gestores* reformam e transformam *organizações; estão preocupados com os subordinados* informalmente deformando *seus pontos de vista; então, eles* formam *o seu pessoal e garantem que eles usem* uniformes *que manifestem os seus egos* formais *para os outros, que se tornam* informados.

Shadowing imaginário

Imaginemos agora que temos uma oportunidade para realizar *shadowing* em uma organização, isto é, observar a vida organizacional como a sombra de algum ator organizacional. De modo a mostrar ainda mais como o ponto de vista pode ser sensorialmente fundamentado, vamos imaginar – também por causa da controvérsia e da transgressão – que decidimos observar a compreensão estética e a ação da equipe de limpeza da organização. Esse ponto de vista mostra uma posição geral, já que limpeza é um trabalho provavelmente comum a todas as organizações, mas é também muito especificamente situado e ambíguo, dado que se trata da atividade vivencial e não apenas cognitiva desempenhada pela maioria de nós – estudiosos organizacionais ou não – de limpar a casa e arrumar o local de trabalho. Essa ambiguidade pode ser aumentada por sentimentos estéticos em razão das experiências anteriores em outros contextos organizacionais. Haverá de fato pesquisadores que trabalharam com limpeza enquanto eram alunos. Mesmo a simples ideia de *shadowing* alguém da limpeza na organização considerada evocará essas experiências anteriores, de modo que o pesquisador revive e reexperimenta o trabalho e a prática organizacional feitos anteriormente com todos os seus sentidos e julgamentos sensível-estéticos. No entanto, haverá aqueles que, como eu, não trabalharam em limpeza quando eram estudantes, mas experienciaram algo semelhante quando fizeram serviço militar. Assim reemergente em suas memórias é a experiência de estar fadigado – limpando cozinhas, alojamentos, banheiros, praça de armas e postos de guarda –, o que é apenas em certos aspectos semelhante àquela do pessoal de limpeza na organização onde o *shadowing* vai ocorrer, mas cuja mera imaginação é capaz de evocar. Sentimentos latentes retornam à superfície em contato com os cheiros, formas e materialidade de sabões, águas, escovas, panos, sujeira e poeira. À medida que reemergem, eles são "afetivamente" marcados porque não há sentimento que seja impassível, nem qualquer sentimento estético que não seja afetivo. Além disso, os sentimentos são revividos experimentalmente, ainda que não exatamente como eram, mas marcados pelo pensamento mítico evocado pela memória de gestos, fadiga e desgosto sentidos na limpeza e na submissão ao comando da vida organizacional militar.

Este comando distingue e separa duas práticas sociais: fazer a limpeza na organização/estar cansado e limpar o quartel. Dá a elas diferentes sabores no episódio experiencial que "forma" o ponto de vista do pesquisador enquanto ele faz o *shadowing*, embora, em muitos outros aspectos, sejam semelhantes em termos de conhecimento sensível e ação sensível nas organizações. Eles não podem se tornar iguais pela materialidade do contato sensorial em ambas as situações com os cheiros e cores dos espaços organizacionais sujos e dilapidados, mais expostos à devastação das pessoas ou ao tempo, à feiura e à sujeira, alternadas com enfeites estetizantes, estilos graciosos ou repugnantes da vida organizacional. A escolha, embora restrita dentro dos limites das oportunidades de trabalho, dá um sabor diferente para a limpeza, em oposição à ausência de escolha quando na fadiga do Exército – um sabor, não o produto do pensamento analítico, mas que deriva de reviver experiências organizacionais anteriores com todos os sentidos.

A escolha vividamente ilustra a dimensão estética da prática social nas organizações, pois podemos perguntar, enquanto "formamos" o nosso ponto de vista, se gostaríamos de fazer trabalhos de limpeza e se isso seria atrativo para nós ao ponto que poderíamos imaginá-lo como o trabalho de nossa vida; ou se, ao contrário, é um trabalho que não nos atrai e que nunca pensaríamos em fazê-lo, muito menos em dedicar o resto da nossa vida a ele. Essas são questões mundanas, mas às vezes provocam respostas sentidas "com todo o ser", "com todo o corpo".

Dando forma ao ponto de vista

Nós agora "sabemos" muito sobre essa prática de trabalho na organização. Conhecemos a prática na medida em que é "sentida" experimentalmente e na interação entre o trabalho de limpeza na organização e o ponto de vista sendo formado para a pesquisa empírica. A formatividade ocorre na imaginação e na experiência sensível: assumimos um ponto de vista e o formamos sensorialmente antes que o *shadowing* comece. Esta é a "observação participante imaginária" realizada projetando-se na situação por meio da compreensão empática, e estudando-a por meio do processo de criação de conhecimento evocativo (Strati, 1999; trad. em português: 2007, p. 106-117). Como um método de análise organizacional para prefigurar o futuro desenvolvimento da pesquisa, a "observação participante imaginária" ativa todos os sentidos, com as suas capacidades para o julgamento estético, em vez de operar ao nível da cognição e da lógica analítico-racional, e constitui o conhecimento pessoal "sentido" que Michael Polanyi (1958) chama de dimensão tácita do conhecimento.

O que sabemos agora sobre o trabalho e a prática organizacional da limpeza predicam nosso ponto de vista sobre a questão se o seu propósito é melhorar a qualidade e as condições por meio da estética e operando sobre a dimensão estética. O problema surge ao nível de conhecimento sensível e compreensão estética, menos do que no da reflexão ética ou lógico-analítica, em razão dos sentimentos estéticos despertados pelas perguntas sobre se o trabalho de limpeza nos atrairia, talvez por toda a vida.

O assunto não é novo, e foi enquadrado em termos de preocupação com a deterioração na qualidade da vida organizacional, em razão tanto do fracasso da gestão em desenvolver a estética organizacional (Ackoff, 1981) quanto do fracasso dos consultores de negócios em fazê-lo. Algumas décadas atrás, Fred Steele (1973) sugeriu, de fato, que os consultores, buscando a colaboração de designers, quebrassem a resistência das gerências e introduzissem aprendizagem organizacional e sistemas de treinamento para desenvolver as habilidades dos funcionários para fazer as alterações apropriadas na dimensão estética da organização. No Desenvolvimento de Recursos Humanos, a estética é preciosa, afirma Stephen Gibb (2006, p. 164), uma vez que é "uma fonte para dar sentido à conduta" nas organizações, mesmo que a ciência e a tecnologia a tornem precária, alegando que ela tem pouco valor econômico e político. Novamente, o que sabemos sobre conhecimento sensível-estético prévio evocado e revivido do trabalho de limpeza em organizações levanta a questão de escolher um paradigma. "Formar" o ponto de vista do pesquisador neste respeito lembra a observação de Thomas Kuhn (1962, p. 154) sobre considerações estéticas que, embora "feitas com raridade inteiramente explícitas", têm uma importância às vezes decisiva para a escolha do paradigma teórico para a pesquisa. Se reprisamos os paradigmas sociológicos dos estudos organizacionais identificados por Burrell e Morgan (1979) – "humanista radical", "estruturalista radical", "interpretativo" e "funcionalista" –, só podemos basear a compreensão estética da vida organizacional sobre aqueles para os quais a organização é um artefato, inexplicável para além das interações simbólicas entre os sujeitos envolvidos: os paradigmas interpretativo e humanista radical. Este último paradigma, em particular, permite reafirmar que examinar a materialidade da vida organizacional e enraizar as metodologias da pesquisa estética organizacional na experiência sensível é também lançar as bases epistemológicas para a análise crítica do que impede as pessoas de se realizarem na rotina organizacional, começando com a sua sensibilidade estético-sensorial, as diferenças subjetivas que elas representam nas interações e sua criatividade. Além disso, a compreensão estética das organizações compartilha com o paradigma do humanismo radical seu privilegiar da intuição, em vez da lógica analítica, e do processo de criação de conhecimento evocativo, em vez de baseado na explicação causal.

A discussão anterior mostrou que "dar forma" ao ponto de vista estético no estudo da vida organizacional está enraizado na corporeidade e materialidade das interações pós-sociais, e não apenas no raciocínio dos processos cognitivos. Além disso, não deixa nada como era antes, como ilustrado pelas palavras desta canção napolitana escrita por Pino Daniele (2007):

Il ricordo di un amore viaggia nella testa
e non c'e' una ragione quando cerchiamo quel
che resta

A memória de um amor viaja na mente
e não há uma razão quando buscamos o
que resta

e' come un vento di
passione o una rosa rossa
il ricordo di un amore
ci cambia e non ci lascia

é como um vento de
paixão ou uma rosa vermelha
a recordação de um amor
nos muda e não nos deixa

O amor, afirma a filósofa feminista Carla Locatelli (2007), também é um componente importante da vida organizacional: amor pelo que se está fazendo; fazer coisas "com amor". O amor também é evidente nas práticas sociais de conduzir pesquisa organizacional, como revelado pelas diferentes e multifacetadas paixões pelo conhecimento, aprendizado e invenção (Gherardi, 2003; Gherardi *et al.*, 2007). Isso pode dar a impressão de que a análise estética romantiza a compreensão da vida organizacional (Hancock, 2005). No entanto, não é bem isso, eu acredito, que é feito com o discurso estético sobre a organização, mas sim é a compreensão da vida organizacional em termos de um novo humanismo que é alcançada.

CONCLUSÕES

Este capítulo ilustrou a pesquisa estética organizacional em termos de uma nova consciência metodológica no estudo qualitativo da organização. As quatro abordagens estéticas para o estudo das organizações descritas – arqueológica, empático-lógica, estética e artística – têm ilustrado as características diversas que os métodos de análise – desde aqueles mais consolidados nas ciências sociais em geral (os "intelectuais") aos métodos mais inovadores enraizados nas artes (os "artísticos") – têm assumido e podem assumir o debate metodológico. Sua principal característica em comum é que os pesquisadores mergulham a si mesmos na vida da organização estudada, ativando suas faculdades perceptivo-sensorial e, em seguida, descolando-se do contexto, de modo a julgá-lo estética e sensorialmente.

A compreensão da vida organizacional assim obtida é enraizada no conhecimento sensível constantemente em diálogo e/ou controvérsia com o conhecimento cognitivo, e que é principalmente caracterizado como o conhecimento pessoal do pesquisador. Este é um nó teórico distintivo na compreensão estética da vida organizacional. Eu acredito que ele seja de considerável importância para o estudo das organizações pelas seguintes razões:

- Ele dá o devido destaque ao fato de que os pesquisadores aprendem muito mais da pesquisa organizacional do que eles são capazes de expressar e comunicar em termos lógico-analíticos.
- Ele mostra que a estética fornece a linguagem – metafórica e sutil; baseada na intuição e na imaginação; que se desenvolve entre a lógica poética, a arte, a semiótica e a filosofia estética; e constituída pelo processo evocativo de criação do conhecimento – capaz de "dar forma" para a dimensão tácita da compreensão da vida organizacional tanto pelo ator organizacional quanto pelo pesquisador.
- Reequilibra as relações entre o pesquisador e o ator organizacional, dando uma cidadania plena para os pesquisadores nas interações organizacionais por meio da qual o processo de pesquisa é configurado. O pesquisador é, portanto, não obscurecido pela luz jogada sobre os atores organizacionais, e a construção coletiva e pós-social do conhecimento organizacional e do discurso organizacional não está subordinada àquela da vida organizacional.

Este reequilíbrio é instável, no entanto, porque é conseguido por meio de uma sequência de desequilíbrios cotidianos na pesquisa, principalmente as assimetrias de poder que a abordagem estética traz à tona.

- Direciona a polêmica epistemológica contra o domínio do cognitivismo, da explicação causal, o mito da racionalidade e a crença na gestão corporativa da dimensão estética da vida organizacional.

REFERÊNCIAS

Aanestad M, Hanseth O. Implementing open network technologies in complex work practices: A case from telemedicine. In: Baskerville R, Stage J, DeGross JI. (eds.). Proceedings of the Conference on the Social and Organizational Perspective on Research and Practice in Information Technology. Norwell, MA: Kluwer Academic; 2000. p. 255-269.

Ackoff R. Creating the corporate future: plan or be planned for. New York: Wiley; 1981.

Addison J. The pleasures of the imagination. The Spectator 1712; june-july 1712.

Antaki C. Ordinary explanation in conversation: causal structures and their defence. European Journal of Social Psychology 1985;15:213-230.

Antaki C, Fielding G. Research on ordinary explanations in the psychology of ordinary explanations of social behaviour. In: Antaki C. (ed.). European Monographs in Social Psychology. London: Academic Press; 1981.

Antonello CS, Azevedo D. Aprendizagem organizacional: explorando o terreno das teorias culturais e das teorias baseadas em práticas. In: Antonello CS, Godoy AS. (orgs.). Aprendizagem organizacional no Brasil. Porto Alegre: Bookman; 2011.

Antonello CS, Godoy AS. (orgs.) Aprendizagem organizacional no Brasil. Porto Alegre: Bookman; 2011a.

Antonello CS, Godoy AS. Construindo uma agenda para estudos em aprendizagem organizacional no Brasil. In: Antonello CS, Godoy AS. (orgs.). Aprendizagem organizacional no Brasil. Porto Alegre: Bookman; 2011b.

Antonello CS, Godoy AS. Aprendizagem organizacional e as raízes de sua polissemia. In: Antonello CS, Godoy AS. (orgs.) Aprendizagem organizacional no Brasil. Porto Alegre: Bookman; 2011c.

Ashcraft K, Mumby D. Reworking gender. London: SAGE; 2004.

Ashmore M. The reflexive thesis: writing sociology of knowledge. Chicago, IL: University of Chicago Press; 1989.

Azevedo D. Aprendizagem organizacional e epistemologia da prática: um balanço de percurso e repercussões. Revista Interdisciplinar de Gestão Social – RIGS 2013;2:35-55.

Barley SR. Technicians in the workplace: ethnographic evidence for bringing work into organizational studies. Administrative Science Quarterly 1996;41(3):404-441.

Barnes B. Practice as collective action. In: Schatzki TR, Knorr Cetina K, Von Savigny E. (ed.). The practice turn in contemporary theory. London: Routledge; 2001. p. 17-29.

Barry D. Artful inquiry: A symbolic constructivist approach to social science research. Qualitative Inquiry 1996;2(4):411-438.

Barry D. 'The art of …'. In: Barry D, Hansen H. (eds.) The SAGE handbook of new approaches in management and organization. London: Sage; 2008. p. 31-41.

Bauman R, Sherzer J. (eds.). Explorations in the ethnography of speaking. Cambridge: Cambridge University Press; 1989.

Baumard Ph. Organisations déconcertées: La gestion stratégique de la connaissance. Paris: Masson; 1996. (Trad. em inglês: Tacit knowledge in organizations. London: Sage; 1999).

Baumgarten AG. Meditationes philosophicae de nonnullis ad poema pertinentibus. Halle: Grunert; 1735. (Trad. bras.: Estética – a lógica da arte e do poema. Petrópolis: Vozes; 1993.)

Baumgarten AG. Aesthetica I-II. Frankfurt am Oder: Kleyb; 1750-1758 (fotostática: Olms: Hildesheim, 1986). (Trad. bras.: Estética – a lógica da arte e do poema. Petrópolis: Vozes; 1993.)

Beck U. What is Globalization? Oxford: Blackwell; 1999.

Béguin P, Clôt Y. L'action située dans le development de l' activité. @ctivités 2004;1(2): 27-49.

Bellah RN. The necessity of opportunity and community in a good society. International Sociology 1997;12(4):387-393.

Benghozi PJ. (ed.) Special Issue: Art and organization. Dragon; 1987; 2(4).

Berg M. Rationalizing medical work. Cambridge, MA: MIT Press; 1997.

Berg M, Mol A. (ed.). Differences in medicine: Unravelling practices, techniques and bodies. Durham, NC: Duke University Press; 1998.

Berg PO. Some notes on corporate artifacts. Scos Note-Work 1987;6(1):24-28.

Berg PO, Kreiner K. Corporate architecture: turning physical settings into symbolic resources. In: Gagliardi P. (ed.). Symbols and artifacts: views of the corporate landscape. Berlin: de Gruyter; 1990. p. 41-67.

Bispo M de S. Uma reflexão sobre processos de aprendizagem nas organizações a partir do conceito de prática: desafios da gestão de pessoas a partir de uma abordagem interacionista do cotidiano. In: Chiuzi RM. (Org.). Recursos humanos ou gestão de pessoas? Reflexões críticas sobre o trabalho contemporâneo. São Bernardo do Campo: Metodista, 2011.

Bispo M de S, Mello AS. A miopia da aprendizagem coletiva nas organizações: existe uma lente para ela? Gestão&Planejamento 2012;13(3):728-745.

Bispo M de S. Aprendizagem organizacional baseada no conceito de prática: contribuições de Silvia Gherardi. Revista de Administração Mackenzie 2013;14(6):132-161.

Bjørkeng K, Clegg S, Pitsis T. Becoming (a) practice. Management Learning 2009;40(2):145-159.

Blackler F. Knowledge and the theory of organizations: organizations as activity systems and the refraiming of management. Journal of Management Studies 1993;30:863-884.

Blackler F. Knowledge, knowledge work and organizations: an overview and interpretation. Organization Studies 1995;16(6):1021-1046.

Blackler F, Regan S. Intentionality, agency, change: practice theory and management. Management Learning 2009;40(2):161-176.

Blackler F, Crump N, McDonald S. Organizing processes in complex activity networks. Organization 2000;7(2):277-300.

Bloor M. Notes on member validation. In: Emerson R. (ed.). Contemporary Field Research. Boston: Little Brown; 1983. p. 156-172.

Bougon M. Congregate cognitive maps. Journal of Management Studies 1992;29(3): 369-389.

Bourdieu P. Esquisse d'une théorie de la pratique précédé de trois etudes de ethnologie kabyle. Switzerland: Librairie Droz SA; 1972.

Bourdieu P. Le sens pratique. Paris: Les Éditions de Minuit; 1980.

Branthwaite A, Lunn T. Projective techniques in social and market research. In: Walker R. (ed.). Applied qualitative research. Aldershot: Gower; 1985. p. 101-129.

Brearley L. Exploring creative forms within phenomenological research. In: Barnacle R. (ed.). Phenomenology. Melbourne: RMll University Press; 2001. p. 74-87.

Brearley L. Foot in the air: an exploration of the experience of transition in organizational life. In: Boucher C, Holian R. (eds.). Emerging forms of representing qualitative data. Melbourne: RMIT University Press; 2001. p. 151-184.

Brown JS, Duguid P. Organizational learning and communities of practice: toward a unified view of working, learning and innovation. Organization Science 1991;2(1): 40-57.

Brown JS, Duguid P. Knowledge and organization: a social-practice perspective. Organization Science 2001;12(2):198-213.

Bruni A. Shadowing software and clinical records: On the ethnography of non-humans. Organization 2005;12(3):357-378.

Bruni A, Gherardi S. Omega's story: the heterogeneous engineering of a gendered professional self. In: Dent M, Whitehead S. (eds.). Managing professional identities. knowledge, performativity and the new professional. London: Routledge; 2001. p. 174-198.

Bruni A, Gherardi S, Poggio B. Gender and entrepreneurship. an ethnographic approach. London: Routledge; 2004.

Brunsson N. The organization of hypocrisy. Chichester: Wiley; 1989.

Bryman A. Research methods and organization studies. Boston: Unwin Hyman; 1989.

Buchanan D, Bryman A. (eds.). The SAGE handbook of organizational research methods. London: Sage Publications; 2009.

Burawoy M. Manufacturing consent. Chicago: University of Chicago Press; 1979.

Burrell G, Morgan G. Sociological paradigms and organizational analysis. Aldershot: Gower; 1979.

Carlile PR. A pragmatic view of knowledge and boundaries: boundary objects in new product development. Organization Science 2002;13(4):442-455.

Carr A, Hancock P. (eds.). Art and aesthetics at work. Basingstoke: Palgrave Macmillan; 2003.

Carroll J. Organizational learning activities in high-hazard industries: the logics underlying self-analysis. Journal of Management Studies 1998;35(6):699-717.

Castells M. A galáxia da Internet: reflexões sobre a Internet, os negócios e a sociedade. Rio de Janeiro: Jorge Zahar Ed.; 2003.

Cazeaux C. (ed.). The continental aesthetics reader. London: Routledge; 2000.

Chia R., Holt R. Strategy as practical copying: an heideggerian perspective. Organization Studies 2006;27(5):635-655.

Cicourel AV. The reproduction of objective knowledge: Common sense reasoning in medical decision making. In: Bohme G, Stehr N. (eds.). The knowledge society. Dordrecht, The Netherlands: Reidel Publishing; 1986. p. 87-122.

Clifford J. Introduction: partial truths. In: Clifford J, Marcus G. (eds.). Writing cultures. Berkeley: University of California Press; 1986. p. 1-26.

Cohen IJ. Theories of action and praxis. In: Turner BS. (ed.). The blackwell companion to social theory. Cambridge, MA: Blackwell; 1996. p. 111-142.

Cohen M. Reading Dewey: reflections on the study of routines. Organization Studies 2007;28(5):773-786.

Cohen M, March J, Olsen J. A garbage can model of· organizational choice. Administrative Science Quarterly 1972;17:1-25.

Cohendet P, Creplet P, Diani M, Dupouet O, Schenk E. Matching communities and hierarchies within the firm. Journal of Management and Governance 2004;8(1):27-48.

Cole M, Engeström Y. A cultural-historical approach to distributed cognition. In: Salomon G. (ed.). Distributed cognitions. Psychological and educational considerations. New York: Cambridge University Press; 1993. p. 1-46.

Conein B, Jacopin E. Action située et cognition: le savoir en place. Sociologie du Travail 1994;94(4):475-500.

Conein B, Dodier N, Thévenot L. (ed.). Les objets dans l'action. Paris: Edition de l'Ecole des Hautes Etudes en Sciences Sociales; 1993.

Contu A, Willmott H. Re-embedding situatedness: the importance of power relations in learning theory. Organization Science 2003;14(3):283-296.

Contu A, Grey C, Ortenblad A. Against learning. Human Relations 2003;56(8):931-952.

Cook S, Yanow D. Culture and organizational learning. Journal of Management Inquiry 1993;2(4):373-390.

Corradi G, Gherardi S, Verzelloni L. Through the practice lens: where is the bandwagon of practice-based studies heading? Management Learning 2010;41(3):265-283.

Cortellessa A. La fisica del senso. Saggi e interventi su poeti italiani dai 1940 a oggi. Roma: Fazi; 2006.

Crozier M, Friedberg E. L'acteur et le systéme. Les contraintes de l'action collective. Paris: Seuil; 1977.

Csillag P. A experiência estética em organizações criativas: uma investigação fenomenológica do impacto da percepção visual sobre a criatividade. São Paulo: EAESP/FGV (tese de doutorado), 2003.

Czarniawska B. On time, space and action nets. Organization 2004;11(6):773-791.

Daft R, Weick C. Toward a model of organizations as interpretation systems. Academy of Management Review 1984;9:284-295.

Daniele P. Vento di passione. In: Il mio nome è Pino Daniele e vivo qui. CD Music Aim, Sony BMG Music Entertainment; 2007.

Davel E, Melo MCO. Reflexividade e a dinâmica da ação gerencial. In: Davel E, Melo MCO. (orgs.). Gerência em ação: singularidades e dilemas do trabalho gerencial. Rio de Janeiro: Editora da FGV; 2005.

Davel E, Tremblay DG. Formation et apprentissage organisationnel: la vitalité de la pratique. Québec: Presses de l'Université du Québec, 2011.

Davies B, Harré R. Positioning: the discoursive production of selves. Journal of the Theory of Social Behaviour 1990;1:43-63.

Dean JW Jr, Ottensmeyer E, Ramirez R. An aesthetic perspective on organizations. In: Cooper C, Jackson S. (eds.). Creating tomorrow's organizations: a handbook for future research in organizational behavior. Chichester: John Wiley & Sons; 1997. p. 419-437.

Deetz S. 2003 Reclaiming the legacy of the linguistic turn. Organization 1997;10(3): 421-429.

Dégot V. Portrait of the manager as an artist. Dragon 1987;2(4):13-50.

Derrida J. L, Écriture et la différence. Paris: Seuil; 1967a. (Trad. bras.: A escritura e a diferença, São Paulo: Perspectiva, 1971.)

Derrida J. De la Grammatologie. Paris: Minuit; 1967b. (Trad. bras.: Gramatologia. São Paulo: Perspectiva, 1973.)

Didier JMO, Lucena EA. Aprendizagem de praticantes da estratégia: contribuições da aprendizagem situada e da aprendizagem pela experiência. Organizações & Sociedade 2008;15(44):129-148.

Donaldson L. Reflections on knowledge and knowledge-intensive firms. Human Relations 2001;54(7):955-963.

Douglas M. Implicit meanings. London: Routledge & Kegan; 1975.

Durkheim E. Les Formes elementaires de la vie religieuse: le systeme totemique en australie. Paris: Alcan; 1912.

Eckert P. Jocks and bourouts: social categories and identity in the high school. New York: Teachers College Press; 1989.

Eco U. I limiti dell'interpretazione. Milano: Bompiani; 1990.
Eden C, Jones S, Sims D. Messing about in problems. Oxford: Pergamon; 1983.
Eden C. (ed.). Special Issue: On the nature of cognitive maps. Journal of Management Studies. 1992; 29(3).
Elkjaer B. Organizational learning with a pragmatic slant. International Journal of Lifelong Education 2003;22(5):481-494.
Engeström Y. Learning by expanding: An activity theoretical approach to developmental research. Helsinki, Finland: Orienta-Consultit; 1987.
Engeström Y, Middleton D. (eds.). Cognition and communication at work. Cambridge, England: Cambridge University Press; 1996.
Easterby-Smith M, Snell R, Gherardi S. Organizational learning and learning organization: diverging communities of practice? Management Learning 1998;3: 259-272.
Evered R, Louis MR. Alternative perspectives in the organizational sciences. "Inquiry from the inside" and "inquiry from the outside". Academy of Management Review 1981;6:385-395.
Feldman M. The meanings of ambiguity: learning from stories and metaphors. In: Frost P. et al. (eds.). Reframing organizational culture. Newbury Park: Sage; 1991. p. 145-156.
Feldman M. Organizational routines as a source of continuous change. Organization Science 2000;11(6):611-629.
Feldman M, Pentland BT. Re-conceptualizing organizational routines as a source of flexibility and change. Administrative Science Quarterly 2003;48(1):94-118.
Ferrara A. Introduzione. In: Ferrara A. (ed.). Comunitarismo e liberalismo. Roma: Editori Riuniti; 1992. p. IX-LVII.
Fineman S. Emotion and management learning. Management Learning 1997;28(1): 13-25.
Flynn P. The ethnometodological movement. New York: Mouton de Gruyter; 1991.
Foucault M. Power/Knowledge. New York: Pantheon Books; 1980.
Fox S. Situated learning theory *versus* traditional cognitive learning theory: why management education should not ignore management learning. Systems Practice 1997;10(6):727-747.
Fox S. Communities of practice, foucault and actor-network theory. Journal of Management Studies 2000;37(6):853-867.
Fox S. Inquiries of every imaginable kind: ethnomethodology, practical action and the new socially situated learning theory. The Sociological Review 2006;54(3):426-445.
Fujimura J. Ecologies of action: recombining genes, molecularizing cancer, and transforming biology. In: Star SL. (ed.). Ecologies of knowledge. Albany: State University of New York Press; 1995. p. 302-346.
Fujimura J, Star S, Gerson E. Metode de recherche en sociologie des sciences: travail, pragmatisme et interactionnisme symbolique. Cahiers de Recherches Sociologique 1987;5:65-85.
Gabriel Y, Fineman S, Sims D. Organizing & organizations. London: Sage; 2000 (1. ed. 1993).
Gagliardi P. (ed.). Symbols and artifacts: views of the corporate landscape. Berlin: de Gruyter, 1990.
Gagliardi P. Exploring the aesthetic side of organizational life. In: Clegg SR, Hardy C, Lawrence TB, Nord WR. (eds.). The Sage Handbook of Organization Studies. (second edn.), London: Sage; 2006. p. 701-724.
Garfinkel H. Studies in ethnomethodology. Englewood Cliffs: Prentice Hall; 1967.

Garfinkel H. Ethnomethodological studies of work. London: Routledge and Kegan Paul; 1986.

Gärtner C. Cognition, knowing and learning in the flesh: Six views on embodied knowing in organization studies. Scandinavian Journal of Management 2013;29:338-352.

Geertz C. Interpretation of cultures. New York: Basic Books; 1973.

Geiger D. 2009 Revisiting the concept of practice: toward an argumentative understanding of practicing. Management Learning 1973;40(2):129-144.

Gergen KJ. The saturated self: dilemmas of identity in contemporary life. New York: Basic Books; 1991.

Gherardi S. Sociologia delle decisioni organizzative. Bologna: Il Mulino; 1985.

Gherardi S. Le microdecisioni nelle organizzazioni. Bologna: Il Mulino; 1990.

Gherardi S. Gender, symbolism and organizational culture. London: Sage; 1995.

Gherardi S. Learning as problem-driven or learning in the face of mistery? Organization Studies 1999;20(1):101-123.

Gherardi S. Practice-based theorizing on learning and knowing in organizations – introduction to the special issue on 'knowing in practice'. Organization 2000 a;7(2):211-223.

Gherardi S. Where learning is: metaphors and situated learning in a planning group. Human Relations 2000 b;53(8):1057-1080.

Gherardi S. From organizational learning to practice-based knowing. Human Relations 2001;54(1):131-139.

Gherardi S. Knowing as desiring. Mythic knowledge and the knowledge journey in communities of practitioners. Journal of Workplace Learning 2003;15(7/8): 352-358.

Gherardi S. Organizational knowledge: the texture of workplace learning. Oxford: Blackwell; 2006.

Gherardi S. Communities of practice or practices of a community? In: Armstrong S, Fukami C. (eds.). Handbook of management learning, education and development. London: Sage; 2009 a. p. 514-530.

Gherardi S. Knowing and learning in practice-based studies: an introduction. The Learning Organization 2009 b; special issue, 16(5):352-359.

Gherardi S. Telemedicine: a practice-based approach to technology. Human Relations 2010;63(4):501-524.

Gherardi S. Organizational learning: the sociology of practice. In: Easterby-Smith M, Lyles M. (eds.). The Blackwell handbook of organizational learning and knowledge management. Malden, Oxford, Melbourne, Berlin: Blackwell Publishing; 2011. p. 43-65.

Gherardi S. How to conduct a practice-based study: problems and methods. Cheltenham, Gloss: Edward Elgar; 2012 a.

Gherardi S. Why do practices change and why do they persist? Models of explanations. In: Hager P, Lee A, Reich A. (Eds.). Practice, learning and change: practice-theory perspectives on professional learning. New York: Springer International; 2012 b.

Gherardi S. Prática? É uma Questão de Gosto! Revista interdisciplinar de gestão social. 2013; 2(1): 107-124.

Gherardi S. Reconceptualising professional knowing-in-practice: the role of materiality and aesthetic understanding. In: Fenwick T, Nerland M. (eds.). Reconceptualising professional learning: sociomaterial knowledges, practices, and responsibilities. London: Routledge; 2014 a.

Gherardi S. Are working practices the place where organization studies and workplace learning cross? In: Alegre J, Chiva R, Fernández-Mesa A, Ferreras-Méndez A. (eds.).

Shedding new lights on organisational learning, knowledge and capabilities. Cambridge: Cambridge Scholars Publishing; 2014 b.
Gherardi S, Nicolini D. The organizational learning of safety in communities of practice. Journal of Management Inquiry. 2000 a;9(1):7-18.
Gherardi S, Nicolini D. To transfer is to transform: the circulation of safety knowledge. Organization 2000 b;7(2):329-348.
Gherardi S, Nicolini D. The sociological foundations of organizational learning. In: Dierkes M. et al. Handbook of organizational learning and knowledge. Oxford: Oxford University Press; 2001. p. 35-60.
Gherardi S, Nicolini D. Learning the trade. A culture of safety in practice. Organization 2002;9(2):191-223.
Gherardi S, Perrotta M. Where is induction? Profession, peer group and organization in contention. Society and Business Review 2010;5(1):84-98.
Gherardi S, Perrotta M. Egg dates sperm: a tale of practice change and its institutionalization. Organization 2011;18(5):595-614.
Gherardi S, Perrotta M. Doing by inventing the way of doing: formativeness as the linkage of meaning and matter. In: Carlile P, Nicolini D, Langley A, Tsouchas H. (eds.). How matter matters: objects, artifacts and materiality in organization studies. Oxford: Oxford University Press; 2013. p. 227-259.
Gherardi S, Strati A. The texture of organizing an ltalian academic department. Journal of Management Studies 1990;27(6):605-618.
Gherardi S, Strati A. La telemedicina: tra tecnologia e organizzazione. Roma: Carocci; 2004.
Gherardi S, Strati A. Learning and knowing in practice-based studies. Cheltenham, Gloss: Edward Elgar; 2012.
Gherardi S, Turner BA. Real Men Don't Collect Soft Data. Trento: Dipartimento di Politica Sociale, Quaderno 1987; 13. (Partial reprint in Bryman A, Burgess R. (ed.), Qualitative Research, vol I. London: Sage; 1999. p. 103-118).
Gherardi S, Nicolini D, Odella F. Towards a social understanding of how people learn in organizations. Management Learning 1998 a;29(3):273-298.
Gherardi S, Nicolini D, Odella F. What do you mean by safety? conflicting perspectives on accident causation and safety management inside a construction firm. Journal of Contingencies and Crisis Management 1998 b;7(4):202-213.
Gherardi S, Nicolini D, Strati A. (eds.). Special Issue: The passion for knowing. Organization 2007;14(3).
Gherardi S, Merilainen S, Strati A, Valtonen A. (eds.). Special Issue: Body, senses and knowing in organization. Scandinavian Journal of Management 2013;29(4).
Gibb S. Aesthetics and human resource development. London: Routledge; 2006.
Gibson JJ. The ecological approach to visual perception. London: Erlbaum associates; 1979.
Giddens A. New rules of sociological method. London: Hutchinson; 1976.
Giddens A. The Constitution of society. Cambridge: Polity; 1984.
Giglioli PP. Rituale, interazione, vita quotidiana. Bologna: Il Mulino; 1990.
Gilbert G, Mulkay M. Opening pandora's box: a sociological analysis of scientists' discourse. Cambridge: Cambridge University Press; 1984.
Gioia D, Ford C. Tacit knowledge, self-communication and sensemaking in organizations. In: Thayer L. (ed.). Organization-Communication. Norwood, NJ: Ablex; 1995. p. 77-96.
Glaser B, Strauss A. The discovery of grounded theory. Chicago: Aldine; 1967.

Godoy AS, Antonello CS. Cartografia da aprendizagem organizacional no Brasil: uma revisão multiparadigmática. In: Antonello CS, Godoy AS. (orgs.). Aprendizagem organizacional no Brasil. Porto Alegre: Bookman; 2011.

Goffman E. The territories of the self. In: Goffman E. (ed.). Relations in public: microstudies of the public order. New York: Harper and Row; 1971 p. 28-61.

Goffman E. Frame analysis: An essay on the organization of experience. New York: Harper & Row; 1974.

Goffman E. Forms of talk. Oxford, England: Basil Blackwell; 1980.

Goodwin C. Professional vision. American Anthropologist 1994;96(3):606-633.

Guillet De Montoux P. The art firm: aesthetic management and metaphysical marketing. Stanford, CA: Stanford University Press; 2004.

Guillet de Monthoux P, Strati A. (eds.). Special Issue: Aesthetics / The construction and re-construction of memories of organizational life. Aesthesis. International Journal of Art and Aesthetics in Management and Organizational Life. 2008; 2(1).

Hancock P. Uncovering the semiotic in organizational aesthetics. Organization 2005;12(1):29-50.

Hancock P, Tyler M. "The look of love": gender and the organization of aesthetics. In: Hassard J, Holliday R, Willmott H. (eds.). Body and organization. London: Sage; 2000. p. 108-129.

Handley K, Sturdy A, Fincham R, Clark T. Within and beyond communities of practice: making sense of learning through participation, identity and practice. Journal of Management Studies 2006;43(3):641-653.

Haraway D. Situated knowledges: the science question in feminism and the privilege of partial perspectives. In: Haraway D. (ed.). Simians, cyborgs and women: the reinvention of nature. London: Free Association 800ks; 1991. p. 183-202.

Haraway D. The promises of monsters: a regenerative politics for inappropiated others. In: Treichler P, Nelson C, Grossberg L. (eds.). Cultural studies now and in the future. New York: Routledge; 1992. p. 295-337.

Harding S. The science question in feminism. Ithaca: Cornell University; 1986.

Hatch MJ. Organization theory –Modern, symbolic, and postmodern perspectives (with Ann Cunliffe). Oxford: Oxford University Press; 2013.

Hatch MJ, Erlich S. Spontaneous humour as an indicator of paradox and ambiguity in organizations. Organization Studies 1993;14(4):505-526.

Heath C, Button G. Special issue on workplace studies: editorial introduction. The British Journal of Sociology 2002;53(2):157-161.

Heath C, Luff P. Technology in action. Cambridge, England: Cambridge University Press; 2000.

Hindmarsh J, Heath C. Video-based studies of work practice. Sociology Compass. 2007;1:1-17.

Hine C. Virtual ethnography. London: Sage; 2000.

Human Relations. Special Issue: Organizing aesthetics. Strati A, Guillet de Monthoux P. (eds.). 2002. 55(7).

Hutchins E. Learning to navigate. In: Chaiklin S, Lave J. (eds.). Understanding practice: Perspectives on activity and context. Cambridge, England: Cambridge University Press; 1993. p. 35-63.

Hutchins E. Cognition in the wild. Cambridge, MA: The MIT Press; 1995.

Ipiranga ASR, Faria VCM, Amorim MA. A comunidade de prática da rede Nós: colaborando e compartilhando conhecimentos em arranjos produtivos locais. Organizações & Sociedade 2008;15(44):149-170.

Jimenez M. Qu'est-ce que l'esthétique. Paris: Gallimard; 1997.
John E. Art and Knowledge. In: Gaut B, McIVER LD. (eds.). The Routledge Companion to Aesthetics. London: Routledge; 2001. p. 329-340.
Jones MO, Moore MD, Snyder RC. (eds.). Inside organizations. Understanding the human dimension. Newbury Park, CA: Sage; 1988.
Jones S. The analysis of depth interviews. In: Walker R. (ed.). Applied qualitative research. Aldershot: Gower; 1985. p. 74-93.
Jones SG. (ed.). Cybersociety – Computer-Mediated communication and community. Thousand Oaks: Sage; 1995.
Kant I. Kritik der Urteilskraft; 1790. In: Kant I. Werke in zwölf Bänden, Vol. X, ed por W. Weischedel. Frankfurt-on-Main: Suhrkamp, 1968. (Trad bras.: Crítica da faculdade do juízo. Rio de Janeiro: Forense Universitária, 1995, 2. ed.)
King IW. Straightening our perspective: the logos of the line. Organization 2007;14(2): 225-241.
King IW, Vickery J. (eds.). Experiencing organisations: new aesthetic perspectives. Faringdon: Libri Publishing; 2013.
Kirsh D. The intelligent use of space. Artificial Intelligence 1995;73:36-68.
Knorr Cetina K. The manufacture of knowledge. Oxford: Pergamon Press; 1981.
Knorr Cetina K. Sociality with objects: social relations in post-social knowledge societies. Theory, Culture and Society 1997;14(4):1-30.
Koschmann T, Kuutti K, Hickman L. The concept of breakdown in Heidegger, Leont'ev, and Dewey and its implications for education. Mind, Culture, and Activity 1998;5: 25-41.
Kuhn T. The structure of scientific revolutions. Chicago: University of Chicago Press; 1962. (Trad. bras.: A estrutura das revoluções científicas. São Paulo: Perspectiva; 1991.)
Lanzara GF. Capacità negativa. Bologna: Il Mulino; 1993.
Latour B. The power of association. In: Law J. (ed.). Power, action and belief: a new sociology of knowledge? London: Routledge and Kegan Paul; 1986.
Latour B. Science in action. Cambridge, Ma: Harvard University Press; 1987.
Latour B. Where are the missing masses? Sociology of a few mundane artefacts. In: Bijker WE, Law J. (eds.). Shaping technology-building society: studies in sociotechnical change. Cambridge, MA: MIT Press; 1992. p. 225-258.
Latour B. Morality and technology. The end of the means. Theory, Culture, and Society 2002;19(5/6):247-260.
Latour B. Reassembling the social. Oxford: Oxford University Press; 2005.
Latour B, Woolgar S. Laboratory life: The social construction of scientific facts. Beverly Hills, CA: Sage; 1979.
Lave J. Cognition in practice. Cambridge, England: Cambridge University Press; 1988.
Lave J, Wenger E. Situated learning – legitimate peripheral participation. Cambridge: Cambridge University Press; 1991.
Law J. (ed.). Sociology of monsters? Power, technology and the modern world. The Sociological Review Monograph, 38. London: Routledge and Kegan Paul; 1991.
Law J. Notes on the theory of the actor-network: ordering, strategy, and heterogeneity. System Practice 1992;5(4):379-393.
Law J. Organizing modernity. Oxford: Blackwell; 1994.
Law J, Hassard J. (eds.). Actor network theory and after. Oxford: Blackwell; 1999.
Law J. Comment on Suchman, and Gherardi and Nicolini: Knowing as displacing. Organization 2000;7(2):349-354.

Leal R. A estética como elemento para compreensão da criatividade nas organizações. Organizações & Sociedade 2007;14(42):67-82.

Legros R. La naissance de l'individu modern. In: Foccroulle B, Legros R, Todorov T. (eds.). La naissance de l'individu dans l'art. Paris: Bernard Grasset; 2005. p. 121-200.

Levine D. The flight from ambiguity. Chicago: The University of Chicago Press; 1985.

Levitt B, Nass C. The lid on the garbage can: institutional constraints on decision-making in the technical core of college text publishers. Administrative Science Quarterly 1989;34:190-207.

Lindkvist L. Knowledge communities and knowledge collectivities: a typology of knowledge work in groups. Journal of Management Studies. 2005;42(6):1189-1210.

Linstead S. The responsibilities of betrayal: deconstruction and ethnographic práxis. Blurring Genres 1994;6:1-27.

Linstead S, Höpfl H. (eds.). The aesthetics of organization. London: Sage; 2000.

Livingstone E. The ethnomethodological foundations of mathematics. Boston, MA: Routledge and Kegan Paul; 1986.

Locatelli C. Women's way of knowing: it is all about love! Organization 2000;7(2):339-350.

Luff P, Hindmarsh J, Heath C. (eds.). Workplace studies. Cambridge: Cambridge University Press; 2000.

Lynch M. Art and artifact in laboratory life. a study of shop work and shop talk in a research laboratory. London: Routledge and Kegan Paul; 1985.

Lynch M. Scientific practice and ordinary action: Ethnomethodology and social studies of science. Cambridge, England: Cambridge University Press; 1997.

Lynch M. Protocols, practices and the reproduction of techniques in molecular biology. The British Journal of Sociology. 2002;53:203-220.

Lyotard J. The postmodern condition. Manchester: Manchester University Press; 1979.

March J, Olsen J. (eds.). Ambiguity and choice in organizations. Bergen: Universitetforlaget; 1976.

Marquard O. Aesthetica und anaesthetica. Philosophische uberlegungen. Paderborn: Schoningh; 1989.

Martin J. Deconstructing organizational taboos: the suppression of gender conflict in organizations. Organization Science 1990;1:334-359.

Martin J. Cultures in organizations. New York: Oxford University Press; 1992.

Martin J, Feldman M, Hatch MJ, Sitkin S. The uniqueness paradox in organizational stories. Administrative Science Quarterly 1983;28:438-453.

Martin PY. Mobilizing masculinities: women's experiences of men at work. Organization 2001;8(4):587-618.

Martin PY. Sensations, bodies, and the "Spirit of the Place": aesthetics in residential organizations for the elderly'. Human Relations 2002;55(7):861-885.

Martin PY. Said & done' vs. 'Saying & doing'. Gendered practices/practising gender at work. Gender & Society 2003;17.

Mathieu C. Practising gender in organizations: the critical gap between practical and discursive consciousness. Management Learning 2009;40(2):177-193.

Menger P.-M. Profiles of the unfinished: Rodin's work and the varieties of incompleteness. In: Becker HS, Faulkner RR, Kirshenblatt-Gimblett B. (eds.). Art from start to finish. Jazz, painting, writing, and other improvisations. Chicago: The University of Chicago Press; 2006. p. 31-68.

Merleau-Ponty M. Phénoménologie de la perception. Paris: Gallimard; 1945. (Trad. bras.: Fenomenologia da percepção. São Paulo: Martins Fontes; 1994).

Merleau-Ponty M. Causeries 1948. Paris: Éditions du Seuil; 2002.

Meyerson D. "Normal" ambiguity? a glimpse of an occupational culture. In: Frost P. (ed.). Reframing organizational culture. Newbury Park: Sage; 1991. p. 131-144.

Minahan S, Wolfram Cox J. (eds.). The aesthetic turn in management. Ashgate: Gower; 2007.

Mintzberg H. Mintzberg on management: Inside our strange world of organizations. New York: The Free Press; 1989.

Morin E. La complexité. Revue lnternational des Sciences Sociales 1974;4:6-32.

Narducci V. As Mudanças na Cultura Organizacional de uma Instituição Pública Federal sob um Olhar Estético. EBAPE – Escola Brasileira de Administração Pública e de Empresas, FGV – Fundação Getulio Vargas (Tese de doutorado), 2012.

Nicolini D. Practice theory, work and organization: an introduction. Oxford: Oxford University Press; 2013.

Nicolini D. Articulating practice through the interview to the double. Management Learning 2009;40(2):195-212.

Nicolini D, Gherardi S, Yanow D. (eds.). Knowing in organizations: a practice-based approach. Armonk, NY: M. E. Sharpe; 2003.

Nonaka I, Takeuchi H. The knowledge-creating company. How japanese companies create the dynamics of innovation. Oxford: Oxford University Press; 1995.

Norman D. Les artefacts cognitifs. In: Conein B, Dodier D, Thévenot L. (eds.). Les objects dans l'action. Paris: Edition de l'Ecole des Hautes Etudes en Sciences Sociales; 1994. p. 15-34.

Oddone I, Re A, Briante G. Esperienza operaia, coscienza di classe e psicologia del lavoro. Torino: Einaudi; 1977.

Organization 1996 3(2). Special Issue: Aesthetics and Organization, E. Ottensmeyer (ed.).

Orlikowski WJ. The duality of technology: rethinking the concept of technology in organizations. Organization Science 1992;3(3):398-427.

Orlikowski WJ. Using technology and constructing structures: a practice lens for studying technology in organizations. Organization Science 2000;11(4):404-428.

Østerlund C, Carlile P. Relations in practice: sorting through practice theories on knowledge sharing in complex organizations. The Information Society 2005;21(2):91-107.

Pareyson L. Estetica. Teoria della formatività. Turim: Giappichelli; 1954. Reimpr. 1988, Milão: Bompiani. (Trad. bras.: Estética. Teoria da formatividade. Petrópolis: Vozes, 1993.)

Pelzer P. Disgust and organization. Human Relations 2002;55(7):841-860.

Perrow C. Complex organizations: a critical essay. Glenview, IL: Scott, Foresman; 1972.

Pickering A. Science as practice and culture. Chicago, IL: University of Chicago Press; 1992.

Pine JB, Gilmore JH. The experience economy. Cambridge, MA: Harvard Business School Press; 1999.

Piñeiro E. The aesthetics of code. On excellence in instrumental action. Stockholm: Fields of Flow Series; 2004.

Poggio B. Editorial: outline of a theory of gender practices. Gender, Work and Organization 2006;13(3):225-233.

Polanyi M. Knowing and being. Mind. 1961; 70(280): 458-470. (Reprinted 1969 in Polanyi M. Knowing and Being, Essays by Michael Polanyi. Edited by M. Grene. Chicago: University of Chicago Press; 1961; p. 123-137.)

Polanyi M. Personal knowledge. Towards a post-critical philosophy. London: Routledge & Kegan Paul (1. ed 1958); 1962.

Polanyi M. The logic of tacit inference. Philosophy. 1966; 41: 1-18. (Reprinted 1969 in Polanyi M. Knowing and being, Essays by Michael Polanyi. Edited by M. Grene. Chicago: University of Chicago Press; 1961: p. 138-158.)

Pollner M, McDonald-Wikler L. The social construction of unreality: A case study of a family's attribution of competence to a severely retarded child. Family Process 1985;24:241-254.

Prezzo R. Il primato di un paradosso. In: Merleau-Ponty M. (ed.). Il primato della percezione e le sue conseguenze filosofiche. Milano: Medusa; 2004.

Putnam L, Phillips N, Chapman P. Metaphors of communication and organization. In: Clegg SR, Hardy C, Nord RN. (eds.). Handbook of organization studies. London: Sage; 1996. p. 375-408.

Rafaeli A, Pratt M. (eds.). Artifacts and organizations. Mahwah, NJ: Lawrence Erlbaum; 2005.

Rajani R, Perry M. The reality of medical work: The case for a new perspective on telemedicine. Virtual Reality 1999;4:243-249.

Ramírez R. The aesthetics of cooperation. European Management Review 2005;2: 28-35.

Rancière J. Le destin des images. Paris: La fabrique éditions; 2003.

Richardson H, Tapia A, Kvasny L. Introduction: applying critical theory to the study of ICT. Social Science Computer Review. 2006;24(3):267-273.

Roberts J. Limits to communities of practice. Journal of Management Studies 2006;43(3):623-639.

Robertson R. Glocalization: time-space and homogeneity-heterogeneity. In: Featherstone M, Lash S, Robertson R. (eds.). Global modernities. London: Sage; 1995. p. 25-44.

Rodrigues B, Azevedo D. Entre facas e chairas – um estudo sobre a aprendizagem baseada em prática de açougueiros. Desenvolve – Revista de Gestão do Unilasalle 2013;2:117-136.

Rosen M. Breakfast at Spiro's: dramaturgy and dominance. Journal of Management Studies 1985;11(2):31-84.

Rosen M. Coming to terms with the field: understanding and doing organizational ethnography. Journal of Management Studies 1991;28(1):1-24.

Roy D. Making out: a counter-system of worker control of work situation and relationships. In: Burns T. (ed.). Industrial Man. Harmondsworth: Penguin; 1969. p. 359-379.

Samra-Fredericks D, Bargiela-Chiappini F. Introduction to the symposium on the foundations of organizing: the contribution from Garfinkel, Goffman and Sacks. Organization Studies 2008;29(5):653-675.

Sanchez R. Managing articulated knowledge in competence-based competition. In: Sanchez R, Heene A. (eds.). Strategic learning and knowledge management. Chichester: John Wiley & Sons; 1997. p. 163-187.

Scalfi A. Untitled 2004 # Paris. Aesthesis. International Journal of Art and Aesthetics in Management and Organizational Life. 2007; 1(1): DVD, 20' 38".

Schatzki TR. Introduction. Practice theory. In: Schatzki TR, Knorr Cetina K, Von Savigny E. (eds.). The practice turn in contemporary theory. London and New York: Routledge; 2001. p. 1-14.

Schatzki TR, Knorr Cetina K, Von Savigny E. (eds.). The practice turn in contemporary theory. London: Routledge.

Schein E. The three cultures of management: implications for organizational learning. Sloan Management Review 1996;38:9-20.

Schmidt K. The critical role of workplace studies in CSCW. In: Luff P, Hindmarsh J, Heath C. (eds.). Workplace studies. Cambridge, England: Cambridge University Press; 2000. p. 141-149.

Schommer PC. Comunidades de prática e articulação de saberes na relação entre universidade e sociedade. São Paulo: EAESP/FGV, tese de doutorado, 2005.

Schommer PC, Souza-Silva JC. Aprendizagem Organizacional e Comunidades de Prática. Organizações & Sociedade 2008;15(44):103-104.

Schultze U. A confessional account of an ethnography about knowledge work. MIS Quarterly 2000;24(1):3-41.

Schutz A. Collected papers I the problem of social reality. Nijhoff: The Hague; 1962.

Semin G, Manstead A. The accountability of conduct: a social- psycological analysis. London: Academic Press; 1983.

Senge P. The fifth discipline: the art and practice of the learning organization. New York: Doubleday; 1990.

Shusterman R. Body consciousness. a philosophy of mindfulness and somaesthetics. Cambridge: Cambridge University Press; 2008.

Simmel G. Soziologie. Untersuchungen über di Formen der Vergesellschaftung. Leipzig: Duncker & Humblot, 1908. [Trad. parcial em inglês em: Park, R. E.; Burgess, E. W. (eds.) Introduction to the Science of Sociology, Chicago, IL: University of Chicago Press; 1969. p. 356-361.]

Simmel G. Rembrandt, Einkunstphilosophischer Versuch, Leipzig: Kurt Wolff Verlag (Eng. trans.: Rembrandt. An Essay in the Philosophy of Art. Translated and edited by A. Scott and H. Staubmann. New York: Routledge; 1916).

Souza-Silva JC, Schommer PC. A pesquisa em comunidades de prática: panorama atual e perspectivas futuras. Organizações & Sociedade 2008;15(44):105-127.

Souza-Silva JC, Davel E. Da Ação à Colaboração Reflexiva em Comunidades de Prática. Revista de Administração de Empresas 2007;47:53-65.

Souza-Silva JC, Davel E. Formação e Aprendizagem pela Prática: A Força das Relações de Parentesco por Consideração em uma organização de Ensino Superior. Revista de Administração Pública 2005;39(1):43-67.

Souza-Silva JC, Schommer PC. Aprendizagem Organizacional e Comunidades de Prática. Organizações & Sociedade 2006;13(38):157-158.

Souza-Silva JC. Condições e desafios ao surgimento de comunidades de prática em organizações. Revista de Administração de Empresas 2009;49:176-189.

Spender JC. The dynamics of individual and organizational knowledge. In: Eden C, Spender JC. (eds.). Managerial and organizational cognition: theory, methods and research. London: Sage; 1998. p. 13-39.

Star SL. Ecologies of knowledge. Albany: State University of New York Press; 1995.

Star SL. The ethnography of infrastructure. American Behavioral Scientist 1999;43: 377-391.

Star SL, Griesemer J. Institutional ecology, "translations", and coherence: amateurs and professionals in berkeley's museum of vertebrate zoology, 1907–1939. Social Studies of Science 1989;19:387-420.

Steele FI. Physical settings and organization development. Reading, MA: Addison-Wesley; 1973.

Steyaert C, Hjorth D. "Thou art a scholar, speak to it ..." – on spaces of speech: A script'. Human Relations 2002;55(7):767-797.

Strathern M. Partial connections. Savage: Rowan and Littlefield; 1991.

Strati A. Aesthetics and organizational skill. In: Turner BA. (ed.). Organizational Symbolism. Berlin: de Gruyter; 1990. p. 207-222.

Strati A. Aesthetic understanding of organizational life. Academy of Management Review 1992;17(3):568-581.

Strati A. (Mis)understanding cognition in organization studies. Scandinavian Journal of Management 1998 a;14(4):309-329.
Strati A. Organizational symbolism as a social construction: a perspective from the sociology of knowledge. Human Relations 1998 b;51(11).
Strati A. Organization and aesthetics. London: Sage; 1999. (Trad. bras.: Organização e estética. Rio de Janeiro: Editora da FGV, 2007).
Strati A. Theory and method in organization studies: paradigms and choices. London: Sage; 2000.
Strati A. Organizational artifacts and the aesthetic approach. In: Rafaeli A, Pratt M. (eds.). Artifacts and organizations: beyond mere symbolism. London, UK and New York, NY: Routledge; 2005. p. 23-39.
Strati A. Aesthetic understanding of work and organizational life: approaches and research developments. Sociology Compass 2010;4(10).
Strati A. Becoming or process: What future for the aesthetic discourse in organizations. In: King IW, Vickery J. (eds.). Experiencing organizations: new aesthetic perspectives. Oxon: Libri Publishing; 2013. p. 223-248.
Strati A. The social negotiation of aesthetics and organisational democracy. In: Murphy P, de La Fuente E. (eds.). Aesthetic capitalism. Leiden: Brill; 2014. p. 105-127.
Strati A, Nicolini D. O cognitivismo nos estudos organizacionais. In: Pina, Cunha M. (coord.). Teoria Organizacional. Lisboa: Dom Quixote; 1999. p. 69-107.
Strauss A. Negotiations. San Francisco: Jossey-Bass; 1978.
Strauss A. Qualitative analysis for social scientists. Cambridge: Cambridge University Press; 1987.
Suchman L. Plans and situated action: the problem of human-machine communication. Cambridge: Cambridge University Press; 1987.
Suchman L. Constituting shared workspaces. In: Engeström Y, Middleton D. (eds.). Cognition and communication at work. Cambridge: Cambridge University Press; 1996.
Suchman L. Centres of coordination. A case and some themes. In: Resnick L, Saljo L, Pontecorvo C, Burge B. (eds.). Discourse, tools and reasoning. Essays on situated cognition. Berlin: Springer Verlag; 1997. p. 41-62.
Suchman L. Organizing alignment: A case of bridge-building. Organization 2000;7(2):311-328.
Suchman L. Affiliative objects. Organization 2005;12:379-399.
Suchman L. Human–Machine reconfigurations: plans and situated actions. Cambridge: Cambridge University Press; 2007.
Suchman L, Blomberg J, Orr JE, Trigg R. Reconstructing technologies as social practice. American Behavioural Scientist 1999;43(3):392-408.
Swan J, Scarbrough H, Robertson M. The construction of "communities of practice" in the management of innovation. Management Learning 2002;33(4):477-496.
Taylor C. The malaise of modernity. Montreal: McGill-Queen's University Press; 1991.
Taylor C. Philosophical arguments. Cambridge, MA: Harvard University Press; 1995.
Taylor S. Presentational form in first person research: Off-line collaborative reflection using art. Action Research 2004;2(1):71-88.
Taylor S, Hansen H. Finding form: looking at the field of organizational aesthetics. Journal of Management Studies 2005;42(6):1210-1231.
Timmermans S, Berg M. Standardization in action: Achieving local universality through medical protocols. Social Studies of Science 1997;27:273-305.
Tsoukas H. The firm as a distributed knowledge system: A constructionist approach. Strategic Management Journal 1996;17:11-25.

Tsoukas H, Hatch MJ. Complex thinking, complex practice: the case for a narrative approach to organizational complexity. Human Relations 2001;54(8): 979-1013.

Turner B. Some practical aspects of qualitative data analysis: one way of organizing some of the cognitive processes associated with the generation of grounded theory. Quality and Quantity 1981;15:225-247.

Turner B. Connoisseurship in the study of organizational cultures. In: Bryman A. (ed.). Doing research in organization. London: Routledge; 1988. p. 108-122.

Turner B. (ed.). Organizational symbolism. Berlin: de Gruyter; 1990.

Turner B, Pidgeon NE. Man-Made disasters. Oxford: Butterworth- Heinemann; 1997.

Turner S. The social theory of practices. Chicago, IL: The University of Chicago Press; 1994.

Unger R. False necessity. Cambridge: Cambridge University Press; 1987.

Thyssen O. Aesthetic communication. Chippenham, UK: Palgrave Macmillan; 2011.

Van Maanen J. Style as theory. Organization Science 1995;6(1):133-143.

Vattimo G. Introduzione. In: Vattimo G. (ed.). Estetica moderna. Bologna: Il Mulino; 1977. p. 7-46.

Vattimo G. Fine della modernità (End of Modernity). Milano: Garzanti; 1985.

Vaux J. Social groups and discursive communities: context and audience in the explanatory practices of the artificial intelligence (AI) community. The Transformation of Knowledge Conference. Paper presented. University of Surrey. 1999; January 12-13.

Vico G. Principi di una scienza nuova. Napoli: Mosca. 1725; 3. ed. 1744. (Trad. bras.: A ciência nova, Rio de Janeiro: Record, 1999.)

Zimmermann DH, Pollner M. The everyday world as a phenomenon. In: Douglas JD. (ed.). Understanding everyday life. London: Routledge & Kegan Paul; 1970. p. 80-103.

Warren S. 'Show me how it feels to work here': Using photography to research organizational aesthetics. Ephemera. Critical Dialogues on Organization 2002;2(3):224-245.

Warren S. Empirical challenges in organizational aesthetics research: towards a sensual methodology. Organization Studies 2008;29(4):559-580.

Watkins C, King I, Linstead S. (eds.). Special Issue: Art of management and organization conference series. Culture and Organization. 2006; 12 (1).

Weber M. Wirtschaft und Gesellschaft. Grundriss der verstehenden Soziologie. Tübingen: Mohr; 1922. (Trad. bras.: Economia e Sociedade. Brasília/São Paulo: Universidade de Brasília/Imprensa Oficial, 2004.)

Weick K. Enactment processes in organizations. In: Staw BW, Salancik GR. (eds.). New directions in organizational behaviour. Chicago: St. Clair Press; 1977. p. 267-300.

Weick K. The social psychology of organizing. Reading, Ma: Addison Wesley; 1979.

Weick K. Sensemaking in organizations. Beverly Hills: Sage; 1995.

Wenger E. Communities of practice – learning, meaning, and identity. Cambridge: Cambridge University Press; 1998.

Wenger E. Communities of practice and social learning systems. Organization 2000;7(2):225-246.

Wenger E, Mc.Dermott R. Snyder WM Cultivating communities of practice. Boston, MA: Harvard Business School Press; 2002.

West C, Zimmerman D. Doing gender. Gender and Society 1987;1(2):125-151.

White DA. 'It's Working Beautifully!' Philosophical reflections on aesthetics and organization theory. Organization 1996;3(2):195-208.

Witkin RW. The aesthetic imperative of a rational-technical machinery: a study in organizational contrails through the design of artifacts. In: Gagliardi P. (ed.). Symbols and artifacts: views of the corporate landscape. Berlin: de Gruyter; 1990. p. 325-338.

Wittgenstein L, Barrett C. Lectures and conversations on aesthetics, psychology and religious belief. Oxford: Blackwell; 1966.

Wood JR, Csillag P. Estética organizacional. Organizações & Sociedade 2001;8(21):35-44.

Yanow D. Seeing organizational learning: a 'cultural' view. Organization 2000;7(2): 329-348.

Impresso nas oficinas da
SERMOGRAF - ARTES GRÁFICAS E EDITORA LTDA.
Rua São Sebastião, 199 - Petrópolis - RJ
Tel.: (24)2237-3769